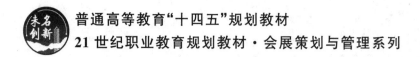

普通高等教育"十四五"规划教材

21世纪职业教育规划教材·会展策划与管理系列

会展营销

主编 周 梁

参编 易 欣 肖俊哲 郑 斌
　　　　曾 炜 褚天霞 李顺光

内容简介

本书是校企合作融媒体教材,体现三教改革成果及高职教师教、学生学的特点;适合会展营销岗位的工作需要;适合信息化教学、实践教学、课程思政、课证融合等方面需求。

本书逻辑清晰、结构完整、案例丰富、特色突出,具有较强的实用性。全书采取项目任务形式编写,共包括九个项目。每个项目都设有"学习目标""思维导图""案例导入""知识链接""行业观察""素养提升""案例学习"模块,便于学生掌握会展营销的基础知识、基本原理和分析方法。同时,每个项目后都设有"知识与技能训练",便于学生及时巩固所学知识并提升应用能力。

本书主要面向职业院校和应用性本科院校会展策划与管理专业学生,也可作为会展策划与管理相关工作人员,以及考会展管理师资格证书者的参考书。本书提供配套PPT、习题答案、微课视频等教学资源,配套建设在线开放课程。

图书在版编目(CIP)数据

会展营销/周梁主编. --北京:北京大学出版社,2025.1
21世纪职业教育规划教材·会展策划与管理系列
ISBN 978-7-301-34588-7

Ⅰ. ①会… Ⅱ. ①周… Ⅲ. ①展览会–市场营销学–高等职业教育–教材 Ⅳ. ①G245

中国国家版本馆CIP数据核字(2023)第202451号

书　　名	会展营销 HUIZHAN YINGXIAO
著作责任者	周　梁　主编
策划编辑	巩佳佳
责任编辑	巩佳佳
标准书号	ISBN 978-7-301-34588-7
出版发行	北京大学出版社
地　　址	北京市海淀区成府路205号　100871
网　　址	http://www.pup.cn　新浪微博:@北京大学出版社
电子邮箱	编辑部 zyjy@pup.cn　总编室 zpup@pup.cn
电　　话	邮购部 010-62752015　发行部 010-62750672　编辑部 010-62704142
印刷者	北京溢漾印刷有限公司
经销者	新华书店
	787毫米×1092毫米　16开本　12.75印张　355千字 2025年1月第1版　2025年1月第1次印刷
定　　价	45.00元

未经许可,不得以任何方式复制或抄袭本书之部分或全部内容。
版权所有,侵权必究
举报电话:010-62752024　电子邮箱:fd@pup.cn
图书如有印装质量问题,请与出版部联系,电话:010-62756370

前　言

　　会展通过聚集"人"与"物"创造行业价值，引领经济增长，是市场营销、国际贸易、招商引资、信息交流的重要平台，对国民经济和社会发展具有重要意义。上海会展研究院按照展馆、展商、展会三大指标，计算综合评价指数，衡量会展国力，结果是德国名列第一，我国第二。我国在会展场馆拥有数量、可使用面积、每年展览数量、展览面积等指标上均名列世界前列，国际影响力日渐扩大，国际地位不断提升，已经成为名副其实的会展大国。

　　当今世界正经历百年未有之大变局，贸易保护主义、世界经济衰退等给会展产业带来严峻考验和挑战。会展产业急需推进服务创新、管理创新、模式创新，只有加快课程开发、专业建设、培育高素质的行业人才，才能保障行业持续健康发展。

　　本教材由会展专业教师联合会展行业专家，经过两年多时间共同编写而成。本教材依据《国家职业教育改革实施方案》精神，遵循"以立德树人为根本、以职业能力培养为目标、以项目任务为驱动"的理念，体现高职人才培养特征，满足高职教育的新要求，突出校企合作、三教改革、课程思政、信息化教学改革等要素，同步建设课程资源，开发慕课，全力构建多元立体化的融媒体教材。

　　本教材主要具有以下几个特色：

　　（1）以立德树人为根本，体现党的二十大精神，贯彻习近平新时代中国特色社会主义思想，从坚定理想信念、厚植爱国情怀、加强品德修养、培养奋斗精神、增强综合素质五个方面入手，将思政元素自然融入教材章节内容，彰显中国特色。

　　（2）由会展专业教师联合广东鸿威国际会展集团有限公司等企业工作人员共同编写，通过企业案例，体现会展营销岗位的典型工作任务。

　　（3）紧跟时代发展，体现会展行业的新技术、新内容、新趋势。

　　（4）坚持"易于掌握、便于应用"原则，在项目内设计了"学习目标""思维导图""案例导入""知识链接""行业观察""素养提升""案例学习"七个学习模块，便于学生掌握会展营销的基础知识、基本原理和分析方法，培养学生分析具体问题、解释具体现象的能力。

　　（5）三教改革同步，教材内容符合教师、教法改革需要，文字简洁、案例丰富，适应互联网时代的阅读习惯，符合高职学生的学情；配套制作的新媒体资源，便于教师开展线上教学使用。

　　本教材由广东科学技术职业学院周梁主编。主编除负责部分章节的编写工作外，还负责全书的整体设计、审阅、统稿和定稿工作。本教材具体编写分工为：项目一、项目二、项目九由周梁编写，项目三由广东科学技术职业学院褚天霞编写，项目四由广东科学技术职业学院曾炜编写，项目五由广东科学技术职业学院肖俊哲编写，项目六由广东科学技术职业学院郑斌编写，项目七由广东鸿威国际会展集团有限公司易欣编写，项目八由广东省拱北口岸中国旅行社有限公司李顺光编写。感谢广东鸿威国际会展集团有限公司副总裁易欣先生、广东省拱北口岸中国旅行社有限公司导游部总监李顺光先生、欧泊国际（澳门）会展集团总经理王志明先生等行业专家的参与和支持。

在本书编写过程中，编者参考了一些同行著作，吸收了部分同行的意见，在此一并表示感谢！由于编者水平所限，书中难免有疏漏和不足之处，敬请广大读者、专家和同行批评指正。

编者
2024 年 8 月

本教材配有教学课件或其他相关教学资源，如有老师需要，可扫描右边二维码关注北京大学出版社微信公众号"北大出版社创新大学堂"（zyjy-pku）索取。

- 课件申请
- 样书申请
- 教学服务
- 编读往来

目　　录

项目一　认知会展营销 …………………………………………………………… (1)
　　任务一　了解会展产业 ……………………………………………………… (2)
　　任务二　走进会展营销 ……………………………………………………… (10)
　　任务三　认识会展营销岗位 ………………………………………………… (16)
　　知识与技能训练 ……………………………………………………………… (20)

项目二　掌握会展消费需求 ……………………………………………………… (23)
　　任务一　会展消费者需求分析 ……………………………………………… (25)
　　任务二　参展商消费需求分析 ……………………………………………… (28)
　　任务三　观众消费需求分析 ………………………………………………… (33)
　　任务四　政府消费需求分析 ………………………………………………… (36)
　　知识与技能训练 ……………………………………………………………… (41)

项目三　制定会展营销战略 ……………………………………………………… (45)
　　任务一　会展营销战略认知 ………………………………………………… (47)
　　任务二　制定会展目标市场营销战略 ……………………………………… (51)
　　任务三　制定会展市场竞争战略 …………………………………………… (57)
　　知识与技能训练 ……………………………………………………………… (65)

项目四　提供会展产品与服务 …………………………………………………… (69)
　　任务一　认识会展的产品体系 ……………………………………………… (71)
　　任务二　认识会展的服务体系 ……………………………………………… (80)
　　知识与技能训练 ……………………………………………………………… (88)

项目五　制定会展产品价格 ……………………………………………………… (91)
　　任务一　认识会展产品的价格体系 ………………………………………… (94)
　　任务二　掌握会展产品的定价方法 ………………………………………… (102)
　　任务三　掌握会展产品的定价策略 ………………………………………… (106)
　　知识与技能训练 ……………………………………………………………… (110)

项目六　宣传推广会展 …………………………………………………………… (113)
　　任务一　广告宣传推广 ……………………………………………………… (115)
　　任务二　新闻宣传推广 ……………………………………………………… (122)
　　任务三　新媒体宣传推广 …………………………………………………… (127)
　　知识与技能训练 ……………………………………………………………… (134)

项目七　会展招展招商 …………………………………………………………… (137)
　　任务一　会展招展工作 ……………………………………………………… (139)
　　任务二　观众邀约与门票销售 ……………………………………………… (148)

任务三　代理商招展招商 …………………………………………… (150)
　　知识与技能训练 ………………………………………………………… (155)
项目八　管理会展营销数据 ……………………………………………… (159)
　　任务一　采集会展营销数据 …………………………………………… (161)
　　任务二　会展营销数据可视化 ………………………………………… (168)
　　任务三　分析会展营销数据 …………………………………………… (171)
　　知识与技能训练 ………………………………………………………… (176)
项目九　探索线上会展 …………………………………………………… (179)
　　任务一　认识线上会展 ………………………………………………… (181)
　　任务二　探索线上会展的商业模式 …………………………………… (185)
　　任务三　关注元宇宙会展 ……………………………………………… (189)
　　知识与技能训练 ………………………………………………………… (194)
参考文献 …………………………………………………………………… (197)

项目一　认知会展营销

 学习目标

知识目标

- 了解会展营销的基本范畴、基础理论;
- 了解会展产业的特点与发展趋势;
- 掌握会展营销的服务特征、多主体特征、多重营销关系;
- 掌握会展营销岗位的道德素质、专业知识、技术能力要求。

能力目标

- 能够收集调研本地特色展馆、会展的基本情况;
- 能够采用新颖的形式推荐介绍会展项目;
- 能够编写会展营销岗位的职位说明书。

素养目标

- 认识会展行业在国家发展、国际竞争中的价值;
- 培养对会展营销岗位的热爱,增强岗位职业道德意识和法律意识。

思维导图

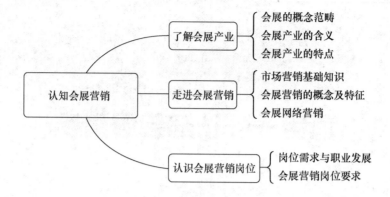

扫码看微课

我国四大国家级展会

案例导入：中国打造国家级"会展矩阵"①

2021年5月，首届中国国际消费品博览会（以下简称"消博会"）在海口举办。"迎五洲客、计天下利"，首届消博会吸引了国内外1505家企业、2628个消费精品品牌参展，为全球消费精品企业进入中国14亿人口的庞大市场架起了桥梁，也为国内消费精品进入全球市场提供了绝佳舞台。

作为中国首个以消费精品为主题的国家级展会，消博会已与广交会（中国进出口商品交易会）、服贸会（中国国际服务贸易交易会）和进博会（中国国际进口博览会）一道，成为中国主动与世界分享发展机遇的国家级"会展矩阵"。这四个国家级展会定位鲜明、各有侧重。广交会主要聚焦货物出口，进博会主要聚焦货物和部分服务的进口，服贸会主要聚焦服务业扩大开放，而消博会则主要聚焦国际消费精品的全球展示和交易。

思考：

作为会展专业的学生，你对上述案例中所列的四大展会是否了解？试试来做个精彩的介绍吧！

会展营销是市场营销相关理论在会展行业的具体应用，主要解决的问题是如何通过营销，销售会展的产品及服务，扩大会展市场，繁荣会展行业。在学习会展营销相关知识之初，我们需要先了解、认知会展的概念范畴、会展产业、会展营销的特征以及会展营销岗位要求等。

任务一　了解会展产业

一、会展的概念范畴

会展是指举办单位在一定地域空间和有限时间内组织的以信息交流、商业贸易和文化

扫码看微课

会展的概念范畴

---

① 王敬中,谢江,涂超华．从进博会到消博会：中国打造国家级"会展矩阵"与世界共赢[EB/OL]．(2021-05-07)[2024-06-15]．https://baijiahao.baidu.com/s?id=1699063608695068905&wfr=spider&for=pc．

娱乐等为主要目的,有多人参与的活动。会展的基础条件是完善的场地设施与配套服务,会展的核心是一系列经过精心策划、组织、管理的活动流程,会展的效果是产生人和物的聚合效应、构建平台、促进交流交易、推动市场发展。

会展具体包括哪些内容？到目前为止,还没有一个统一的界定。基于不同的使用目的、研究角度,人们对会展主要有狭义和广义两种理解。

（一）会议和展览

会议是指人们聚集在一起交流思想、讨论问题、处理事务的活动。会议伴随的人员流动、场地使用等会带来一定的会议消费。会议的具体类型包括行政会议、企业内部会议、主题演讲会、行业论坛、产品推荐会等。

展览（有时也称展会）是指选择确定的时间和地点,集中展示商品、服务、设计、信息等。展览既可以产生物流、展位搭建、食宿等自身消费,也可以推动展示品的交易。展览的具体类型包括展览会、交易会、博览会、展销会、拍卖会等。国际国内会展理念均认为展览起源于集市。集市是指人们定期聚集在一起进行的商品交易活动,是农民（包括渔民、牧民等）以及其他小生产者为交换产品在固定的地点,定期或临时集中做买卖的活动。集市被认为是展览的传统形式。

 知识链接：展览的分类

根据不同的标准,展览可分为不同的类型。

（1）根据举办主体,展览可分为政府性展览（通常称"政府性展会"）和市场类展览。政府性展览就是由各级人民政府做主办或承办单位,负责投资或组织,并在重大事项中起主导作用的展览。政府性展览已成为当今热门会展形式之一。市场类展览则是由会展企业、行业协会、媒体单位等非政府机构举办的展览项目。

（2）根据展览性质,展览可分为贸易展和消费展。贸易展,即贸易性展览,是为制造业、商业等行业举办的展览,主要目的是交流信息、洽谈贸易;消费展,即消费性展览,是为公众举办的展览,目的是促成商品的直接销售。一般情况下,对工商界开放的展览多属于贸易展,而对公众开放的展览多属于消费展。

（3）根据展览内容,展览可分为综合展和专业展。综合展是指包括全行业或数个行业的展览,也被称为横向型展览,如工业展、农业展;专业展（或称"专题展览"）是指展示某一行业甚至某一项产品的展览,如电子展、汽车展、钟表展等。一些综合展中有时也会设置几个专业展。

（4）根据展览规模,展览可分为国际展、国家展、地区展、地方展,以及单个公司的独家展。这里的规模是指展出者和参观者所代表的区域规模,而不是展览场地规模。不同规模的展览有不同的特色和优势,应根据企业自身条件和需求来选择。

会议和展览都有聚集的特征,二者的不同点在于会议侧重于人的聚集,展览侧重于物的聚集。近年来,随着会展规模的迅速扩大,会议和展览也出现了明显的同期举办趋势。其中,有将会议与展览并重的,也有以会议为主的"会中带展",或者以展览为主的"展中带会"。

从营销的角度讲,哪项获得销售收入高,自然以哪一项为主。

会议和展览可以理解为狭义的会展。欧洲是现代会展的发源地,德国、法国、英国、意大利等都是会展强国,也是会展理论研究的前沿国家。欧洲人习惯将会议和展览统称为 C&E (Convention and Exposition)或者 M&E(Meeting and Exposition)。

需要注意的是,有一些非商业形式的会议和展览不需要市场营销,也不形成市场消费,不属于会展营销的研究范畴,一般也不属于会展行业统计的内容范围。例如,政府或企业召开的内部会议,一些在公共设施中举办的主要以教育宣传、文化传播为目的的科普展、成果事迹展等。

（二）MICE

MICE 是国际上对会展的一种常见表述方式,MICE 由 Meeting、Incentive Tour、Conference 和 Exhibition 的首字母组合而成。

Meeting 代表会议,主要指公司的会议。

Incentive Tour 代表奖励旅游,是企业为部分优秀员工统一安排的集体消费活动。奖励旅游既包含旅游消费也包括会展消费,是企业管理中比较有效的员工激励手段,可以营造企业文化,提高企业凝聚力。

Conference 代表大型会议,主要指协会、由团体组织的会议。

Exhibition 代表展览,主要包括贸易类、消费类的展览。此外,"E"还经常被学者延伸为活动(Events)。"活动"一词的中文含义非常广泛,往往包含文化庆典、体育赛事、文娱演出等形式,因此使 MICE 的内容更加丰富。

MICE Industry 就可以理解为会展行业。MICE 扩大了会展的内容范围,属于广义的会展。

在我国,很多学者喜欢使用 MICE 从广义上理解会展的内容。这样会展行业的范围大大增大,其重要性和发展潜力也更加凸显,对推动行业发展很有实际意义。

在美国,基本没有 MICE 或者会展业之说。若从出现频率来看,美国大致分为两派:一派倡导细分具体行业,如展览业、会议业、旅游业、酒店业、体育业等;另一派倾向于"事件产业"的提法,将会议、展览、体育赛事、节庆活动、旅游等都包含在其中。这一点也反映在美国的专业协会设立上,美国会展业中最有影响的协会是美国国际展览管理协会(International Association for Exhibition Management,IAEM)、美国专业会议管理协会(Professional Convention Management Association,PCMA)、国际会议专家协会(Meeting Professionals International,MPI)、国际特殊事件联盟(The International Special Events Society,ISES)等。

（三）本书选取的会展内容

由于广义的会展包含的内容众多,形式不一,营销中遇到的问题及具体处理方式都会有所区别,难以面面俱到。因此,本书主要介绍狭义的会展,将商业展览和商业会议作为主要讲解对象。由于展览和会议的营销特点还有区别,因此本书在提到"会展"一词时,先针对商业展览,其次将商业会议作为补充。本书中会展的概念范畴如图 1-1 所示。

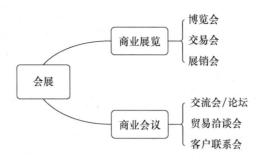

图 1-1　本书中会展的概念范畴

二、会展产业的含义

产业(或称"行业")是指国民经济中生产同类产品或提供类似服务的经营单位的集合。一个独立的产业要满足规模规定、职业化规定和社会功能规定。会展活动发展到一定阶段,满足经济条件、制度条件、社会文化条件和国际经济条件时,就形成了会展产业。

中华人民共和国国家标准《国民经济行业分类》(GB/T 4754—2017)规定了全社会经济活动的分类与代码,其中,会议、展览及相关服务代码为L728,属于"商务服务业"大类,此类以会议、展览为主,也可附带其他相关的活动形式,包括项目策划组织、场馆租赁、安全保障等相关服务。

会展产业是一个综合性和关联性都非常强的产业,由一系列相关的企业及子行业组成,是国民经济中重要的组成部分。直接或间接进入会展产业的众多企业分布在产业的上游、中游、下游,它们以不同的营利模式开展不同的业务,共同构成会展产业链(如表1-1所示)。

表 1-1　会展产业链

产业链位置	企业经营内容	营利模式
上游	场馆企业:建设运营场馆等	物业升值、租赁
中游	办展企业:策划举办会展和活动	销售展位、门票等
下游	会展服务企业:提供会展设计、展位搭建、会展设备租赁及其他会展服务	按照服务收费

1. 场馆企业

场馆及周边设施属于发展会展产业的基础设施,决定会展产业的发展规模。会展场馆投资大、回收周期长、投资风险大,国内一般以国有资本投资兴建、企业承包经营的方式来运营。通过一段时间的运营,企业会逐步完善会展中心周边的基础设施和配套设施,这能够促进周边地产增值,提升会展中心的物业价值(场馆租金上涨),是一种重要的营利模式。

2. 办展企业

办展企业一般包括会展公司、组展公司等,它们负责策划和开发运营会展项目,开展会展行业中的核心业务。向参展商出售展位、向观众出售门票,从而实现收入并营利是办展企业最直接、最基础的营利模式。这是因为会展项目的场地资源有限,相关企业和个人往往需要通过付费的方式进入会展现场。

以展位、门票销售为基础,举办会展项目还可以形成延伸的营利模式,如广告服务增值营利、获得赞助、获得政府奖励及补贴等。

3. 会展服务企业

这类企业主要从事会展设计、展位搭建、会展设备租赁、提供会展服务等,即通过为不同会展活动提供所需的专业化的劳务性服务来获取利润。会展服务企业要想实现营利模式的革新和突破,追求最佳收益,不仅要为参展商和观众提供简单的劳务增值服务,还要从深层次了解会展运营商的需要,努力提供量身定制的个性化服务,在为客户创造价值的基础上形成自身的营利模式。

 知识链接:产业链

产业链是产业经济学中的一个概念,即产供销,是各个部门之间基于一定的技术、经济关联,并依据特定的逻辑关系和时空布局关系客观形成的链条式关联关系形态。

产业链通常可以从价值链、企业链、供需链和空间链四个维度予以考察。

(1) 价值链强调产业链包含从原料到产品(或服务)的价值传递和增值过程。

(2) 企业链强调产业链的主体是产业或企业。

(3) 供需链强调产业链中产业或者企业之间满足彼此供应和需求的契约关系。

(4) 空间链强调产业链中产业的地理空间布局特性。

健康的产业链体现在价值链各环节的价值增值、企业链上下游分工的有序协同、供需链连接的效率与安全均衡、空间链区域布局的集聚与扩散协调等方面。

根据企业在产业链上所处的位置,一般可以区分出产业链的上游、中游、下游企业。

(1) 上游企业是整个产业的开端,主要提供的是原料与零部件。上游企业决定了产业链其他部分发展的速度,具有原料性、基础性和联系性强的特点。上游企业的利润往往较为丰厚,竞争相对来说也没有那么激烈。

(2) 中游企业是产业链的中心,主要提供核心设备、产品、服务等。中游企业对宏观经济敏感,容易受原材料价格波动和下游需求影响。

(3) 下游企业是整个产业链的末端,主要是对接服务对象的企业。下游企业面向消费者,关注消费者的需求,更加注重品牌和渠道建设。

三、会展产业的特点

(一) 会展产业具有明显的经济带动效应

会展产业不仅有自身的产业链,而且对相关行业、区域经济、宏观经济均有带动效应。

1. 带动服务经济

会展产业处于现代服务产业的中心位置,具有极强的经济联动效应,可以带动酒店业、餐饮业、交通运输业、物流业、装饰业、旅游业、广告业、零售业等一大批产业的市场增长。有关统计数据显示,通过会展产业带动其他服务行业经济效益的比值可以达到1:9。有一个形象的比喻,说举办会展就好像是开着直升机在城市上空撒钱。

2. 带动城市经济

会展产业可以引导各种经济资源、要素向城市聚集,从而带动城市经济的发展,有"城市经济助推器"的作用。美国的拉斯维加斯、芝加哥,德国的汉诺威、慕尼黑,瑞士的日内瓦,中国的香港、上海、广州等城市,都是著名的会展城市。知名的会展可以为城市带来经济增长和市场繁荣,也越来越多地成为城市的品牌与名片。

3. 带动行业经济

一些重要的行业会展往往被称为行业的"晴雨表""风向标",是支撑行业发展的平台。每个行业的上下游企业之间都需要进行市场交易,专业性会展能够很好地推进行业内企业之间的市场交易。行业内的企业、人员往往都会定期参加行业的著名会展,除扩大自身影响,了解最新的产品技术、信息、趋势等外,还能增强客户关系、获取行业资源。

4. 带动对外贸易

举办境外会展或者组织企业参加境外会展可以带动对外贸易的发展。对我国而言,有利于对外宣传我国的企业形象,同时也是我国实施"走出去"战略的重要方式。境外会展在对外贸易中所体现的专业性和高效性是其他形式的贸易平台所无法替代的,参加境外会展也是我国企业开展对外贸易的主要方式之一。

扫码看微课

广交会与广州贸易历史

会展产业在整个宏观经济体系或区域经济体系中具有引导性作用,能带动相关产业发展,成为经济体系市场竞争力的主要代表,以及增量资产与增值资本的主要创造力量,从而形成会展经济。会展经济不是单纯的产业经济,它不仅涉及会展产业,还涉及其他相关产业。一般而言,产业经济的各个微观行为主体具有从事同类经济活动的特点,而会展经济的各个微观行为主体的经济活动具有多样化的特点。会展经济就是在通过举办各类会展活动取得直接经济效益的同时,带动一个地区或一个城市相关产业的发展,达到促进经济和社会发展目的的。

(二) 会展产业的发展与政府关系密切

政府是影响会展产业发展的一个关键因素,在会展经营和管理过程中发挥重要作用。基于会展产业对城市经济、行业发展的重要影响,政府参与甚至主导会展产业发展已经成为世界许多国家(城市)所采纳的发展战略。在会展产业发达的国家(城市),政府都会为会展产业提供必要的支持以及一定的发展空间,如场馆建设投入、组织企业出国参展等。

会展产业是一项综合性产业,对公共产品及服务需求非常高。在会展举办期间,公安、交通、消防、海关、检验检疫、邮电等社会资源都会在短时间内达到供给高峰,因此,只有得到政府及相关部门的支持和协调配合,才能做好会展项目。

会展产业的运营需要大量的资源投入,政府可以从宏观调控的角度合理调配资源,缓解企业的压力。政府的投入主要分为政策投入和经济投入两种。政策投入主要是指政府在税收、土地以及招商引资等方面对会展产业给予优惠政策,扩大会展产业市场的吸引力;经济投入主要是指政府对大型会展场馆的建设投资、土地投入等。在会展产业发达的国家,几乎所有的展馆都是由政府投资建造的。政府能够有效节约社会资源,协调会展产业内的竞争。政府的出资往往以政府股份和政府委托企业的股份参与到场馆的建设中为主要形式,目的在于减轻投资商的投资压力。值得注意的是,政府虽然对会展场馆拥有所有权,却一般不干预其经营,会展场馆的经营工作往往由会展企业负责。

政府一般还对会展产业的国际化进程起到帮助和推动作用。国家或地方政府经常为企业提供出国参展的经费支持,或间接组织本国企业出国参展,以促进本国企业的发展。例如,德国政府每年会通过特定的组织或机构(如联邦经济科技部、联邦食品和农业部等)组织本国企业赴外参展。这种支持既帮助企业解决了出国办展经费不足的困难,又减少了分散参展造成的资源浪费,同时还对会展业的国际化发展起到了促进作用。

在我国,地方政府是参与和推进本地会展产业发展的重要力量。政府推动会展产业发展的核心思路是,强化以政府投资、政府配置为会展资源配置的主要方式,同时充分重视用市场机制实现资源合理分配及优化组合。政府推动会展产业发展的主要举措一般包括以下几点:

(1) 政府投资兴建会展场馆以及配套基础设施;
(2) 政府牵头引进或创办标志性会展项目;
(3) 政府对企业参与会展项目给予支持及补贴;
(4) 政府设立相关的部门,专门负责管理和推进会展产业发展;
(5) 政府作为主体进行城市环境营销宣传,利用会展招商引资。

 行业观察:德国政府、企业和行业协会合力发展会展产业①

德国每年举办300多场展会,展品大到法兰克福车展和慕尼黑车展的汽车、柏林轨道交通展的火车、柏林航空展的飞机、汉诺威工业博览会和慕尼黑工程机械展的大型机械设备,小到弗莱堡国际毛刷材料配件及设备展的毛刷、杜塞尔多夫阀门世界博览会的阀门、科隆五金展的五金配件,很多相关专业会展凭借其专业化和国际化成为全球产业的风向标。

据统计,作为会展经济大国,德国展览公司每年的营业收入约40亿欧元,参展商和观众在会展期间花销约为145亿欧元,会展产业还额外带动交通、旅游、酒店、餐饮等经济产出280亿欧元。平均每年举办的展会能为德国创造约23.1万个就业岗位。德国展览业的成熟离不开政府、企业和行业协会的合力。2022年2月,柏林展览公司成立200周年,它在德国展览业界只算是"中年"。法兰克福迄今已有780多年的会展历史,莱比锡、慕尼黑、科隆等城市也都有超过百年的办展历史。

德国展览业从创始之初就得到政府的支持。德国已建成25个大型展览中心,总面积280万平方米,加上室外展览场地100多万平方米,总面积380多万平方米。全球五大展览中心有4家位于德国。无论在柏林、法兰克福还是慕尼黑等城市,展馆设施都由州和地方政府投资兴建,经营权以长期租赁或委托经营的形式由相关展览公司掌握,政府同时为其提供政策支持。展览公司通常由专业团队进行企业化运营,管理者通常都有丰富的商业和行政经验。

民间行业协会也在德国展览业的发展中扮演着重要角色。依托行业协会,展览公司得以深入了解相关行业动态,确定会展举办时间和地点,并对参展商和专业观众开展营销工作,这也是德国会展专业性的重要保证。同时,德国展览业协会对自身发展也起到了推动作用,特别是在咨询服务、品牌推广、行业透明度等方面。其中,隶属于德国展览业协会的展览数据自愿认证协会尤为独特,该协会推出展览数据第三方审核机制,建立公开展览数据库以供查询,增加展览公信度,促进全行业形成了自律机制。

在政府、企业、行业协会的合力作用下,德国展览业形成了政府所有,企业经营,行业分

---

① 会展经济,为城市发展增添动力[EB/OL]. (2022-09-04)[2024-02-12]. http://world.people.com.cn/n1/2022/0904/c1002-32518764.html.

工为主、地区分工为辅，面向全球的强大展览资源配置和经营管理能力。德国展览业协会的数据显示，截至2021年，在世界范围内影响较大的210个专业性国际贸易展中，有150多个在德国举办，每年吸引约18万参展商和1000万观展者。世界展览行业营业额前10位的公司，有5家在德国。这些全球知名的展览对促进德国经济发展发挥了举足轻重的作用。

（三）会展产业具有数字化发展趋势

发展数字经济已上升为我国国家战略，数字经济的飞速发展成为"十四五"期间经济增长"新引擎"，使行业间技术、业务交集越来越多。科技的进步为传统会展带来数字化转型升级的机遇。

第一，线上线下会展融合发展。传统线下会展＋数字化线上会展＝双线会展。双线会展是数字化技术与线下会展活动的紧密结合。双线会展将企业、客户、线上、线下四点联动，打通关系流与信息流，发挥线上线下各自的优势，打破线上线下各自的瓶颈，使双线驱动效果叠加。双线会展通过会展云实现、线上线下"共振"，把线下会展用数字化方式投射到网络上，从线上参展，到线上洽谈，再到线上签约，打通线上会展全流程，提高会展产业数字化水平。

第二，会展场馆智能化建设不断加强。从市场需求看，传统会展运营模式越来越多地受到不断创新的商业模式的挑战，会展"老三件套"：场馆、组展组会、参展邀观，每一项都受到新技术的挑战。随着技术的发展，传统会展场馆已经无法满足会展活动的全部需求。为跟上时代发展，相关单位需要以科技创新为依托，打造智慧场馆。场馆智能化主要体现在基础设施智能化、运营智能化、管理智能化、服务智能化等方面。相关单位应通过加持通信技术、云技术、大数据与物联网技术、地理信息技术、数据计算和存储技术、5G技术、移动应用技术等，开发数字会展应用场景。

第三，数字化会展信息平台建设潜力巨大。一方面，会展企业会进一步提升自身的智能化数字化水平，做好数字会展新基建，不断迭代和改进技术平台，加强数字会展网络安全，探索建设跨国、跨地区的会展网络公共平台。另一方面，会展企业将充分利用大数据挖掘、室内定位、机器仿生学习、人工智能等技术，开发现代会展产业新体系，利用这些大平台和云技术，结合自身的业务特点搭建会展项目的小平台，搭建数字化会展信息平台，更好地服务于产业和企业。

（四）会展产业具有绿色发展趋势

党的二十大报告强调"推动绿色发展，促进人与自然和谐共生"。2021年发布的《国务院关于加快建立健全绿色低碳循环发展经济体系的指导意见》提出：要推进会展业绿色发展，指导制定行业相关绿色标准，推动办展设施循环使用。会展活动不同于一般的工程项目，它具有强大的社会影响力和文化辐射力。开展绿色会展项目，可以起到绿色经济示范作用，有助于传播绿色发展的理念和文化，促进和带动全社会发展绿色经济。

2020年9月22日，习近平主席在第75届联合国大会提出我国2030年前碳达峰，2060年前碳中和目标。实现碳达峰和碳中和是一场广泛而深刻的经济社会性变革。从会展行业的发展趋势看，一是应支持推进绿色办展，践行"碳中和"战略，鼓励组织者在会展活动中采取环保减排措施，践行循环经济模式；二是应积极应用节能环保技术，形成会展业生态发展兜底"红线"；三是新建场馆应按照绿色建筑标准设计建设，现有场馆应实施绿色节能改造，共同构建绿色会展标准。

素养提升：会展产业奋进强国建设新征程

党的二十大报告指出，党的十八大以来，"党和国家事业取得历史性成就、发生历史性变革，推动我国迈上全面建设社会主义现代化国家新征程"。会展产业是具有先导性的现代服务业态，与国民经济各行业有着广泛的联系，是党和国家事业发展的重要组成部分。

十八大以来，以习近平同志为核心的党中央对会展产业高度重视，通过一系列顶层设计和重大举措推动会展产业发展。一批经国务院批准，由商务部和相关部委与地方政府合作的重大会展项目（如广交会、服贸会、进博会和消博会）的创办和成功举办，不但促使我国形成了扩大对外开放最重要的展会平台矩阵，也促使我国会展产业形成了以龙头展会为示范和引领的中国特色。

根据上海会展研究院对会展国力综合评价指数的研究，按照展馆、展商、展会三大指标，综合会展国力评价指数德国排名第一，中国排名第二。中国会展场馆拥有数量和可使用面积、每年展览数量和展览面积居世界前列，中国超大型展馆指数世界排名第一，大型商展指数世界排名第二。中国会展产业国际影响力日渐扩大，国际地位不断提升，中国已经成为名副其实的会展大国。

党的二十大报告提出："必须完整、准确、全面贯彻新发展理念，坚持社会主义市场经济改革方向，坚持高水平对外开放，加快构建以国内大循环为主体、国内国际双循环相互促进的新发展格局。"会展产业应坚持专业化、国际化、品牌化、信息化方向，倡导低碳、环保、绿色理念，培育壮大市场主体，加快产业转型升级，努力推动我国从会展业大国向会展业强国转变，更好地服务于全面建设社会主义现代化国家的大局。

任务二　走进会展营销

会展营销是利用营销的基本理论来解决会展产业发展中的具体问题，是营销理论在会展产业中的具体应用。具体来说，会展营销是指通过展览服务、形象设计、产品定价、销售渠道建设、促销、宣传等手段，吸引更多目标客户，提升会展品牌价值和影响力，实现会展产品价值的一系列营销活动和流程。会展营销的理论基础来自市场营销，因此，学习会展营销之前，应该对市场营销的基础知识有所了解。

一、市场营销基础知识

（一）市场营销的定义

市场营销是商品或服务从生产者手中移交到消费者手中的一种过程，是企业或其他组织以满足消费者需求为中心进行的一系列活动。

美国著名市场营销专家、被称为"现代营销学之父"的菲利普·科特勒对市场营销的定义是：市场营销就是通过创造和交换产品及价值，从而使个人或群体的欲望和需要得到满足的社会性经营管理活动。

知识链接：现代营销学之父

菲利普·科特勒被誉为"现代营销学之父"，是现代营销集大成者。菲利普·科特勒著作众多，许多著作被翻译为多种语言，被各个国家的营销人士视为营销宝典。其中，《营销管理》一书被奉为营销学的圣经，不断再版，可以说是世界范围内使用最广泛的营销学教科书。他的理论深受全世界营销、经济、管理、教育等各界人士推崇，他的演讲场面震撼，座无虚席。菲利普·科特勒非常重视对中国市场的研究，认为相对于经济平稳发展的欧美国家，中国充满机会。

（二）营销组合

营销组合是市场营销理论中非常重要和基础的内容。1964 年，美国学者麦卡锡提出"4P 营销组合"，4P 即 Product（产品）、Price（价格）、Place（渠道）、Promotion（促销）。随着理论研究和实践的发展，学者开始将服务纳入市场营销研究的范围，针对服务营销，营销组合中又加入了 People（人）、Physical Evidence（有形展示）、Process（过程）三个元素，构成面向服务的 7P 营销组合。

（三）营销观念

人们对市场营销的认知，一方面源于学者的理论研究，另一方面源于市场实践的经验总结。随着所处市场环境的变化，企业经营者和营销人员的营销观念经历了一系列演变的过程，如表 1-2 所示。

表 1-2　营销观念随市场环境的演变

市场环境	营销观念	基本内容
市场供不应求	生产观念	只要生产，就能销售
高端市场供不应求	产品观念	产品主要靠"以质取胜"
市场饱和，竞争激烈	推销观念	通过加强促销销售既有产品
传统市场饱和，客户有更高需求	市场营销观念	营销以消费者需求为中心
社会对企业有更全面的要求	社会营销观念	考虑消费者以及全社会整体利益
市场环境变化剧烈	全面营销观念	更加全面、整体地思考营销创新

1. 生产观念

生产观念——只要生产，就能销售。在产品供不应求的稀缺市场，只要能生产出产品，生产多少都可以卖掉。在这种情况下，企业往往不关注销售，只关注生产规模和产品数量。

2. 产品观念

产品观念——产品需要"以质取胜"。高质量的产品在市场上有明显的竞争优势，保证产品质量，就可以获得好的销量。在这种情况下，企业关注的重点不是产量，而是产品质量。

3. 推销观念

推销观念——企业必须加强产品推销，采取各种手段推动消费者购买。市场已经饱和，竞争非常激烈,消费者的市场选择很多,优质产品也不一定会被消费者注意。

4. 市场营销观念

市场营销观念——企业以消费者需求为导向组织自己的生产经营活动。消费者需要什么,企业就生产什么,营销过程以消费者为起点,也以消费者为终点,消费者需求贯穿企业营销的全过程。

5. 社会营销观念

社会营销观念——企业的营销活动不仅要满足消费者需求并赚取利润,还要符合社会的整体利益和长远利益。例如,企业开展市场营销还需要考虑环境保护、社会公益等社会问题。

6. 全面营销观念

全面营销观念——营销贯穿企业经营的各个方面,企业需要采用更富有整体性和关联性的方法来开展营销活动。全面营销一般包括四个主要内容:关系营销、整合营销、内部营销和绩效营销。

案例学习:乔布斯的营销观念

1983年,乔布斯为了让当时的百事可乐总裁约翰·斯卡利加入自己的事业,说出了那段著名的话,"你是想卖一辈子糖水,还是跟着我们改变世界?"乔布斯和斯卡利共同执掌苹果的那段时间堪称蜜月期,不过这段蜜月期很快就结束了,斯卡利把乔布斯赶出了苹果。他们二人的根本矛盾是什么?斯卡利在进入苹果公司之前,以强悍的市场营销能力闻名于世,他领导的百事可乐有力地挑战了行业龙头可口可乐。这导致斯卡利更注重营销,而乔布斯更注重产品。后来的故事是,事实证明斯卡利错了,乔布斯回来了,把苹果公司重新拉入正轨。

在这个故事中,斯卡利的想法错在哪里?营销观念不能一成不变、生搬硬套。像可乐这样的产品,在研发投入上是很少的,可以说就是靠营销打天下。他到了苹果公司之后,认为电脑也差不多,不需要很大的研发投入,但这就错了。没有能够引领消费者喜好的产品,营销就变得无的放矢。营销力和产品力要相互促进,才能形成正向循环。不仅如此,要把销售工作做好,需要全员支持。

思考:上面说到的营销观念,在我们今天的市场上是否还存在?你能否找出一些典型的案例?你认为我国会展产业处于什么样的市场环境?应该持什么样的营销观念?

二、会展营销的概念及特征

(一) 会展营销的概念

会展营销是指企业围绕参展商和客户需求,通过策划设计会展产品,组织提供会展服务,综合运用价格、渠道、促销、有形展示、人员、过程等要素组合,完成销售目标的一系列活动。

按照前文的概念界定,本书的"会展"主要是指会议与展览。然而,会议与展览并不是普通的实物产品,也不是一项能够单独提供的服务,不能作为整体来销售。会展营销是一项多维度、涉及多主体的综合性服务体系。只有清楚了解会展营销体系中的各个主体,以及各主体之间的相互关系,才能充分理解会展营销体系。

(二)会展营销的特征

1. 会展营销具有服务营销的特征

会展实质上销售的不是实物产品,而是会展活动中的相关服务。与传统产品营销相比,会展营销具有服务营销的特征。

(1)供给物是无形的效果、体验

传统产品营销推广的是可感知的物品,销售意味产品所有权的转移;服务营销推广的是无形的使用权、体验感,消费者难以用统一方式度量购买的数量及质量,更多的价值判断来源于对服务环境、设施、人员等的主观印象。

(2)消费需求复杂多变

在会展营销中,消费者对服务的需求较实物产品更加广泛、复杂、多变。即使购买同一种服务,由于消费者自身条件、目的不同,他们的要求也会不同。比如在会议活动中,来自不同国家和地区的参会者就希望获得不同语言的翻译服务。

(3)消费者参与生产互动过程

服务不同于产品。完成服务需要客户的亲自参与,而且服务无法储存,在生产的同时就被消费掉了。服务营销必须让消费者积极参与,与消费者形成紧密的互动关系。

2. 会展营销具有多主体特征

会展活动往往是一系列产品服务展示、交易的总和。在会展活动中具有交易关系和利益关系的主体众多,主要包括四大类:举办机构、服务供应商、参展商、观众。

(1)举办机构

举办机构是会展项目的策划者、发起者、统筹者、运营者。根据具体的任务分配,会展举办机构常常包括主办单位、承办单位、协办单位、支持单位等。

扫码看微课

会展项目中的多重营销关系

① 主办单位是负责制订会展活动实施方案和计划,对整个活动进行统筹、组织、安排,并对活动承担主要法律责任的机构。政府部门、贸促机构、商会、行业协会等为推动地方经济、行业发展,扩大影响,常常会作为主办单位举办会展项目。主办单位级别高、实力雄厚、影响力大有利于提高会展的档次和规模,有利于会展的招展招商。

② 承办单位是负责会展具体业务的运作执行,具有会展专业经验和管理能力的企业。随着会展行业的发展,大型会展项目的主办单位往往不会自己承办会展,他们会通过公开招标的方式选择承办单位,以提升会展活动的质量和效率。

③ 协办单位、支持单位主要是协助完成会展活动中局部业务的企事业单位,如协助招展招商的代理商、协助宣传的媒体机构等。会展活动涉及面广,需要协调的工作众多,增加协办单位、支持单位,有利于提升办展水平。

(2)服务供应商

服务供应商是为会展举办机构提供专业服务的承包商或被委托方。举办机构往往是通过购买服务供应商的服务来完成会展活动的。会展服务供应商主要包括场馆、酒店等设施供应商,餐饮服务商,广告制作供应商,搭建企业,物流企业,安保公司,保洁公司等。服务供应商是会展活动不可或缺的主体,没有专门的服务供应,举办机构难以单独完成会展项目。

(3) 参展商

参展商是举办机构营销展位的对象,是展位的购买者,他们通过购买获得特定时间、会展特定空间位置的使用权。参展商一般会在展前搭建展位、布置展品,在会展现场宣传企业品牌、促销产品、接洽客户、寻找合作机会等。对举办机构来说,参展商是展位消费者;对观众来说,参展商是展位的生产者。在会展体系中,参展商也是不可或缺的主体。

(4) 观众

观众(包括会议的听众)是会展活动最终的消费者。举办机构、参展商都需要面向观众开展营销活动。会展的观众一般分为专业观众和普通观众两类。

① 专业观众又被称作"专业买家"或"贸易观众",他们参加会展的目的往往是采购商品、洽谈合作、调研市场并寻找商机。专业观众从事的行业往往与会展的主题相关。专业观众有企业的采购人员、市场主管、技术人员等,他们出于工作需要参加会展,希望通过会展了解新产品、新技术、新趋势等。

② 普通观众是指出于个人消费、兴趣爱好或娱乐目的参加会展的人。普通观众参与会展比较简单随意,他们不会进行大宗采购,往往也不关注技术交流、产品创新等。普通观众的营销价值不如专业观众高,受到举办机构和参展商的关注度也低一些。

3. 会展营销具有多重营销关系特征

在典型的会展项目中,四类主体之间存在多重营销关系,如图1-2所示。

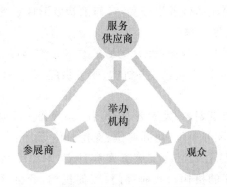

图1-2 典型会展项目中的多重营销关系

(1) 举办机构向服务供应商购买服务。其中最重要的内容是举办机构要向场地供应商租赁特定时间、一定面积的场地,用于举办会展项目。举办机构需要购买的其他服务通常还有:搭建服务、物流服务、金融服务、食宿服务等。

(2) 举办机构销售展位给参展商。举办机构策划出会展项目后,会将会展期间的场地分割为多个更小的面积,以标准展位、特装展位、空地面积等形式进行销售,目标客户是需要参加会展的参展商。

(3) 举办机构销售门票给观众,或者直接邀请观众。

(4) 参展商在展位向参加会展的观众营销企业的产品。

需要特别注意的是,会展中的多重营销关系既是不同的销售关系,又在整个会展营销中相互关联和影响。任一环节的进展不顺利,都会影响会展营销的整体效果;只有每个环节上的营销都成功,整个会展营销才能成功。

知识链接：从参展商角度看会展营销

对于会展营销，举办机构与参展商有不同的理解。举办机构的会展营销工作主要是面向参展商销售展位，面向观众销售门票；而在参展商看来，会展营销是借助会展展示自身产品的一项促销活动。

自1895年德国莱比锡举办的世界第一场会展——莱比锡样品展览会起，会展就作为参展商促销自身产品的营销平台而一直延续至今。从参展商的角度来看，会展营销是典型的服务型营销活动，它是企业彰显公司实力、扩大公司招商的重要平台，是企业获取后期订单、创造经济效益的有力武器，也是企业拓展服务范围、展现服务品质的直接表现。在参展商看来，相比其他促销手段，会展营销具有以下五个方面的优势。

1. 展示品牌形象

会展为参展商展示自身实力提供了机会。参展商的竞争力可以通过训练有素的展位员工、积极的展前和展中推广、恰到好处的展位设计展示出来。而且，会展观众会利用这个机会对各个参展商进行比较。一场准备充分的会展不仅有助于参展商提高客户的认知度，而且有助于企业的品牌在行业内获得认可。所以说，会展对参展商来说绝对是一个展示自身形象和实力的好机会。

2. 提供直观的用户体验

在会展中，观众将直观地感受到产品的外观、质量、性能和服务，参展商将通过服务缩短与观众之间的距离。在会展中，专业观众的消费诉求往往很高，参展商不仅要关注成交量，也要培育潜在客户的购买欲望。良好的用户体验对提升企业形象、增加品牌认可度有重要的意义。

3. 融洽客户关系

除了直接销售产品之外，参展商借助会展，还可以对新老用户表达谢意，向他们赠送礼品或增值服务等。在会展中，面对面交流有助于参展商很好地融洽客户关系，可以说，对品牌认可度高的客户就是参展商最好的推销员。

4. 调查产品和服务市场

会展还为参展商提供了一个进行市场调查的极好机会，如果参展商正在考虑推出新产品或新服务，他们可以在会展上观察观众的反应，了解他们对价格、功能、质量和服务的要求。

5. 工作量少、质量高、签单率高

通过2～3天的会展，参展商接触到的潜在客户数量可能比以往几个月工作中接触到的还要多，这有助于参展商更快地与有意向的客户建立良好的关系，节约时间成本。有调查显示，对会展上接触到的意向客户，参展商后续平均只需要给对方打1.2个电话就可以完成交易；相比之下，典型的业务销售方式需要7.8个电话才能完成交易。同时，在参展商的所有订单中，54％的客户不需要个人跟进和访问。参展商在会展上接触到的客户，后续营销工作量也较少，营销效果非常明显。

三、会展网络营销

网络营销是市场营销未来发展的一个趋势，是企业为实现总体经营目标，以互联网信息技术为基础手段进而营造网上经营环境的各种活动。随着互联网的飞速发展，网络营销的价值不断挑战和冲击着传统的市场营销方式。未来，随着网络空间中大数据技术、云计算技术、AR/VR技术、AI技术的日益完善，网络营销的重要性还会更加凸显。

网络营销具有传统市场营销不具备的许多鲜明特点，如地域的不受限性、资源的整合性、经济性、交互性、服务的个性化等。

网络营销对会展行业来说早就不是一个新鲜事物。会展官方信息网站以及公众号等的应用，在当前已是会展营销的基本配置。会展举办机构一方面利用互联网更快速地发布会展资讯、招商信息、观众报名通道等；另一方面利用网络技术实现企业更灵活的营销活动，如链接销售、积分兑换、推荐有奖、折扣抢占展位等。只有大胆地利用和发挥互联网的优势，企业才能真正迅速地建立起有特色的营销服务和新竞争力。

任务三　认识会展营销岗位

一、岗位需求与职业发展

近些年，我国会展行业显示出强劲的发展势头。《中国展览经济发展报告2023》显示，2023年中国共举办经贸类展会3923项，比2022年增加2116项，同比增长117.1%；比2019年增加376项，同比增长10.6%。因此，会展行业被市场和企业誉为朝阳产业，存在大量岗位需求及行业发展空间。

会展在我国属于新兴产业，且产业链庞杂，人才需求类型多样。目前，会展行业企业技术技能类岗位主要有策划、管理、营销、运营和服务五大类。

根据营销的内容，会展营销岗位具体又包括展位销售员、招商专员、会议销售专员、电话销售员、渠道销售员。需要注意的是，随着网络经济的发展，网络营销员、新媒体营销专员在会展营销岗位中的比例将不断增加，未来可能成为重要的一类。

按照职位等级，会展营销岗位一般分为基层营销岗位、中层营销主管、高层营销总监三个层次，营销岗位从业人员具有充足的职业成长和提升空间。图1-3展示了会展营销岗位职业成长阶段。

扫码看微课
会展营销岗位的晋升之路

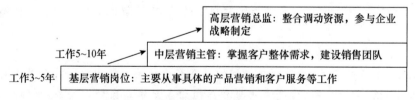

图1-3　会展营销岗位职业成长阶段

1. 基层营销岗位

新入职的营销人员都需要从基层营销岗位开始做起，以熟悉企业的会展产品，熟悉客户的需求特征，完成营销工作中的某些具体业务，如发放宣传册、进行产品介绍、解答产品咨询、整理销售资料、开展市场调查等。从业人员一般需要在基层营销岗位进行3～5年时间的业务积累。

2. 中层营销主管

熟悉销售各项业务后,根据工作需要,从业人员一般就会被提升到中层营销主管岗位,成为基层管理人员。中层营销主管相比基层营销岗位主要有两方面的变化:一是要掌握客户整体需求,对营销结果负责;二是要组织管理基层销售业务人员,建设销售团队,组织大家共同开展营销工作。

3. 高层营销总监

部分中层营销主管工作5~10年后能够成为企业的高层营销总监,参与到企业总体的经营管理中,对企业的总体业绩负责。高层营销总监的主要工作任务是整合调动企业资源支持营销工作,同时参与企业战略决策。

除了向上职位晋升之外,从事会展营销工作的人员还可以转做企业的策划、管理、运营和服务等岗位工作,尤其是会展策划工作岗位,只有具有基层营销岗位的工作经验的人员,才能策划出符合市场需求的会展产品。从事过会展营销岗位工作的人员,还能转到其他行业从事营销工作,所积累的营销经验、技能,在其他行业依然能够发挥作用。

◎ 行业观察:会展营销岗位

工作岗位:会展营销员

工作地点:广东中山

薪酬待遇:5000元+提成

岗位职责:

(1)负责与行业协会、商家、媒体进行合作沟通,邀请企业参加会展;

(2)负责搜集新客户的资料并与其进行沟通,开发新客户;

(3)通过电话或网络与客户进行有效沟通,了解客户需求,寻找销售机会并完成销售业绩;

(4)负责维护老客户,挖掘客户的潜力;

(5)定期与客户进行沟通,与客户建立良好的长期合作关系;

任职要求:

(1)会展、广告、电子商务、营销等相关专业,优秀应届毕业生可接受;

(2)有会展项目及团队管理经验者优先;

(3)有会展、保险、期货、黄金、证券等行业销售经验者优先;

(4)有优秀的沟通和谈判技巧、强烈的市场敏锐度和团队激励能力,性格外向,表达力强,具有一定的抗压能力。

(资料来源:智联招聘网站)

二、会展营销岗位要求

会展营销岗位对从业人员的要求主要包括道德素质、专业知识和技术能力三个方面。

(一)道德素质要求

(1)具备良好的法律意识和道德修养。

(2)爱岗敬业,身心健康,积极进取。

(3)性格活跃,思维敏捷,愿意接受新鲜事物及挑战。

(4)具有较强的领悟力和学习力。

(5)善于主动寻找问题解决方案。

(6)具有较强的应变能力,能够承受拒绝和挫折。

(7)有较强的服务意识,有换位思考意识及服从大局意识。

(二)专业知识要求

(1)掌握市场营销的专业知识,熟悉市场营销学中"4P""7P"等营销组合策略,熟悉产品、定价、渠道分销、促销、人员、有形展示、过程等营销知识,并能将这些知识应用在工作中。

(2)掌握会展行业专业知识,熟悉会展的内涵、特点及功能,熟悉行业政策、工作流程等。

(3)掌握一定的营销心理学、行为学知识,能够把握客户特点,为客户提供服务,实施客户管理。

(4)掌握经济学、管理学基础知识,对宏观经济、产业发展、政策走向有基本的认知,了解并认同企业文化和企业管理模式。

(三)技术能力要求

(1)能利用多种市场调研方法收集同行业及潜在市场信息,并形成完整的市场调查报告,从而为会展项目策划提供决策依据。

(2)能在市场调研的基础上分析策划新的会展项目或升级改造已有会展项目。可以完成项目同期活动策划、文稿撰写、预算上报等事务性工作;能核算项目成本及收入,并依据定价目标完成相关会展产品定价策略。

(3)能针对不同目标对象建立公司媒体和广告资源体系,完成会展项目前期、中期、后期的多维度立体宣传推广工作;能策划和实施各类推广方案、公关活动,并监控推广效果,能对整体推广工作提出改善建议。

(4)能独立开展会展项目招商招展工作,并针对不同类型客户进行会展项目推介,提供或制订合理的参展方案,并跟进完成销售服务。

(5)能建立客户数据库,核实数据库中基本信息,如负责人姓名、电话、电子邮箱等,并进行管理、维护、更新、补充;能通过电话、短信、微信、传真、邮件、现场拜访等方式,与客户保持长期联系,维系与老客户的关系;能及时收集录入客户意见,进行反馈处理。

(6)能定期分析客户数据,提出营销改进措施并实施改进。

案例学习:如何成为一名优秀的营销员

国庆节前夕,珠海举办了一次动漫展,主办单位邀请某校会展专业师生参与协办,老师组织同学们到现场实习,其中部分同学被安排到展位上担任营销工作,负责动漫周边产品的营销。中午11:30老师来到现场时,发现担任营销工作的同学有的在看书,有的在玩手机,还有的在打瞌睡。经了解,由于主办方经验不足,组织宣传不到位,来到现场的观众不多,销售效果不佳。这时,有一位叫小钟的同学热情地招呼老师,兴奋地告诉老师她已经把负责的展位商品卖完了。

老师了解到,小钟不是广东本地人,不会讲粤语,并没有语言优势;小钟销售的商品就是普通的塑料杯子,虽然印了动漫图案,但是特色也不太鲜明,而且价格为30元一个,并不便宜。可是小钟半天就卖掉了展位上所有的杯子。

思考:

小钟能够在展会上销售成功,究竟是什么原因呢?

知识与技能训练

一、单项选择题

1. 首届消博会的举办地点是（　　）。
   A. 海口　　　　　B. 北京　　　　　C. 上海　　　　　D. 广州
2. 会展业对相关行业的经济拉动比例，通常认为是（　　）。
   A. 1∶2　　　　　B. 1∶5　　　　　C. 1∶9　　　　　D. 1∶15
3. 会议侧重于（　　）的聚集，展览侧重于物的聚集。
   A. 信息　　　　　B. 人　　　　　　C. 财　　　　　　D. 权
4. MICE中的"E"往往被学者延伸为（　　）。
   A. 事件　　　　　B. 旅游　　　　　C. 体育　　　　　D. 活动
5. 被称为"世界展览王国"的国家是（　　）。
   A. 日本　　　　　B. 美国　　　　　C. 中国　　　　　D. 德国
6. 通过加大促销力度，尽量销售更多现有产品，属于（　　）观念。
   A. 生产　　　　　B. 产品　　　　　C. 推销　　　　　D. 市场营销
7. （　　）负责会展具体业务的运作执行，一般是具有会展专业经验和管理能力的企业。
   A. 主办单位　　　B. 承办单位　　　C. 协办单位　　　D. 支持单位
8. 参与企业战略制定是以下哪种营销岗位的岗位职责？（　　）
   A. 销售员　　　　B. 销售助理　　　C. 主管　　　　　D. 总监
9. 以下哪种岗位在会展营销岗位中的比例不断增加，未来可能成为重要的一类岗位。（　　）
   A. 电话销售　　　B. 网络营销员　　C. 招商专员　　　D. 会议销售

二、多项选择题

1. 服务营销理论是在传统的"4P"营销组合中增加了（　　）。
   A. People　　　　B. Place　　　　C. Physical Evidence
   D. Process　　　 E. Product
2. 会展活动的四大类主体包括（　　）。
   A. 地方政府　　　B. 举办机构　　　C. 服务供应商
   D. 参展商　　　　E. 观众
3. 会议的具体类型包括（　　）。
   A. 行政会议　　　B. 企业内部会议　C. 博览会
   D. 音乐会　　　　E. 行业论坛
4. 会展营销岗位从业人员需要具备的专业知识包括（　　）。
   A. 营销学　　　　B. 会展专业知识　C. 经济学
   D. 管理学　　　　E. 营销心理学

5. 专业观众参加会展的目的主要是（　　）。
   A. 贸易采购　　　B. 个人兴趣　　　C. 娱乐消费
   D. 调研市场　　　E. 商务洽谈
6. 政府推动会展产业发展的主要举措包括（　　）。
   A. 兴建场馆　　　B. 给予补贴　　　C. 开办企业
   D. 城市宣传　　　E. 提供贷款

三、判断题

1. 会展营销体现更多的是服务营销的特征。　　　　　　　　　　　　　　（　　）
2. 会议和展览出现了明显的分别举办趋势。　　　　　　　　　　　　　　（　　）
3. MICE 是美国会展的常用概念。　　　　　　　　　　　　　　　　　　（　　）
4. 从事会展营销工作，要具有较强的应变能力，能够承受拒绝和挫折。　　（　　）
5. 人们对营销的观念是始终不变的。　　　　　　　　　　　　　　　　　（　　）
6. 非商业形式的会议、展览一般不属于会展行业统计的内容范围。　　　　（　　）
7. 从事会展策划工作一般需要先积累会展营销方面的工作经验。　　　　　（　　）

四、简答题

1. 简述政府推动会展产业发展的主要举措。
2. 简述会展营销岗位职业成长的阶段。

五、案例分析题

中国国际航空航天博览会简称"中国航展"或"珠海航展"，由中央人民政府批准举办，是以实物展示、贸易洽谈、学术交流和飞行表演为主要特征的国际性专业航空航天展览，现已发展成集贸易性、专业性、观赏性为一体，代表当今国际航空航天业先进科技主流，展示当今世界航空航天业发展水平的蓝天盛会，已是世界五大最具国际影响力的航展之一。

2021年9月28日—10月3日，第十三届中国航展在广东省珠海市国际航展中心举办。受公共卫生事件影响，众多国际国内大展被取消或者延期。本届航展展览质量不降，会展效应不减，展商数量、参展面积均超预期。世界知名企业悉数亮相，其中，空客、波音等企业还纷纷在上一届航展的基础上进一步扩大了参展面积。本届航展的组织机构更加丰富，主办单位阵容更加豪华，数量从上届的13家扩展到15家。

本届航展主办单位：中国民用航空局、国家国防科技工业局、中国国际贸易促进委员会、广东省人民政府、中国人民解放军空军、中国航空工业集团有限公司、中国商用飞机有限责任公司、中国航天科技集团有限公司、中国航空发动机集团有限公司、中国兵器装备集团有限公司、中国电子科技集团有限公司、中国电子信息产业集团有限公司。

本届航展支持单位：国家航天局、中国航天科工集团有限公司、中国兵器工业集团有限公司、中央军委联合参谋部、中央军委装备发展部、中央军委国际军事合作办公室、中国人民解放军陆军、中国人民解放军海军、中国人民解放军火箭军、中国人民解放军南部战区、中国保利集团有限公司。

本届航展执行单位：珠海市人民政府。

本届航展承办单位：珠海航展集团有限公司。

案例分析：

收集相关资料，分析中国航展的主办单位、支持单位、执行单位、承办单位在会展项目中分别发挥什么作用，以及各单位如何进行沟通协调。

六、实训实践题

请大家在所在城市及周边地区选取一项会展项目（尽量是同时包含展览和会议的项目）作为课程典型案例进行调研。设计一个调研提纲，列出需要收集的重要信息清单。通过网上调研、实地走访等形式，收集所调研会展项目的基本信息，基本调研完成之后，将调研结果制作成PPT在班内进行分享。

项目二 掌握会展消费需求

学习目标

知识目标

- 了解会展消费者的构成及消费特征;
- 了解参展商的消费动机与决策过程;
- 了解会展观众的类型及消费行为特征;
- 了解政府对会展产品的消费动机及消费行为特征。

能力目标

- 能够有效搜索会展的目标参展商;
- 能够有效区分专业观众和普通观众;
- 能够掌握地方政府对会展行业的扶持政策并进行宣讲。

素养目标

- 认识并理解消费者的价值,增强岗位服务意识;
- 认识并理解政府消费的法治化管理要求。

思维导图

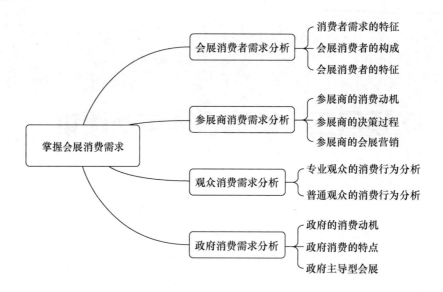

案例导入：会展上的消费者需求观察

2021年5月18—20日，在上海新国际博览中心举办的第二十二届中国国际食品和饮料展览会上，出现了不少包装新颖且符合潮流文化的产品，一大批现象级新品牌蹿红，吸引了不少专业观众的关注。

商务部研究院流通与消费研究所课题组发布的《2020年中国消费市场发展报告》显示，当前我国90后和00后人口规模达3.4亿，在总人口中占比接近四分之一。随着具有稳定收入的90后成为社会中坚力量，00后逐步走向职场，新生代消费群体购买力日益增强，他们开始成长为消费市场的主力。

新生代消费群体消费理念鲜明，对本土品牌的接受程度较高，愿意为产品设计、特色支付溢价。新生代消费群体的壮大催生了更加多元化的需求，从而推动食品饮料行业朝着更加细分品类市场发展，为新品牌成长和老品牌重生提供了空前的机遇和想象空间。在食品饮料行业，越来越多的品牌正在将发展重心放在迎合新生代消费群体的需求上，以抢占市场先机。

思考：
1. 90后和00后消费者的需求特点是怎么样的？
2. 会展有哪些消费者，他们的消费需求有什么特征？

现代市场营销理论认为，理解消费者是营销的起点，满足消费者是营销的终点，也是赢得市场的"金钥匙"。会展营销人员直接为消费者提供营销服务，是企业与会展消费者的接触点。因此，会展营销人员应及时了解消费者的需求特征及变化，为企业制定营销决策提供依据。

任务一　会展消费者需求分析

以消费者为中心,是现代市场营销观念的核心思想。市场营销观念形成于第二次世界大战之后的美国,是企业经营哲学的根本性变化。市场营销观念认为企业的生产就是一个不断满足消费者需求的过程,消费者需要什么,就生产什么,而不是生产产品之后再设法销售。

以消费者为中心延伸出了"消费者就是上帝""消费者永远正确""关注消费者而不是产品本身"等企业文化。直到今天,全球的优秀企业依然奉行以消费者为中心,通过了解消费者需求、满足消费者需求来开发新产品,取得竞争优势。

一、消费者需求的特征

消费者需求纷繁复杂、各不相同,并随着社会经济的发展而不断变化。但消费者的需求也有一定的规律可循,无论消费者有哪方面的需求,这些需求都具有以下几个基本特征。

(一) 差异性

各个消费者由于民族传统、宗教信仰、文化程度、收入水平、个性特点、生活方式、职业、年龄等不同,他们可能有各种各样的兴趣和爱好,对产品和服务的需求自然也千差万别。

(二) 层次性

消费者的需求具有层次性。美国著名社会心理学家马斯洛提出的需求层次理论是最为经典的理论,有助于人们分析消费者的需求层次问题。消费者的收入水平、购买力大小是有差异的,因此他们会选择对应层次的消费产品。消费者需求的层次性特征提示企业营销人员,要提供不同层次的产品或服务,以满足消费者不同层次的需求。

 知识链接:马斯洛的需求层次理论

　　马斯洛的需求层次理论将人类的需求从低到高分为五个层次,分别是生理需求、安全需求、社交需求、尊重需求和自我实现需求(如图 2-1 所示)。马斯洛的需求层次理论在现代行为科学中占有重要地位。

图 2-1　马斯洛的需求层次理论

（三）扩展性

消费者的需求总是呈现由少到多、由粗到精、由低级到高级发展的趋势。当一种需求被满足后，又会产生新的需求。而随着科技进步和生产力水平提升，消费者的需求总在不断被满足，市场总体规模因而不断扩大。因此，企业营销也就是不断开发新产品、开拓新市场的活动过程。

（四）周期性

消费者某方面的需求得到满足后，在一段时间内可能不再产生。但随着时间推移，消费者这方面的需求可能还会重新出现，即消费者的需求具有一定的周期性。消费者需求的周期性主要由人的生理机制运行引起，并受到自然环境变化周期、产品生命周期和社会时尚变化周期的影响。掌握消费需求的周期性规律，有利于企业营销人员有针对性地开展老客户营销，建立长期稳固的客户关系。

（五）可诱导性

消费者的需求是可以被诱导的。消费者需求的产生和发展除了受自身因素影响之外，也常常受到外界刺激的影响。社会政治经济制度的变革、生活和工作环境的变迁、收入水平的提高、时尚潮流的起落、大众传媒的宣传、艺术形象的激励、道德风尚的倡导、亲朋好友的劝说等，都可能引发消费需求的变化和转移。

消费者需求的可诱导性是开展营销工作的重要支撑逻辑。有效的市场营销能够引导消费者建立新的消费结构，从无需求转变为有需求，从潜在需求转变为现实需求，从微弱需求转变为强烈需求，从未来需求转变为近期的购买行动，从而开辟出新的、更广阔的市场空间。

扫码看微课

会展消费者及其需求特征

二、会展消费者的构成

会展消费者就是会展产品或服务的购买者。由于会展不是一个单一产品，而是一系列产品和服务的总和，加上会展种类众多，因此会展消费者也有不同类型。会展消费者一般包括参展商、观众和政府（如图 2-2 所示）。其中，政府为会展提供补贴或其他支持，是会展的隐形消费者。

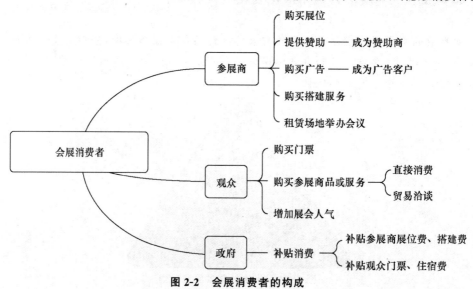

图 2-2　会展消费者的构成

(一) 参展商

参展商从会展举办机构购买展位,是会展活动中最主要的消费者。展位销售收入是举办单位最主要的收入来源。参展商除了购买展位以外,在参展过程中往往还会产生其他消费,如购买特装展位搭建服务、购买会展期间的广告服务、为在会展期间举办发布会而租赁场地及服务、参展人员的食宿消费等。此外,参展商还可能成为会展的赞助商。一些著名企业参加一次会展消费几十万甚至上百万都是常见的。参展商一旦对某个会展满意,往往还会参加下一届会展。从举办机构的角度看,满足参展商的需求是最基础,也是最重要的工作。

(二) 观众

观众是参加会展的自然人,包括参加展览活动的观众,也包括参加会议活动的观众(或者称为听众)。有的会展,观众需要购买门票,则观众自然就是会展的消费者;有的会展,观众并不需要购买门票,则观众是隐性消费者,因为观众在进入会展现场后,会通过购买商品或服务、洽谈业务等方式形成消费。还有些不购票、不消费,只看热闹的观众,他们可以带动会展的人气,提高整个会展的消费气氛,拉动其他人消费。总之,观众是会展不可或缺的消费者,会展营销人员应该根据观众的不同类型,采取不同的营销方式。

(三) 政府

政府是会展的重要支持者和参与者,也是会展重要的消费者。一方面,政府是很多会展项目的发起者、参与者,有大量的会展消费支出,广交会、进博会、服贸会、消博会、中国航展、博鳌亚洲论坛等都是典型的政府主导型会展,政府在这些会展中产生了大量支出;另一方面,许多政府为扶持会展行业的发展会出台支持会展行业发展的激励政策,如提供财政补贴。于是政府补贴成为一些会展项目的重要收入来源。从整个会展项目的效果看,参展商数量越多,观众越多,溢出效应明显,越容易获得政府的补贴扶持。从会展的类型看,政府补贴占比较大的会展项目一般是初创型或政府扶持型会展项目。

三、会展消费者的需求特征

会展是一个综合性的产品,类别众多,且同时有参展商、观众和政府三类消费者,因此,会展消费者的需求较普通商品消费者更加复杂。会展消费者的需求主要具有以下几个特征。

(一) 会展消费者之间存在相互依存的关系

参展商和观众之间是相互依存的关系。由于会展是一个产品体系,其中的营销关系相互关联、相互影响。从整个会展的角度来看,参展商和观众都是消费者;而从展位的角度来看,参展商和观众又是买方和卖方的关系,双方缺一不可。另外,参展商之间也有依存关系,好的参展商能够吸引观众,从而使其旁边展位的参展商也获益。

(二) 不同类型会展侧重于满足不同消费者的需求

不同类型会展侧重于满足不同消费者的需求。这主要体现在:
(1) 专业性会展以贸易洽谈为主,侧重于满足参展商的消费需求。

(2) 消费类、节事活动类会展以现场销售为主,无论是否销售门票,这类会展都侧重于满足观众的消费需求。

(3) 商业性会议,尤其是收取会务费的会议侧重于满足观众、听众的消费需求。

(4) 政府主导型会展(包括中央政府主导的国家战略类会展、地方政府主导的专题发展类会展)代表公共利益,除满足政府的需求外,还服务于全社会的根本需要、长远需要。

(三) 会展的消费者不一定是购买者

在一般行业里,购买企业产品或服务的一方就是企业的消费者,但是,在会展项目中情况有所不同。在会展项目中,某项产品或服务经常不需要花钱购买。比如,会展举办机构有时愿意自己付费,邀请有实力的专业观众参加会展;政府有时会提供补贴,使得一些参展商可以免费参展或者观众可以免门票参展;一些行业会议有时会得到大企业的赞助,使得参会者可以免费参加。

素养提升:会展凸显红色文化当代价值[①]

2021年7月18日,第十七届中国国际动漫游戏博览会(CCG EXPO 2021)落下帷幕,为期4天的会展交出了一份令人满意的答卷:入场观众总计15.5万人次、#我爱CCG#微博主话题阅读量突破1.8亿,讨论量逾9万。本届CCG EXPO主题鲜明,实现价值引领,并为动漫产业的发展搭建了平台、释放了潜能。

传承、弘扬红色文化是本届CCG EXPO的重中之重。会展举办期间,组委会发布了《动漫传承红色基因倡议书》,号召年轻的中国动漫人向胸怀理想、追求真理的先辈致以崇高的敬意,号召意气风发、革新图强的同道同仁携手奋进、持续创新。本届会展特设CCG EXPO"恰少年 筑未来"——庆祝建党100周年动漫主题展,展览包含《百年风华青春筑梦——主题动漫展播》《血与火——新中国是这样炼成的》人物长卷、《时光追溯不负热爱》等精彩内容,以年轻一代喜闻乐见的形式回顾党史,庆祝建党百年。

"这场红色文化动漫主题展十分有意义。"上海市民张女士特意跟着刚放暑假的孩子一起来看展,她认为了解中国共产党的党史和国家的奋斗发展史对于年轻人特别重要。"这是一种文化与精神的传承,用动漫这样一种生动活泼的方式来传播革命文化、红色文化效果非常棒。"张女士说。

任务二 参展商消费需求分析

参展商属于机构消费者,他们参加会展的主要目的是维持或扩大企业经营,他们的消费行为符合机构消费者的基本特征。会展营销人员可以通过了解参展商的消费动机、决策过程和影响因素来制订对应的营销方案。

[①] 罗群. 第十七届中国国际动漫游戏博览会闭幕 凸显红色文化当代价值 释放动漫产业发展动能[EB/OL]. (2021-07-19)[2024-07-22]. https://baijiahao.baidu.com/s?id=1705703408044539000&wfr=spider&for=pc.

一、参展商的消费动机

从参展商的角度来看,购买展位、投放广告、派出参展人员等都是成本,付出高昂的会展成本必然是为了获得相应的收益,这就是参展商的消费动机。具体而言,参展商的消费动机主要有以下四个。

（一）促成交易

通过参加会展带动企业产品销售是参展商最直接的消费动机。会展营销本身也是企业的营销手段之一。普通观众一般会展现场直接购买参展商的产品,专业观众则往往与参展商签订购买订单,两类观众都是参展商的销售对象。

以现场销售为主的会展通常被定义为消费展。在消费展中,参展商直接面对最终消费者,中间环节减少,消费者可以享受更低的价格,参展商可以实现短期快销。以现场洽谈订单为主的会展通常被称为专业展。在专业展中,参展商可以签订较大数量的销售合同,往往也可以找到销售代理,建立销售渠道网络。

参展商参加会展的销售额、签订订单金额都很容易统计,这些都成为参展商判断参展效果的重要指标。能够获得较高的销售额和大量订单的会展,参展商肯定会多次参加。

（二）维护客户关系

参展商可以利用会展与新老客户见面交流,向客户介绍企业的新产品,进一步了解客户的需求,获得客户的反馈,与客户探讨如何为其提供更好的服务。线下会展能提供人与人见面交流的机会。对参展商而言,相对于单独拜访客户,通过参加会展与客户定期接触,是更加高效的维系客户关系的方式。

（三）信息交流

在专业展中,同行企业聚集,大家可以了解到行业发展的最新情况,如新技术、新产品,上下游关联企业、竞争对手的情况等。信息交流也是参展商参展的重要动机。现代市场观念认为,同行之间并不是单纯的竞争关系,而是"竞争合作"关系,大家可以共同扩大市场,共同受益。在会展中,企业各自展示新产品、新技术、新材料,同行企业可以相互借鉴。会展主办方往往也会专门安排行业论坛、专家讲座等,以提供行业发展、政策走向最新资讯,搭建行业交流平台,共同推进行业发展。

通过参加会展,参展商还能与利益相关方进行信息交流。社会营销观念认为,企业还要向社会利益相关方(包括政府行业主管单位、行业协会、大众媒体等)进行营销,通过参加会展,参展商可以与利益相关方进行信息交流,完成营销工作。

（四）宣传推广

会展是参展商发布新产品,宣传企业品牌、企业形象的最佳时机。会展期间,参展商既可以直接在展位展示新产品,也可以专门召开新品发布会。一方面,会展期间有主办方提供场地服务等条件支持,参展商举办宣传活动成本较低;另一方面,会展期间有现成的客流、媒体聚集,参展商只要注意突出产品的创新之处,就容易引起关注,产生较好的宣传效果。

案例学习：比亚迪亮相 2023 东京车展，国际化进程再提速①

2023年10月25日，第47届东京车展（2023年更名为"日本移动出行展"）在东京国际展览中心正式开幕，比亚迪携五款新能源车型及核心技术亮相本届车展，成为历史上首家参加该车展的中国车企，向世界展示中国品牌力量，进一步扩大中国汽车的国际影响力。

发布会上，比亚迪携纯电轿跑"海豹"亮相，并宣布该车型将于2024年春季在日本上市。作为比亚迪旗下百万级高端新能源汽车品牌，"仰望"也首次在海外车展亮相，其首款车型U8现场演示了原地掉头功能，凭借其颠覆性的技术及性能表现，成为全场焦点。此外，比亚迪旗下腾势品牌也展出了其首款豪华 MPV D9，吸引了众多参展者驻足参观与体验。

比亚迪亚太汽车销售事业部总经理刘学亮表示，28年来，比亚迪始终坚持以科技创新为动力，以绿色梦想为初心，不断努力实现生活方式的多样性和自然环境的和谐统一。在日本消费者的支持下，我们将致力于电动车技术和产品的推广，助力电动车成为民众必不可少的绿色出行选择。

2022年7月，比亚迪正式进入日本乘用车市场，目前已在日本开设了15家门店，覆盖了东京、大阪、横滨、名古屋、福冈等多个城市，通过打造个性化、便捷的消费体验，拉近与消费者的距离。比亚迪计划于2025年年底前，携当地优质经销商和合作伙伴，在日本开设100家门店，以满足当地消费者对新能源汽车的更多需求。

截至2023年9月，比亚迪新能源汽车累计销量已超过540万辆，覆盖全球六大洲的70多个国家和地区，超400个城市，全球化战略稳步推进。未来，比亚迪将继续用技术创新满足人们对美好生活的向往，通过更安全、更智能、更高效的新能源产品和技术，为全球消费者提供独特的出行体验，为全球可持续发展贡献力量。

思考：比亚迪参加东京车展的主要动机是什么？

二、参展商的决策过程

一般情况下，参展商的消费决策过程包括五个环节：明确参展需求、收集决策信息、制订参展方案、作出参展决策和进行效果评价（如图 2-3 所示）。

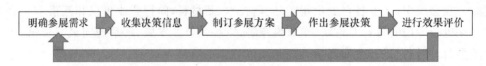

图 2-3　参展商的决策过程

（一）明确参展需求

前文已介绍过，参展商有四种参展动机。动机是参展商选择参加会展前的心理活动，只有将参展动机明确下来，才能成为一种真实的参展需求。一般情况下，要由相关个人或者部

---

① 比亚迪亮相 2023 东京车展 国际化进程再提速[EB/OL].(2023-10-25)[2024-06-28]. https://auto.cnr.cn/djfb/20231025/t20231025_526463022.shtml.

门作为发起者,明确向企业提出参展需求。在多数企业中,往往是市场部或者区域市场部发起参展需求。

对企业而言,参展需求与企业发展阶段、产品研发情况、营销战略等息息相关。小微型企业由于自身资金实力较弱,一般不具有参展需求;处于成长期的中小型企业,参展需求往往比较强烈,这类企业需要通过参加各类会展寻求发展机会;大型企业一般有长期参展经验,因此往往只参加相对固定的会展。另外,产品更新越快的企业往往参展需求越多,尤其新产品刚刚上市阶段,企业可能会密集地参加多个会展,以宣传推广新产品。

(二)收集决策信息

参展商参加会展属于组织消费行为,必须提前收集相关信息作为决策依据。企业一般会安排专业人员收集会展的相关信息。企业作出参展决策需要收集的信息主要包括以下几个方面。

1. 会展项目相关信息

这包括:① 会展的性质、规模、行业影响力;② 过去参展的评价反馈情况,是否有同类会展可以选择参加等;③ 通过什么渠道可以获得展位,是否能够获得展位优惠价格或者额外服务等。

会展举办机构要发动相关工作人员主动向企业提供这些信息,以推动参展商决策进程。

2. 企业内部信息

这主要包括:① 企业产品开发、销售计划等是否能够与会展时间吻合;② 企业是否有参加会展的财务预算、人员安排、物资准备。

3. 企业外部信息

这主要包括:① 企业客户的参展安排,如客户是否有在会展上见面洽谈的需求;② 哪些同行、观众、政府人员会参加会展;③ 在会展上可以见到什么样的新产品、新技术等。如果是到国外参展,则企业外部信息还包括举办地的政治环境、风俗习惯、法律规定等,了解这些有助于参展商避免参展过程中出现意外情况。

(三)制订参展方案

企业在收集决策信息后,需要制订相对完整的参展方案。参展方案中一般应该包括参展经费计划、展位购买计划、具体人员安排、差旅住宿安排、展位搭建安排、展品展示安排、展位营销安排等。另外,在参展方案中,对参展的效果也应有所预期。

(四)作出参展决策

参展决策是企业基于收集到的信息和参展方案进行判断,最终选出最适合的方案,购买会展产品及服务的过程。参展决策决定参展商的购买行为,也是会展组织机构、销售代理能否获得销售成果的关键。对于参展决策,需要重点关注三个问题:① 决策的主体是谁?② 决策的标准是什么?③ 决策的程序是什么样的?

参展商的参展消费是一项机构消费行为,决策的主体一般不是个人,而是多人参与的决策层。参展决策往往由企业的高层组织研发部、市场部、财务部等多个部门人员组成的决策层共同论证作出。

决策层一般不会随意作出参展决策,而是会尽量制定出标准,用标准去衡量,以保证决策科学合理。标准一般会将会展声誉、主办方实力、展馆条件、参展费用、观众人数、往届评价等列为考察指标。

在具有一定规模、管理比较规范的企业中,企业的决策过程往往都有固定的程序规则,以保证参与决策的主体认真审批,并留有依据。随着现代办公技术的普及,大部分企业已经使用办公自动化系统,决策程序可以通过办公软件完成。企业的规模、性质、制度文化不同,其参展决策的程序复杂程度也不同。

(五)进行效果评价

大多数会展都是按照年度周期持续举行的。参展商本次的参展效果会直接影响其下一届会展的参展决策。完整的参展决策过程还应该包括对参展效果的评价。企业参加完一个会展,应该趁热打铁,及时展开对会展的评价工作。会展结束后,企业可通过与展台人员交流、分析会展现场收集的资料和信息等方式进行总结和参展效果评价。展后总结与评价工作不仅是对本次参展决策行为和过程的完善,也可为下一次的参展提供经验和借鉴。

三、参展商的会展营销

从参展商的角度看,参加专业会展是对企业自身品牌及产品的重要营销活动,需要在展前、展中、展后做好相关工作。

(一)展前筹备

在决定参加会展后,参展商就需要制定出清晰的参展目标,并根据目标做好各项展前准备工作。

1. 现场展位设计

展位设计是最容易被首次参展的参展商忽视的环节,也是首次参展的参展商最没有把握的环节。因此,参展商需要提前对会展的现场有一定的了解,然后与专业会展设计公司多作沟通,这样才有可能打造出具有创意、让人眼前一亮的展位来。

2. 准备展品,合理摆放

准备与会展定位相符的展品并进行合理的展品摆放,是参展商进行会展营销非常关键的环节。布置展位时要注意留出一定的空地,因为展位内恰到好处地留出空地不但有利于参观者行走,给参观者带来舒适感,更有利于容留更多的潜在客户。

摆放展品时,应注意宁可少摆展品,也要保持展位的品位;宁可少而精,不可多而滥。这是展品摆放的两条要领。没有拿出来的展品,可以请有意向的观众去工厂或企业展厅看,或者用宣传册照片补充说明,也可以请观众用 iPAD 自己查阅。

3. 做好会展期间配套活动

为了使会展取得更好的宣传效果,使品牌在会展上获得更高的关注度,参展商可以在会展现场安排各种配套的活动,如新品发布会、订货会、招商会、拍卖会、培训会等。

4. 准备现场宣传资料

充分、完整的宣传资料可以对会展现场营销及展示、推广、业务洽谈起到一定的促进作用。参展商参加会展的必备物料及宣传资料一般包括:

(1)企业宣传册。企业宣传册一般以企业文化、企业产品为主要内容,是企业对外最直接、最形象、最有效的宣传资料。

（2）企业宣传片。在会展现场播放企业宣传片是传递商品信息、促进商品流通的重要手段。企业宣传片一般包括宣传片、形象片、专题片、历史片等。

（3）企业网络平台。企业网络平台一般包括企业官方网站、微信公众平台、微博平台等。参展商可以在企业网络平台提前发布企业的参展信息及会展期间的活动，甚至可以在业内杂志、网络媒体进行展前宣传推广，以吸引更多的新老客户关注会展、参观会展，从而提高参展效果。

（4）其他宣传资料及物料。除以上宣传资料外，参展商一般还应备好企业视觉识别系统里面的常用物料，如手提袋、X展架、名片、纸杯、纪念品等。

5. 梳理新老客户资料，做好展前邀约宣传工作

参展商在参加会展之前，应该安排营销团队梳理新老客户资料，并进行必要的甄选和邀约。在会展现场，新吸引来的观众一般不会当场作出购买或签约决策，他们还需要对参展商进行深入的了解。但是，只要潜在的观众愿意建立联系，就是很大的成功。帮助并引导潜在客户了解本企业最新动态及最新产品，增强他们对品牌的信心，有助于促成订单。

（二）展中展示

对参展商来说，参加会展是一次重要的公关活动。参展商可以通过展位设计、展品摆放、高人员素质和专业的形象为企业品牌加分。

在会展现场，参展商应安排精兵强将组成会展工作团队。工作人员应保持整洁统一的着装、优雅的谈吐、清晰的思维，做到学识专业、谈判老到、决策迅速，这有助于客户快速建立对企业及产品的信心。在会展期间，企业高层管理者也要随时保持与现场的联系。实际上，很多参展企业的领导常常亲临现场，观察会展的整体氛围，亲自评估会展观众的专业水平。对于一次投入较大的营销活动，企业领导亲赴现场，既可以鼓舞士气，提高工作人员的工作热情和工作质量，也可以缩短决策流程。

（三）展后跟进

会展期间积极接待观展者，有意识地收集潜在客户信息，并在会展之后进行资料整理和跟踪访问，这样才能有效巩固会展的成果。

会展期间，参展商能收集到大量潜在客户与其他专业人士的联系信息。对于这些信息，企业的市场销售人员应进行专门整理，在会展后仔细甄别，筛选出真正的经销商信息，主动与之建立并保持联系。对于其他专业人士的信息，应交给企业相关部门，以最大限度地利用通过参加会展所获得的专业资源。

任务三　观众消费需求分析

会展的观众分为专业观众和普通观众两类，两类观众的会展消费行为具有显著的不同（如表2-1所示）。专业观众参加会展属于工作需要，而普通观众参加会展则是个人消费行为，与其他个人消费行为有类似的规律。基于专业观众与普通观众消费行为的区别，会展举办机构一般也会在营销上作出区分。

扫码看微课

专业观众与普通观众消费行为区别

表 2-1 会展专业观众与普通观众的消费行为

项目	专业观众	普通观众
参展性质	工作安排	个人行为
参展费用	单位支付	个人支付
消费动机	交易动机、技术动机、信息动机	娱乐动机、兴趣动机、购买动机
参展行为	采购商品、获取产品信息、洽谈合作等	观赏新奇产品、现场表演、明星嘉宾等,购买商品
参展时间	经常参展,逗留时间相对较长	不定期参展,逗留时间相对较短
服务需求	论坛交流、政策法律咨询、金融服务等	公共交通、餐饮服务、场馆介绍等

一、专业观众的消费行为分析

专业观众一般被定义为通过注册登记获取参观证,参观展览并与参展商进行信息交流和商贸洽谈的各类个人和团体,包括同行和专业买家。

（一）专业观众的参展动机

专业观众参展一般有三种动机：交易动机、技术动机、信息动机。基于这三种参展动机,专业观众可被分为采购型专业观众、技术学习型专业观众、情报收集型专业观众三类。

1. 交易动机

有些专业观众需要通过会展采购某些产品,以满足其生产或贸易需求。会展汇集了大量的参展商,产品较多、价格公开,专业观众可以货比三家,通过会展以最少的时间购买到合适的原材料和适销对路的产品。

在会展上,有些专业观众的交易动机比较明显,参展商和主办方只要认真观察、记录和分析专业观众的行为特征,就能发现他们的这种交易动机并针对他们的这种动机采取相应的营销措施,以使他们的购买动机转化为购买行为。有些专业观众的交易动机不明显,不易被参展商和主办方察觉,但只要主办方营造好会展现场的气氛并加大宣传力度,往往也可以把这部分专业观众的交易动机显性化。

2. 技术动机

有些专业观众希望通过参加会展了解行业内技术发展的最新情况。企业中的科研人员、技术人员、设计人员、管理人员等为了了解行业的最新技术及科学技术的运用情况等常常也会参加相关展览或参加相应的会议及论坛。参加会议、论坛的一般都是专业观众,很少有普通观众。

3. 信息动机

有些专业观众希望通过参加会展获取市场信息、产业发展趋势信息等,并了解竞争对手的情况。从某种意义上来说,参加会展是专业观众以最低成本获取各种所需信息的最有效的方式。有调查研究显示,约30%的专业观众参加会展的最主要动机是收集信息。

（二）专业观众的参展决策

专业观众在作出是否参加某个会展的决定时,一般主要考虑三方面的因素：会展与本企业产品或业务的相关性、对往届会展的印象、会展的知名度。

专业观众对会展的选择比较理性,倾向于参加专业性较强的会展,他们首先考虑的是会展与本企业的产品或业务是否具有较大的相关性,然后考虑对往届会展的印象,以及会展的知名度。

因为专业观众经常参加会展,对往届会展的效果、主办方的组织服务水平都会产生主观印象。专业观众对会展的主观印象会直接影响其下一届参展的参展决策。所以,培育品牌会展项目是会展举办机构吸引专业观众的首要任务。品牌会展是指具有一定规模,能代表行业的发展动态,反映行业的发展趋势,对行业发展有指导意义并具有较强影响力的会展。

专业观众在决定是否参加会展时较少受举办地、主办方的宣传力度、观展成本等因素的影响。专业观众的参展费用一般由企业支付,所以只要他们有参展的需求并且会展本身也有较高的价值,专业观众往往就会选择参加。

二、普通观众的消费行为分析

普通观众是指为了个人兴趣爱好、购物消费、娱乐消遣等前往会展现场的消费群体。专业会展对普通观众吸引力不大,普通观众往往可以免费参加,人多可增加现场的人气。汽车展、航空展、动漫展等观赏娱乐价值较高的会展往往会向普通观众销售门票。普通观众的消费行为符合个人消费行为规律。

(一) 普通观众的参展动机

普通观众参加会展的动机与专业观众不同。普通观众参展一般也有三种主要动机:娱乐动机、兴趣动机、购买动机。

1. 娱乐动机

随着会展规模的扩大,为增加人气,会展现场往往会安排一些娱乐表演,有时也会邀请明星出席,再加上会展现场各参展商往往安排有宣传、抽奖等吸引人的活动,所以会展现场往往非常热闹,会吸引不少普通观众前往。从个人喜好角度来看,即使是专业观众,对娱乐性的展示也有一定潜在需求,会展通过节目表演、展台创意、活动策划、互动游戏等,能有效激发观众的娱乐动机,增强观众对企业产品和形象的记忆,从而达到宣传企业产品和企业品牌的效果。

2. 兴趣动机

很多人出于对某类产品的偏爱,并没有购买的意图,只是为了兴趣爱好而去参加会展。例如,在珠海举办的中国航展上,每一届购票观展的普通观众都超过20万人次,有些观众甚至从外地专程来看展。这些普通观众都不具有购买飞机的欲望及经济实力,基本上都是航空爱好者或者军事爱好者。出于兴趣动机参展的普通观众往往还会多次参展,成为同类会展的长期观众,也可以说成为某些会展的"粉丝"。

3. 购买动机

人们往往认为参展商在会展中展出的都是质量最好的产品和最新的技术。普通观众往往希望通过参展了解新产品、新服务,并通过现场促销活动,以比市场上更优惠的价格现场购买心仪的商品或服务。因此,会展现场购买是普通观众参加会展的主要动机之一,尤其是汽车展、房展、动漫展这一类消费展,不少普通观众就是专门去购买商品的。

(二) 普通观众的参展决策

普通观众在作出是否参加一个会展的决策时重点考虑的因素一般包括会展性质、会展的吸引力、个人因素和社会因素。

1. 会展性质

许多专业会展或技术会展往往不允许普通观众入场,即使允许普通观众入场,通常也只是允许普通观众在会展的最后两天或最后阶段进行简单参观。因为普通观众通常不涉及经济交易等,所以这类会展的参展商通常不大重视普通观众。只有在以消费类产品和服务类产品为主题的会展上,普通观众才会得到参展商的重视,所以普通观众参与消费类和服务类会展的积极性一般比较高。

2. 会展的吸引力

影响会展吸引力的因素主要包括会展的特色,展品的数量、质量、销售价格、优惠力度、周边服务等。普通观众一般喜欢热闹、新奇,有些观众更倾向于参加创新型的会展,创新型会展加强广告宣传、新闻报道等都比较容易吸引到普通观众。

3. 个人因素

个人因素包括个人兴趣(普通观众有意向参加符合自己兴趣爱好的会展)、个人空闲时间、性别、职业、家庭等。这些都可能影响普通观众的参展决策,如果是需购票才能进入的会展,个人的收入水平也会显著影响普通观众的参展决策。

4. 社会因素

普通观众的参展决策还容易受到诸如正式与非正式组织、家庭、社会角色与地位等一系列社会因素的影响。社会因素会影响普通观众对某些事物的看法和对某些产品的态度,并促使普通观众的行为趋于某种"一致化",从而影响他们的参展决策。

> **行业观察:向普通观众开放,进博会更接地气**

第二届进博会会展面积达33万平方米,超过首届。不过最吸引外界的是其向更多普通观众开放的转变。首届进博会只将最后两天作为团体观众开放日,部分幸运的普通观众在团体观众开放日得以走进进博会,直观感受、亲身体验这场举世瞩目的盛会。不过,短短两天开放时间远无法满足普通观众希望参观进博会的愿望,而这也是促使第二届进博会考虑向更多普通观众开放的主要原因。

主办方认为进博会加大公众开放至关重要,消费者参观进博会,对世界各国特色优质产品一睹为快,将有助于培育新的消费意愿,也是未来消费增长的重要基础。进博会向普通观众开放会导致会展人流量加大,所以要进行科学合理的动线设计并建立应急预案等,做好保障工作,才能提升参观体验。

任务四　政府消费需求分析

各级政府及其所属机构,尤其是会展城市的地方政府,对发展会展产业、带动会展经济具有明显的需求。

一、政府的消费动机

作为会展的隐形消费者,政府主要有以下两个消费动机。

扫码看微课

各国政府推动会展经济发展

（一）促进经济发展

政府对会展的消费需求大多源于促进地方经济发展的目的。第一，会展是招商引资、投资洽谈、区域交流等政府经济工作平台。第二，会展具有1∶9的产业经济带动效应，对地方交通、住宿、旅游等有显著的带动作用。第三，行业性会展能够推进产业聚集发展，有利于打造区域龙头产业。第四，会展可以带动地方经济增长，从而增加地方税收收入。

（二）推荐整体形象

延伸市场营销理论，可以将现代的城市、省份、国家等都看作需要包装营销的产品，它们都需要提升自身在社会上的整体形象。举办国内、国际会展是政府树立整体形象、提升城市知名度的重要途径。举办会展与地方城市形象密切相关，著名会展更是城市形象的名片。例如，广州的广交会、珠海的中国航展、海南的博鳌亚洲经济论坛等都是城市形象的金字招牌。

行业观察：南京市政府嵌入会展招商

2022年12月29日上午，首届上海国际消费电子技术展在南京市建邺区南京国际博览中心开幕。作为面向亚太及全球市场的科技行业盛会，这一"沪上大展"集中展示了业内领先的消费电子技术成果，以及未来发展趋势。

优秀的会展是行业的机会，也是地方政府的机会。一边是科技感满满的行业大展，集聚国内外百余家领先的科技企业，包括阿里巴巴、蚂蚁科技、海尔、科大讯飞等；一边是诚意满满的城市推介会，南京市有关部门在会展现场搭台，推介南京相关产业投资环境，努力让参展商成客商，与南京共成长。

当天下午，中国国际贸易促进委员会南京市分会（以下简称"市贸促会"）联合南京市投资促进局在会展所在场馆举行"南京市软件与电子信息产业投资环境推介会"。市贸促会一级调研员、市会展办副主任介绍了相关产业发展情况，软件谷管委会招商合作部和麒麟科技创新园管委会招商投资处分别介绍了两个园区的投资环境。

华云天下科技（南京）有限公司总经理和南京佰钧成信息技术有限公司副总经理作为企业代表"现身说法"，邀请与会展商进一步了解南京、投资南京、共赢未来。

推介会结束后，各园区招商人员还携带早已准备好的资料，与参展商进行对接交流，努力吸引和留住这些已经到身边，平时很难请的大商、优商。

会展业被称为最活跃的产业因子，具有极强的溢出带动效应。根据《南京市"十四五"会展业发展规划》，全市将充分发挥会展流量经济、平台经济投资促进作用，推进"会展＋产业＋功能区＋投资贸易"一体化，市贸促会将联合各区（功能区、园区）、龙头企业、研发机构、高校院所等主体，集聚产业、企业和技术资源，建立会展业与产业功能区信息共享和资源对接；结合各产业功能区、专业园区优势，搭建"会展＋产业＋商贸"会客厅平台，为国际国内贸易合作、商务洽谈、营销展示等提供有效服务，让在南京举办的行业大展成为"嵌入式招商"的新平台，让远方的客人留下来，大家一起约会南京、展望未来。[①]

[①] 王健."嵌入展会"招商，让展商成客商[EB/OL]．(2022-12-30)[2024-05-12]．https://jsnews.jschina.com.cn/jqhz/jq_scroll/202212/t20221230_3137830.shtml．

二、政府消费的特点

政府的资金使用管理与企业及个人都有所区别,所以要获得政府投资或是政府补贴,需要了解政府消费的特点。

(一)严格法治化管理

党的二十大报告强调"扎实推进依法行政",并对转变政府职能、深化行政体制改革等做出了明确要求。政府不管是参展消费还是提供财政补贴,都需要有法可依、依法办事。政府需要在财政的监督下,以法定的方法和程序,通过公开招标、公平竞争、财政部门直接付款的方式,从国内外市场为政府部门或所属团体购买货物、工程和劳务。政府资金使用的实质是市场竞争机制与财政支出管理的有机结合。

(二)受到社会公众的监督

首先,按照行政制度,政府各项资金的使用受到有关行政管理部门的审核监督。其次,报纸、杂志、电视、网络等媒体也密切关注政府的经费使用情况,会对不合理之处进行披露,起到舆论监督作用。最后,公众及相关民间团体作为纳税人,也会关注并监督政府的资金使用情况。

(三)受到财政经费安排的调控

各级政府的财政资金是有一定规模限制的,具体的开销使用一般经过严格的预算论证。一些城市经济状况好、财政收入高,可以提供更多的政府消费和扶持补贴。政府扶持补贴会展的方式及力度还与政府的执政理念相关,因此,各地政策也存在差异,会展营销人员应注意了解和比较。

行业观察:2021年深圳市民营及中小企业国内会展补贴政策

深圳市为促进民营及中小企业规范发展,提升民营及中小企业市场拓展能力,推动民营及中小企业发展壮大,鼓励支持民营及中小企业为开拓国内外市场参加国内重点经贸科技类会展项目,印发《2021年民营及中小企业创新发展培育扶持计划企业国内市场开拓项目申请指南》,对其参展项目所发生的展位费给予资助。

一、支持数量及资助方式

支持数量:有数量限制,受市民营及中小企业发展专项资金年度总额限制。

资助方式:事后资助。根据专项审计结果,综合年度预算规模确定资助计划。对参展项目实际发生的展位费给予一定比例资助,根据当年度项目资金预算规模和申请情况确定年度资助比例,年度资助比例最高50%,每年每家企业最高资助额不超过50万元。

二、资助的条件

项目单位为在深圳行政区域内依法登记注册,具有独立法人资格的民营及中小企业,且成立时间1年及以上。项目单位自行参加了《2021年深圳市国内重点经贸科技类展会目录》内展会。

三、政府主导型会展

扫码看微课

进博会项目案例

政府主导型会展指的是政府拥有资源配置主导权的会展,包括中央政府主导的国家战略类会展和地方政府主导的专题发展类会展。政府主导型会展代表公共利益,并服务全社会的根本需求和长远需求。

学者对我国会展发展历史的研究发现,1949—1977年,我国的会展政治功能较强,经济功能较弱,主要服从于政治,属于政府完全主导。1978—2000年,会展的经济功能开始受到重视,但会展没有成为一种产业,缺乏专门的产业规划、扶植政策和管理规章,各级党政机关完全主导会展举办过程,并通过计划指令和组织动员来获得其他地区、部门和社会的支持,仍属于政府完全主导。2001—2012年,外资、民营资本开始进入会展业,市场化办展数量增加,但各级政府实际或名义办展项目也不断增加,会展发展由政府完全主导向政府有限主导过渡。2012年以来,中央开始限制和规范政府直接举办会展项目,更多地通过产业政策进行宏观引导和支持,会展产业发展模式转变为政府有限主导。

党的二十大报告提出:"中国共产党的中心任务就是团结带领全国各族人民全面建成社会主义现代化强国、实现第二个百年奋斗目标,以中国式现代化全面推进中华民族伟大复兴。"在这一伟大进程中,必然还需要政府主导一些关键性、高层次的会展项目,以推进国家战略的实现。政府主导型会展项目有助于更好地发挥项目的政治效应、社会效应和经济效应。

根据政府介入程度,可以将政府主导型会展分为以下四种模式。

1. 政府主办并承办

这种模式下,会展是一种政治活动或任务,政府作为主办方,往往会成立临时性的筹备委员会(或组委会)及其职能机构,由筹备委员会(或组委会)负责招展招商、布展、会展期间服务、撤展等工作;主办方以行政计划、政治动员的方式组织参展、接待工作;在场馆建设、秩序维护、志愿服务等方面存在广泛的组织动员。随着市场化进程的不断推进,这种模式主要运用于政治性展示活动,如阅兵、国家庆祝活动等。政治性展示活动往往会成立核心的领导小组及其执行机构,负责整个活动的策划和组织落实,这类活动的举办、参与和参观都具有高度的组织性、动员性。

2. 行政会议配套会展项目

这种模式主要以在政府行政性会议的基础上配套交流会、小型展览的方式进行。在计划经济时期,一些物资交流会就是在行政套会的基础上发展起来的,如早期的粮酒会在本质上就是政府产品分配、计划衔接的会议,并非独立的商品交流会。在市场经济时期,一些区域合作机制具有部分政府套会特征,如在长三角、珠三角相关领导参加的行政会议基础上配套区域合作发展论坛等。

3. 政府主办,成立企事业单位承办会展项目

这种模式是我国市场经济环境下政府主导型会展的主要运作模式,一般采用市场收费机制或赞助机制,并进行外包。会展的具体事务主要通过成立事业单位、国有公司或委托专业化公司、协会负责实际运作。

4. 以政府名义举办,通过招投标选择承办单位

这种模式是指会展以政府名义举办,但政府不投入财政资金,不参与分利,也不进行担保,不承担经济连带责任,而是通过合作谈判、招投标等市场化形式选择专业会展公司或机

构负责实际运作。例如,广州设计周是 2006 年由广州市人民政府主导举办的展会,现在已经实现了市场化运作,不再使用财政资金,政府不参与分利,目前的主办单位为广州设计周主委会,承办单位为广州城博文创展览有限公司等;同时,广州市人民政府继续支持广州设计周,将其作为展示广州城市形象的重要平台。

素养提升:进博会对中国政府主导型会展的启示

由中华人民共和国商务部和上海市人民政府主办,世界贸易组织、联合国贸易和发展会议、联合国工业发展组织等国际机构合办,中国国际进口博览局、国家会展中心(上海)有限责任公司承办的首届进博会于 2018 年 11 月 5—10 日在上海成功举办。进博会是世界上第一个以进口为主题的大型国家级博览会,以"新时代,共享未来"为主题,旨在支持贸易自由化和经济全球化,主动向世界开放市场。进博会的横空出世,对全球展览布局尤其是中国展览业的发展将产生重大影响。

1. 成为落实国家政治、经济、外交和社会发展战略的重要综合平台

首届进博会全面、系统、完整地体现了国家各项重大战略。进博会搭建世界贸易大平台,主动开放中国市场,服务"一带一路"建设,积极倡导开放型世界经济,推动经济全球化发展,是中国新时代高水平对外开放的巨大工程,也是推动构建人类命运共同体的坚实行动。进博会高效统筹调配国内国际两个市场两种资源,推动实现中国在全球范围内的资源优化配置,促进经济转型升级。进博会以人民为中心,汇集全球尖端好货,提供中高端供给,有效满足人民群众更美好的物质文化生活需求,有力推动供给侧结构性改革和经济的高质量发展。

2. 为中国政府和市场高效发挥合力带来模范借鉴

首届进博会成功实践了市场发挥决定性作用和政府发挥更好作用的高效资源配置,成为中国展览业中政府和市场合力成功办展的最佳代表作。习近平指出,进博会不仅要年年办下去,而且要办出水平、办出成效、越办越好。首届进博会的成功举办模式,将对今后每年一届的进博会起到标杆或标准化的作用,并将对全国各地的政府主导型会展带来导向性和样板性的示范效应。

3. 为中国展览业重新定位重新布局指明发展方向

世界上任何一个品牌会展都经历了一个较长时间的培育过程。进博会从 2017 年 5 月提出到 2018 年 11 月成功举办,仅仅用了一年半的筹办时间。进博会首次举办即空前成功,使中国展览业诞生了能与世界上任何品牌经贸展相媲美和竞争的顶级展会,大大提升了中国展览业的地位和国际竞争力,是中国从展览大国迈向展览强国的重要标志。随着世界会展产业由发达国家向发展中国家的加速"东移","新常态"下中国巨大的展览市场备受关注。进博会无疑率先开拓了国际展览市场的"蓝海",将对未来全球展览市场布局产生重大影响,并为未来中国展览业的定位和发展指明方向、开辟道路,带来历史性发展机遇。①

---

① 王福秀. 首届进博会对中国政府主导型展会的发展启示[J]. 全国流通经济,2019(9):106-107.

知识与技能训练

一、单项选择题

1. 以（　　）为中心,是现代市场营销观念的核心思想。
   A. 市场　　　　　B. 利润　　　　　C. 消费者　　　　　D. 销售额
2. 马斯洛的需求层次理论认为,人的最高层次的需求是（　　）。
   A. 自我实现的需求　　　　　　　　B. 安全的需求
   C. 尊重的需求　　　　　　　　　　D. 社交的需求
3. 要重视老客户的营销,主要是因为消费具有（　　）。
   A. 差异性　　　　B. 周期性　　　　C. 可诱导性　　　　D. 扩展性
4. 会展消费者之间存在相互（　　）关系。
   A. 依存　　　　　B. 竞争　　　　　C. 替代　　　　　D. 矛盾
5. 展览活动中最主要的消费者是（　　）。
   A. 参展商　　　　B. 专业观众　　　C. 普通观众　　　D. 政府
6. 参展动机最强烈的一般是（　　）。
   A. 微型企业　　　B. 中小型企业　　C. 大型企业　　　D. 特大型企业
7. 会展中参与会议论坛的观众主要是出于（　　）。
   A. 交易动机　　　B. 技术动机　　　C. 信息动机　　　D. 兴趣动机
8. 参展商在会展上发布新产品,属于（　　）。
   A. 促成交易动机　　　　　　　　　B. 宣传推广动机
   C. 维护客户动机　　　　　　　　　D. 信息交流动机
9. 政府不管是参展消费还是提供财政补贴,都要严格执行（　　）。
   A. 市场化管理　　B. 计划性管理　　C. 法治化管理　　D. 民主化管理

二、多项选择题

1. 会展的消费者主要包括（　　）。
   A. 展馆机构　　　B. 参展商　　　　C. 观众
   D. 政府　　　　　E. 媒体
2. 专业观众参展的三种动机是（　　）。
   A. 交易动机　　　B. 技术动机　　　C. 兴趣动机
   D. 娱乐动机　　　E. 信息动机
3. 影响普通观众作出参展决策的因素包括（　　）。
   A. 会展的性质　　B. 会展的吸引力　C. 个人因素
   D. 社会因素　　　E. 参展商数量
4. 政府对会展的消费动机包括（　　）。
   A. 促进经济发展　B. 采购商品　　　C. 获得行业信息
   D. 推荐整体形象　E. 兴趣爱好

5. 参展商制订参展方案时需要考虑（　　）。
   A. 参展费用　　　B. 展位搭建　　　C. 人员安排
   D. 展品选择　　　E. 展位营销

三、判断题

1. 普通观众的参展行为容易受到周围人的影响。　　　　　　　　　　　（　）
2. 各地方政府对会展行业的补贴政策是一致的。　　　　　　　　　　　（　）
3. 会展的消费者不一定是购买者。　　　　　　　　　　　　　　　　　（　）
4. 专业观众的参展费用是由个人支付的。　　　　　　　　　　　　　　（　）
5. 企业参展决策的主体一般是领导者个人。　　　　　　　　　　　　　（　）
6. 当一种消费需求被满足后，又会产生新的需求。　　　　　　　　　　（　）

四、简答题

1. 简述会展专业观众与普通观众消费行为的主要区别。
2. 简述政府主导型展会的四种模式。

五、案例分析题

最近一段时间，我国各地的漫展参展人数都非常多，虽然多地都限制了漫展人数，但广州、长沙、深圳等地的漫展仍人山人海，许多人甚至跨省前去参展。但是，许多经常参加漫展的人都纷纷反映：现在的漫展越来越无聊了。

现在漫展的人流量越来越大，参展的名人也越来越多，漫展俨然变成了著名cosplayer、网红、视频主和电竞选手的见面会。但并不是所有的漫展观众都是他们的粉丝，而且即便是粉丝也不见得能够和他们亲密互动。而漫展以前的老二次元受众发现自家的圈子并非漫展主打，漫展更偏向于用网红引流，因此老二次元的热情也不高。新来的漫展受众得不到满足，老的漫展受众觉得无聊，这是当前一些漫展出现的问题。

案例分析：
1. 分析漫展两类观众需求的差异。
2. 你认为应该如何针对两类观众的需求差异进行漫展营销？

六、实训实践题

客户画像（客户信息标签化），即在收集和分析消费者的社会属性、生活习惯、消费行为等主要数据之后，抽象出一个客户群体的共性，营销人员可以基于客户画像来设计内容营销策略，推动客户的购买行为。

1. 描述客户

了解理想客户是谁，他们有什么相似之处。通常使用以下因素分析客户：年龄、性别、收入、个性类型、相似的喜欢和厌恶点等。如果是企业客户，还会包含行业特征、行业类别、公司规模、发展阶段、员工人数、营业收入、地理范围、业务类型、由谁决策等因素。

2. 定位客户

了解客户经常驻足或者出现的地方，了解客户的特殊喜好，以及客户经常通过什么方式选择产品,客户的需求是什么,主要解决的问题是什么等。

3. 了解客户消费(或采购)过程

审视客户购买产品或服务的真实需求,了解客户是从何时开始了解、研究你提供的产品或服务的,客户的问题或需求是什么,找到解决方案能为客户带来什么好处?如果面向的是企业客户,那么还应该考虑客户的采购行为是周期性的还是突发的,客户是否是其他公司介绍过来的,客户的采购行为是否需要获得其上级管理层批准?

表2-2列出了10个客户画像指标,请调研某个具体会展项目的参展商或观众,对指标进行描述。

表2-2 客户画像指标及描述

客户画像指标	描述
年龄区间	
性别	
职业类型	
收入水平	
参展频率	
参展目的	
关注行业	
参展决策因素	
消费意愿	
信息获取渠道	

项目三　制定会展营销战略

 学习目标

知识目标

- 了解会展营销战略的内涵；
- 掌握目标市场营销战略和市场竞争战略的基本内容；
- 了解当地会展行业竞争力情况。

能力目标

- 能够运用 PEST、波特五力、SWOT 分析模型分析具体会展项目的竞争环境；
- 能够为具体会展项目进行市场细分及目标市场定位；
- 能够进行会展项目的竞争力比较与分析。

素养目标

- 认识并理解会展行业的国际竞争力，增强爱国意识；
- 学习会展项目的报批手续，树立规范操作意识；
- 培养竞争意识和竞争精神，树立产业报国意识。

思维导图

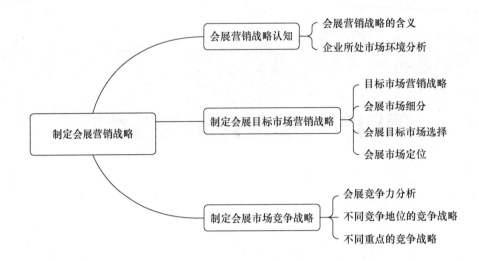

案例导入：会展企业的全球化战略

国外许多知名会展公司的营销活动都呈现出一个新的发展趋势，那便是积极开发国际市场，利用各种营销方式在全球推广自己的品牌会展和吸引海外企业参展，实施全球化战略。

首先，国外的绝大多数知名会展在举办前，工作人员都要组团到国外招展，常用的方式有召开新闻发布会、赞助公益性活动、在当地媒体上刊登广告等，目的是引起海外参展商的注意。

其次，在世界各地举办国际性会展，建立独家代理公司、代表处。例如，德国的会展主办方在100多个国家（地区）设有代办处，构建强大的促销网络，使参展商和观众的数量和质量大幅度提高。

最后，参与其他国家（地区）的展馆建设，表现出坚持长期发展的投资信心。例如，德国的汉诺威、杜塞尔多夫、慕尼黑三家展览公司合资在上海参与兴建展览场馆，在全球会展行业引起了极大关注。

对会展企业而言，全球化战略必须是持久并富有远见的。国外绝大多数会展公司正是在不断朝这个方向努力，才能取得比较理想的效果的。

思考：

请了解一下近期我国会展企业的全球化战略实施进展，找出几个具有代表性的事件，作出自己的分析和评价。

战略是一种从全局考虑谋划，实现全局目标的规划。企业战略是指企业面对外部环境和内部条件，为了实现长期目标而制定的一系列规划决策。营销战略是企业战略的重要基础及核心组成部分。在市场营销知识中，有关战略的理论很多，本书重点介绍目标市场营销战略和市场竞争战略。

任务一　会展营销战略认知

一、会展营销战略的含义

会展营销战略是指会展企业在综合考虑外部市场环境及内部资源条件的基础上,确定目标市场,选择相应营销策略,并予以有效执行控制,取得竞争优势的一系列规划。对这个概念,我们可以做以下进一步理解:

(1) 战略是内部资源对外部环境的应对,企业制定战略前期需要做好市场环境调研分析。
(2) 目标市场实质是企业的一种选择性放弃,是企业的自我定位。
(3) 制定战略后需要坚持执行一定的时间,才有可能完成战略目标。
(4) 企业的营销战略和竞争战略本质上是一致的。

事实上,只要是涉及宏观性、长期性且影响重大的会展营销问题的规划与决策,都可称为会展营销战略。制定会展营销战略一方面是企业长远发展的需要,另一方面是企业适应环境及竞争的需要。会展企业需要做营销战略规划,对具体的会展项目开发、场馆建设等也都有必要进行相应的战略规划。

二、企业所处市场环境分析

企业制定营销战略前期,需要准确把握所处的市场环境及环境的变化趋势。市场环境具体包括三个层面:外部宏观环境、行业竞争环境、企业自身内部环境(或称为内部条件)(如图 3-1 所示)。

扫码看微课

会展营销的市场环境分析

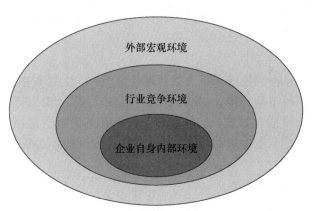

图 3-1　市场环境的三个层面

PEST 分析模型、波特五力分析模型和 SWOT 分析模型是市场营销学中制定营销战略的基本工具,会展企业可以在制定会展营销战略前期,运用这些分析模型对市场竞争环境进行基础性分析。

(一) PEST 分析模型

PEST 分析模型是对外部宏观环境进行分析的主要工具。宏观环境又称一般环境,是指影响所有行业和企业的外部因素。不同行业和企业一般会根据自身特点和经营需要对宏观环境因素做分析。宏观环境一般包括政治（Political）环境、经济（Economy）环境、社会（Society）环境和技术（Technology）环境这四大类。

1. 政治环境

政治环境是指对企业经营活动具有实际与潜在影响的政治力量和有关的法律、法规等。当政治制度与体制、政府对企业所经营业务的态度发生变化时，或当政府发布了对企业经营具有约束力的法律、法规时，企业的经营战略必须随之作出调整。企业必须仔细研究政府对自己所经营业务的政策和思路，因为相关的政策和法律法规能够影响行业的运作和利润。政治环境因素具体包括企业和政府之间的关系、产业政策、税收法规、国际贸易规则、知识产权法规、劳动保护和社会保障法规、政府财政支出、政府预算等。

2. 经济环境

经济环境是指国家或地区的经济制度、经济结构、产业布局、资源状况、经济发展水平以及未来的经济走势等。企业是处于宏观经济大环境中的微观经济个体，经济环境决定和影响企业营销战略的制定。经济全球化还带来了各国经济上的相互依赖性，企业在制定营销战略的过程中还需要关注、搜索、监测、预测和评估世界各国的经济状况。经济环境因素具体包括GDP的变化发展趋势、利率水平、通货膨胀程度及趋势、失业率、居民可支配收入水平、汇率水平、能源供给成本、市场机制的完善程度、市场需求状况等。

3. 社会环境

社会环境是指国家或地区居民的文化水平、宗教信仰、风俗习惯、价值观念、审美观点等。居民的文化水平会影响居民的需求层次，居民的宗教信仰和风俗习惯会使居民禁止或抵制某些活动的进行，居民的价值观念会影响居民对企业目标、企业活动以及企业存在本身的认可与否，居民的审美观点则会影响居民对企业活动内容、活动方式以及活动成果的态度。社会环境因素具体包括人口规模、年龄结构、种族结构、收入分布状况、消费结构和水平、人口流动性等。

4. 技术环境

技术环境是指与企业产品或项目有关的新技术、新工艺、新材料的出现和发展趋势以及应用前景。在当下的市场环境中，变化最快的因素就是技术环境因素，信息技术正在对所有行业进行数字化改造与赋能，快速适应技术环境变化的企业将获得更强的竞争力。技术环境因素具体包括专业发明数量及质量、网络速度、新能源占比、大数据采集运算能力等。

（二）波特五力分析模型

波特五力分析模型由被誉为"竞争战略之父"的哈佛商学院教授迈克尔·波特于20世纪80年代初提出，主要用于外部环境中的行业竞争环境分析。波特五力分析模型指出行业中存在着决定竞争规模和程度的五种力量（如图3-2所示），这五种力量综合起来影响着行业的吸引力以及现有企业的竞争战略决策。这五种力量分别为行业竞争者竞争能力、供应商议价能力、购买者议价能力、潜在竞争者进入能力、替代品替代能力。其中，行业竞争者竞争能力处于核心位置，当其他四种力量发生变化时，都会先影响行业竞争者竞争能力，进而改变现有的竞争环境。

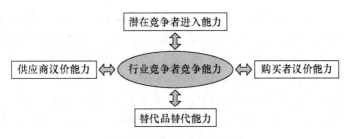

图 3-2 波特五力分析模型

1. 行业竞争者竞争能力

行业竞争环境主要由生产同类产品的同行企业决定。在同一行业,竞争者数量越多,产品相似度越大,行业竞争就会越激烈。同行业中每个企业的目标都是使自己获得相对于竞争对手更多的优势,所以在生产与经营中就必然会产生冲突与对抗,这些冲突与对抗就构成了企业之间的竞争。行业竞争者竞争能力常常表现在价格、广告、产品介绍、售后服务等方面。

2. 供应商议价能力

供应商为企业提供的原材料质量及价格会影响企业的营利能力与产品竞争力。供应商议价能力的强弱主要取决于他们所提供给企业的是什么投入要素,当供应商所提供的投入要素的价值占企业产品总成本的比例较大,或者对企业产品生产过程非常重要,或者严重影响企业产品的质量时,供应商对于企业的潜在议价能力就大大增强。

3. 购买者议价能力

购买者就是企业的顾客。购买者主要通过压价或要求企业提供较高的产品或服务质量来影响企业的营利能力。

4. 潜在竞争者进入能力

企业既面对现有同行业竞争者,也存在潜在竞争者。尤其是在利润丰厚且进入门槛较低的行业,这种行业随时会有新的竞争者加入,这是企业需要提前预见的竞争因素。

5. 替代品替代能力

两个企业可能会由于所生产的产品互为替代品而产生竞争行为。这种源自于替代品的竞争会以各种形式影响行业中现有企业的竞争战略。

(三) SWOT 分析模型

SWOT 分析模型(如图 3-3 所示)是基于企业内外部竞争环境和竞争条件的态势分析,就是将与研究对象密切相关的各种主要内部优势、劣势和外部机会、威胁等,通过调查列举出来,并按照矩阵形式排列,然后用系统分析的思想,把各种因素相互匹配起来加以分析,从中得出一系列相应的结论,而得出的结论通常带有一定的决策性。

优势 (S)	机会 (O)
劣势 (W)	威胁 (T)

图 3-3 SWOT 分析模型

S(Strengths)是优势，W(Weaknesses)是劣势，O(Opportunities)是机会，T(Threats)是威胁。按照企业竞争战略的完整概念，战略应是一个企业"能够做的"（即企业的强项和弱项）和"可能做的"（即环境中的机会和威胁）之间的有机组合。从整体上看，SWOT可以分为两部分：第一部分为SW，主要用来分析内部条件；第二部分为OT，主要用来分析外部环境。利用这种方法企业可以从中找出对自己有利的、值得发扬的因素，以及对自己不利的、要避开的因素，发现存在的问题，找出解决办法，并明确以后的发展方向。

案例学习：上海市建设国际会展之都的SWOT分析

作为我国的经济中心和国际化大都市，上海拥有雄厚的经济实力和发达的产业体系。其区位优势明显，交通便利，便于国内外交流。随着我国经济的崛起和对外开放的不断扩大，上海积极承接国际大型会展，提升国际影响力。同时，上海市政府高度重视会展业发展，陆续出台政策支持，加大投入建设先进会展场馆。在全球经济一体化的背景下，上海市致力于打造国际会展之都，以推动经济发展和城市国际化进程。

表3-1基于SWOT模型，对上海市会展业的发展状况进行了分析。

表3-1 上海市建设国际会展之都的SWOT模型分析

优势：	机会：
● 经济实力雄厚，作为我国的经济中心，有充足的资金和广阔的市场需求 ● 区位优势明显，地处长江入海口，交通便利 ● 会展场馆先进，拥有多个现代化大型场馆 ● 国际化程度高，与世界各国交流广泛 ● 产业基础良好，产业门类齐全	● 国家和上海市政府出台系列政策，支持大力发展会展产业 ● 新兴产业发展迅猛，如人工智能等带来新会展主题 ● 国际合作加强，"一带一路"拓展国际市场
劣势：	威胁：
● 场地租赁成本和人力成本比其他城市更高，增加了会展举办成本 ● 会展策划等方面的人才供应不足，相对于会展规模，专业人才依然短缺	● 行业竞争激烈，国内其他城市也在积极发展会展产业 ● 全球经济发展形势不稳定，影响企业参展意愿和会展规模 ● 突发事件（如自然灾害、公共卫生事件）可能导致会展延期或取消 ● 环保压力，需采取更加环保的举办方式和措施

从表3-1可以看出，上海建设国际会展之都具有明显的优势，但也面临激烈的竞争和一些挑战。

第一，上海要充分发挥自身的优势，加强品牌会展的培育，提高专业人才的培养和引进力度，降低会展举办成本，提升国际竞争力。

第二，上海应抓住国家政策支持、消费市场升级、科技创新应用和国际合作加强等机遇，积极拓展会展市场，创新会展形式和内容，提高会展的品质和效率。

第三，上海应加强风险防范和应对能力，以应对全球经济发展形势不稳定和突发事件的影响；加大环保投入，采取更加环保的举办方式和措施，实现会展业的可持续发展。

第四，政府、企业和社会各方应共同努力，形成合力，为上海建设国际会展之都提供良好的政策环境、市场环境和社会环境。

任务二　制定会展目标市场营销战略

一、目标市场营销战略

扫码看微课

会展目标市场营销战略

美国市场营销学家温德尔·史密斯在 1956 年最早提出"市场细分"的概念。菲利普·科特勒进一步发展完善了市场细分理论，最终提出目标市场营销战略（如图 3-4 所示），即由市场细分（Segmenting market）、目标市场选择（Targeting market）、市场定位（Positioning）三个部分组成营销战略整体框架，也称 STP 战略。

图 3-4　目标市场营销战略（STP 战略）

会展行业是一个关联性很大的市场，涉及的区域、行业众多，可以进行细分的市场众多。从行业特点来看，会展行业很难形成巨头垄断的情况，许多会展企业就依靠一两个会展项目生存，不同的会展企业往往根据自身资源条件占据相应的目标市场。开拓一个新会展项目就需要使用目标市场营销战略进行分析和规划。

二、会展市场细分

（一）会展市场细分的概念及原因

所谓市场细分，是指企业在市场调研的基础上，按照消费者的需求差异，将某一种产品或服务的整体市场划分为两个或两个以上子市场的活动。

会展市场细分是指会展企业按照参展商和目标观众的需要、爱好、购买动机、购买行为、购买能力等方面的差异，运用系统方法把整体市场划分为两个或两个以上不同类型的参展群体，再把需要或愿望大体相同的参展者细分为带有参展者群体标志的子市场的一系列方法和过程。

进行会展市场细分主要有两个原因：一是消费者的需求存在差异，会展的消费者就是参展商和目标观众，只有消费者的参展需求存在差异，才有细分市场的必要，若消费者的参展需求完全相同，就不必进行市场细分；二是企业的资源是有限的，这就决定了会展企业只能满足一部分消费者的需求，只有进行市场细分，企业才能确定选择哪一部分细分市场作为目标市场。

进行市场细分是目标市场营销战略规划的第一步，是选择目标市场和进行市场定位的基础。通过细分市场，企业对市场情况及消费者需求会有更加具体、清楚的认识，这有利于企业发现新的市场机会，开拓新的会展产品。对中小型企业而言，由于实力薄弱，难以在整体市场上与大企业全面竞争，选择进入相对空白的细分市场往往更加具有意义。

（二）有效市场细分的条件

市场细分的角度很多，但并不是随意从某个角度细分市场都对营销有利，有效市场细分必须满足以下几个条件。

1. 可衡量性

会展市场经过细分后具有明显的差异性。可衡量性是指每一细分的会展子市场的展位认购力大小和规模大小都能被衡量。凡是企业难以识别、难以测量的因素或特征，都不能作为细分市场的依据。否则，细分的市场将会因无法界定和衡量而难以描述，细分市场也就失去了意义。所以，恰当地选择细分变量十分重要。

2. 可营利性

可营利性是指细分出来的会展子市场必须足以使企业实现利润目标。在进行市场细分时，企业必须考虑子市场中消费者的数量和购买能力，以及产品的使用频率。有效的子市场应是拥有足够的潜在消费者，并且潜在消费者有充足的支付能力，企业能够补偿生产与销售成本，并能获得利润的市场。从会展营销角度看，一个好的会展子市场需要具有一定数量的潜在参展商及目标观众。

3. 可进入性

可进入性是指细分后的子市场应是会展企业营销活动能够通达的市场，即细分出来的市场应是企业能够对消费者发生影响、企业的产品能够展现在消费者面前的市场。可进入性主要表现在：

（1）会展企业具有进入这些子市场的资源条件和竞争实力；

（2）会展企业能够通过媒体把产品信息传递给子市场的众多消费者；

（3）展位的销售渠道是畅通的。

考虑子市场的可进入性，实际上就是考虑会展企业营销活动的可行性。显然，若市场被细分后企业不能进入或难以进入，则进行市场细分就是没有意义的。

4. 合法性

合法性是指会展企业针对细分后的子市场进行会展经营必须遵守国家的法律法规和道德规范。会展活动在国内仍然实行审批制，不具备相关批文的会展项目是非法的。

《中华人民共和国行政许可法》第二十九条规定，公民、法人或者其他组织从事特定活动，依法需要取得行政许可的，应当向行政机关提出申请。在大型会展活动的运营管理中，报批是不可缺少的环节。我们常见的活动一般需要向公安、消防、文化和环卫四个部门报批，有时候也可能需要向其他行政机关报批，但通常较少，以四者居多。

（三）会展市场细分的标准

人们一般以一个或多个变量为标准，结合实际资源条件对会展市场进行细分。会展行业常用的市场细分标准主要有以下几个。

1. 行业类型

将行业类型作为市场细分的标准是会展营销最基础的市场细分方式，尤其对专业型会展，按行业类型细分市场是会展产品营销设计的基础。行业类型不同，就有不同的参展商和参展商品，从而会吸引不同的专业观众。不同行业类型对会展的场馆条件、物流运输、现场服务等的要求不同。具体细分时可以参照政府或机构的行业划分标准，结合会展主办方自行研究，选取行业类型的变量指标。

行业观察：广交会的市场细分

广交会是一项大型综合型交易会，产品品类众多。为了提高会展质量，广交会进行了分期和分区设计，实际上就是一种典型的市场细分行为。每一期或者每一个展区都可以理解为一个按照行业类型细分后的会展子市场。

例如，第133届广交会的具体展期、展区为：

第一期（2023年4月15—19日）以工业类题材为主，设有电子及家电展区、照明展区、车辆及配件展区、机械展区、五金工具展区、建材展区、化工产品展区、新能源展区、工业自动化及智能制造展区（数控机床及增材制造设备、工业机器人、工业自动化系统及设备、智能物流与仓储设备、数字化工厂等）、新能源及智能网联汽车展区（新能源汽车整车、智能网联汽车及技术、电池及充电桩技术、电子控制系统、车载电子装置等）、电子消费品及信息产品展区（增设智慧生活专区，各类智慧家居、智慧教育、智慧出行、生活机器人、智能穿戴、智慧医疗、智能体育、智能控制系统等相关产品）。

第二期（2023年4月23—27日）以日用消费品题材为主，设有日用消费品展区、礼品展区、家居装饰品展区、孕婴童用品展区（婴童食品、婴儿装及配饰、育婴用品、婴童安全产品、童车、婴童家具、母婴电器、幼教用品等）。

第三期（2023年5月1—5日）以纺织、食品、保健类题材为主，设有纺织服装展区、鞋展区、办公箱包及休闲用品展区、医药及医疗保健展区（中老年人康复护理、保健养生、医疗器械、智慧养老、药品、健身按摩、美容等相关产品，增设检测试剂与防护用品专区、"银发经济"专区）、食品展区。

2. 地理区域

由于一个会展的举办地点一般是确定的，其市场覆盖范围也主要以举办地点为中心，即使是被称为"国际×××"的会展，距离举办地较近的参展商的参展意愿也更强烈。因此可以根据不同的地理单位，如国家、地区、省份、城市等来划分会展的区域市场。在会展行业有一种"巡展"模式，例如，世博会在各地方流动举办，这是为了满足不同地理区域的细分市场对会展的需求。

不同地理区域的经济发展水平、区域经济结构、产业结构、人口规模等因素不同，按照地理区域细分市场，尤其要调查区域内潜在参展商的数量。按照地理区域细分市场会形成不同的消费差异，开发区域市场需要企业投入不同的资源，也要制订不同的营销方案。

3. 时间周期

由于会展的举办是短期的，一般不持续举办，因此，会展具有周期性的特征。理论上讲，没有举办会展的时候，子市场的消费者需求也是存在的，因此，会展的时间周期也是进行会展市场细分的重要变量。例如，一年一次的会展，如果变为一年举办两次，就从时间上细分为两个市场，但是，这样细分是否更加合理，还需要主办方根据实际的企业资源和消费者需求来进行分析研究。

4. 企业变量

参展商是会展的基本消费者，可以根据目标参展商的规模、实力、需求等进行市场细分。

参展商情况不同,能够承受的展位价格、需要的展位服务、参展的主要目的都具有差异,所以,可以有针对性地按照参展商的某些属性对会展市场进行细分,如分为中小企业展、品牌企业展、民营企业论坛等。

三、会展目标市场选择

目标市场是企业决定进入的、具有差异性的子市场。企业先要对若干子市场进行评估,然后按照一定的标准选择对自身发展最有利的子市场作为目标市场。

(一)会展目标市场的选择条件

会展目标市场主要是指会展项目的目标参展商群体,也就是展位的目标销售对象群体。会展企业一般根据自己的行业基础条件、技术能力、组织能力等策划特定会展,满足某些参展商群体的会展需求,实现自己的经营目标。会展目标市场的选择条件主要有以下几个。

1. 目标市场具有一定的市场发展潜力

一般应选择有适当规模并且还有增长趋势的子市场作为目标市场。目标市场的发展潜力一般通过估算需求总量进行判断,需求总量的计算公式如下:

$$需求总量 = 目标参展商数量 \times 目标参展商购买力 \times 目标参展商购买意愿$$

2. 目标市场已有竞争者或潜在竞争者较少

估算需求总量的基础是目标市场潜在消费者的需求尚未得到满足。但是,目标市场如果出现竞争对手,市场状态将会发生显著变化。如果在同一地理区域同时举办同一类型的会展,就会出现场地、时间、消费者、周边服务等多个方面的竞争,将大大影响会展企业的经济效益。因此,会展企业在选择目标市场时,要调研已有竞争者和潜在的竞争者,尽量选择竞争者少的或空白的子市场。

3. 企业自身条件适合目标市场

会展企业选择的目标市场要适合企业自身的资源条件,要与企业发展目标相吻合。一般情况下,会展行业垄断性不强,会展企业大多为中小企业,数量众多,且每家会展企业都有比较熟悉的行业、区域。只有选择适合企业自身情况的子市场作为目标市场,企业才容易形成竞争力。

(二)目标市场的选择模式

企业进行市场细分之后,可能选择进入一个或几个子市场,即目标市场。选择目标市场通常有五种模式,如图 3-5 所示。在图 3-5 中,P1、P2、P3 分别代表不同类型的会展产品,M1、M2、M3 分别代表不同的细分市场。

1. 市场集中化模式

在这种模式中,企业集中提供一种会展产品满足一个会展子市场的需求。这种模式主要适用于较小型的企业,或处于发展初期、资金能力有限的企业。企业重点集中精力做好一个子市场,有利于企业形成小范围的竞争优势。

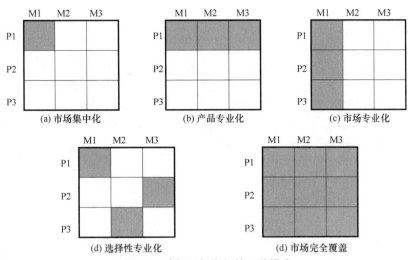

图 3-5 选择目标市场的五种模式

2. 产品专业化模式

在这种模式中,企业集中面向某一类会展开展业务,并向多个子市场都开展这种业务。比如,会展行业又细分为专门的会议公司、展览公司、活动公司等,会议公司就专门开发会议类的业务,这样企业就可以在这一类别中做得更加专业。

3. 市场专业化模式

在这种模式中,企业专门服务于某一特定客户群体,尽量满足其各个方面的需求。例如,某些专业的行业会展公司,对行业的情况十分熟悉,除了会展之外,还可以开发行业杂志、行业咨询、行业融资等其他行业服务。

4. 选择性专业化模式

在这种模式中,企业选择几个子市场,但各个子市场彼此的关联度很小或者根本没有关联,业务相对独立。这种模式有利于分散企业的经营风险,也可以增加企业投资的自由度,以便快速进入一些与原来业务无关,但是非常有前景的业务领域。

5. 市场完全覆盖模式

在这种模式中,企业力图完全满足各种客户群体的需求,将所有子市场都作为自己的目标市场。实际采取这种模式的企业很少,只有实力非常强大的企业才能够在理论上采取这种模式。

 知识链接:市场定位理论

1969 年,美国营销战略家杰克·特劳特撰写的论文《定位:同质化时代的竞争之道》首次提出"定位"的概念。1970 年,菲利普·科特勒将定位概念引入营销理论之中,他认为定位理论为营销理论的实施提供了战略指导,能够引导企业营销活动的方向。1981 年,美国另一位营销战略家艾·里斯与杰克·特劳特共同出版专著《定位》,使"定位"很快成为营销理论架构中最富价值的战略思想之一。2001 年,定位理论被美国营销学会评为有史以来对美国营销影响最大的理论。

四、会展市场定位

会展市场定位是指会展企业根据市场状况和自身资源，建立和发展差异化竞争优势，使自己的产品和服务在消费者心中形成区别并优于竞争对手的独特市场形象的过程。准确的市场定位可以让消费者印象深刻，形成特殊消费偏好，从而减少企业营销成本，准确达到营销效果。

市场定位不仅要在市场细分后提供差异化的产品，而且要通过强化或放大某些产品因素，为产品创造鲜明的个性，从而塑造出独特的市场形象。

（一）会展企业进行市场定位的步骤

会展企业进行市场定位一般包括明确潜在竞争优势、选择市场定位策略、反复传播强化市场定位三个步骤。

1. 明确潜在竞争优势

企业应该通过调研，系统地了解行业的竞争状态：一方面是竞争对手的优势与劣势、产品定位，另一方面是消费者以及潜在消费者的需求满足程度，然后客观评价自己在竞争中所处的位置，明确自己潜在的竞争优势。

2. 选择市场定位策略

基于自己可能拥有的一种或几种潜在竞争优势，企业要作出筛选，找到最需要向消费者推广的竞争优势，确定市场定位策略。企业作出的市场定位既要准确，又要有一定的独特性，独特的定位更容易被消费者关注。例如，王老吉定位为预防上火，星巴克定位为提供第三空间，这都是当时同行还没有注意到，同时又符合消费者需求的定位，因而在营销方面取得了很大的成功。

3. 反复传播强化市场定位

成功的市场定位不是企业的自我认识，而是通过反复宣传强化，使企业的产品或服务成为消费者牢固的心理认知，以致消费者会自觉产生购买的需求。例如，广交会经过长期积累，已经成功地被定位为中国外贸的"风向标"，因此，从事外贸的企业首先就会想到去参加广交会。

（二）会展企业进行市场定位的常用策略

会展企业进行市场定位可用的策略较多，且各有千秋，下面介绍几种常用的策略。

1. 少而精定位

定位以调研产品为基础，但重点不是改变产品，而是改变潜在消费者对产品的心理认知。定位的基本目标是要突破传播的屏障，使企业的产品进入潜在消费者的心里，使消费者出现特定的需要时，能够自然想起特定的产品或品牌。

就会展的市场定位而言，必须少而精，才便于表达、传播和记忆。会展产品是非常复杂的产品系统，进行市场定位时切忌面面俱到。即使是各方面都很优秀的会展，也不能将卖点一一罗列为市场定位。在信息爆炸的当代社会，消费者身边充斥着各类广告信息，只有简洁有力、主题突出的定位才能让消费者印象深刻。会展企业对定位一定要反复精简，直到找出最有特色的卖点，才进行传播。

2. 补缺定位

补缺定位是指在目标市场寻找一个未被占领的领域，并将自己定位于此领域的领导者地位,即"寻找一个缺口,然后填满"的定位策略。在会展行业,一些区域性会展就扮演了市场补缺的角色。区域会展项目作为不同区域、不同城市、不同产业链中的一环,需要研究所处的经济环境和政策环境,培养自己在该区域的竞争优势。

3. 第一定位

从市场营销的角度讲,一个产品不在于谁先做,而在于客户心目中觉得谁是第一,第一的定位宣传能在消费者心中留下印象。第一定位基于心理学认知:人们往往只记得第一,很少有人记得第二。例如,在运动比赛中,冠军让人印象深刻,而亚军少有人关注;又如哈利法塔是世界第一高楼,经常被宣传报道,而世界第二高楼的知名度却很小。

第一定位中的第一不完全是客观现实中的第一,也可以是心理上的第一。会展企业可以通过在客户关注的某些价值属性上宣传塑造"第一"或者"之最",给消费者留下深刻印象。

4. 高级俱乐部定位

如果第一定位不容易被接受,可以尝试采取高级俱乐部定位的策略,例如,提出"四大车展""十佳展馆"等概念对自己进行包装,将自己纳入一个高等级,与行业具有更高知名度的项目并列,这样也可以提高自身的定位,达到很好的宣传效果。这样的定位也容易引发客户的比较,使他们印象更加深刻。

案例学习:成都车展

A级车展是各大汽车厂家动用其全球资源全力投入的国际性车展,它对新车的数量和展示规模都有特别的要求,参展的专业人士也必须达到一定数量。目前,我国有四个A级车展:北京车展、上海车展、广州车展、成都车展。

作为西部地区规模最大、规格最高的年度汽车盛会,自1998年创办以来,成都车展不断锐意进取,坚持创新发展,历经20多年成长蜕变,已从众多区域性车展中脱颖而出,稳居中国四大A级车展之列。2024年的成都车展无论规模还是品质均堪称历届之最。汉诺威米兰展览(上海)有限公司参与承办18年来,为成都车展注入了大量国际化的元素、理念和模式,同时,众多知名厂商的大力投入、全方位的媒体报道、高质量的现场配套服务进一步提升了成都车展在全国的影响力和知名度。

思考:

成都车展运用了哪些市场定位策略?

任务三 制定会展市场竞争战略

随着经济的快速发展,我国会展产业竞争正在由规模竞争转为质量内涵的竞争。俗话说商场如战场,营销就是一场市场战争,企业不仅要了解目标消费者,还必须了解竞争对手,制定有效的市场竞争战略,做到知己知彼、百战不殆。

一、会展竞争力分析

会展属于一个综合性的服务体系,其竞争体现在各个层面,如会展城市、展馆设施、组展商等,每个层面都会有具体的竞争对手,企业需要根据实际情况,分别制定相应的竞争战略。

（一）会展城市竞争力分析

扫码看微课
会展城市竞争力

作为一个新兴的服务行业和都市产业，会展业的竞争力与城市竞争力有着很大的联系。一般情况下，会展业的竞争力与城市的竞争力呈现正相关关系，这一点在我国表现更为明显，如北京、上海、广州等城市会展业的繁荣与城市独特的竞争优势是分不开的。

会展项目的竞争力很大一部分取决于举办城市的实力，所以，我们有必要对城市会展竞争力进行分析。城市会展竞争力不完全取决于城市的GDP，能成功举办会展的城市通常具备四个条件：一是制造业比较发达，具有特色产业和优势产业；二是市场经济具有活力；三是城市的交通、住宿、场馆等基础设施相对完善；四是有较好的旅游资源，这尤其有利于会议的举办。

中国会展经济研究会发布的统计数据显示，2023年，全国按展览面积排名的前10个城市分别为上海、广州、深圳、成都、北京、青岛、重庆、合肥、南京、武汉。以上10个城市的展览数量占全国展览总数的39.38%，展览总面积占全国展览总面积的49.13%。其中，上海以681场展览、1732.67万平方米展览总面积蝉联全国第一，其办展数量和展览面积分别占全国展览总量和展览总面积的8.67%和12.08%，如表3-2所示。

表3-2　2023年全国展览数量和展览规模排名前10的城市

序号	城市	展览总面积/万平方米	展览总面积全国占比/%	展览数量/场	展览数量全国占比/%
1	上海	1732.67	12.08	681	8.67
2	广州	1181.07	8.23	314	4.00
3	深圳	1030.66	7.18	190	2.42
4	成都	629.75	4.39	287	3.66
5	北京	508.00	3.54	233	2.97
6	青岛	464.09	3.24	207	2.64
7	重庆	398.99	2.78	114	1.45
8	合肥	379.52	2.65	641	8.16
9	南京	376.90	2.63	227	2.89
10	武汉	346.70	2.42	198	2.52

（数据来源：中国会展经济研究会发布的《2023年度中国展览数据统计报告》）

城市的会展竞争力在展览和会议两个细分领域有时并不一致。一般来说，GDP高的城市（如上海、广州、深圳）产业发达，对展览的需求大，展览竞争力较强；而环境优美、服务条件好、旅游资源丰富的城市（如博鳌、乌镇、珠海等），会议的竞争力较强。

案例学习：澳门在国际会议市场竞争力提升[①]

国际大会及会议协会（International Congress & Convention Association，ICCA）发布的《2019年国际协会会议市场年度报告》显示，澳门多项评比的排位均有上升，全球城市排

[①] 连长32位|澳门跻身全球国际会议城市50强[EB/OL].(2020-05-25)[2024-05-12]. http://www.zlb.gov.cn/2020-05/25/c_1210633320.htm.

名跃升至第 48 位(如表 3-3 所示),较 2018 年上升 23 位;亚太区域城市排名升至第 12 位。ICCA 同时认可了 54 项在澳门举行的国际协会会议活动,数量同比上升 38%,体现了澳门在国际会议市场具备优势和吸引力。

ICCA 是全球会议业界权威组织之一,拥有全球约 100 个国家及地区的逾 1100 个政府组织、会展公司、会展中心会员,每年针对全球各经济体的国际协会会议场次进行统计,其年度报告是全球会议市场的权威性指标,也是会议筹组机构拣选会议目的地的重要参考数据。

表 3-3 2019 年国际协会会议市场城市排名(节选)

城市	亚太区域城市排名	全球城市排名
新加坡	1	7
东京	2	10
曼谷	3	13
首尔	4	15
台北	5	19
悉尼	6	20
香港	7	22
澳门	12	48
墨尔本	12	48
深圳	27	117
广州	40	176

思考:

2015 年以后,澳门提出会展业发展以"会议为先",注重高质量发展。试收集资料分析澳门在国际会议城市竞争力排名中为什么可以超过广州、深圳等周边的特大城市?

(二)展馆设施竞争力分析

展馆设施是现代会展业发展的重要载体,展馆的规模和质量是影响会展竞争力的重要因素。2015 年以前全球只有 54 个超过 10 万平方米的展馆,其中德国就有 10 个[①],为德国成为"世界展览王国"打下了坚实基础。

展馆投入资金巨大,投资回收期长。在我国,展馆一般由政府牵头组织建设。近年来,我国城市化建设突飞猛进,各大城市纷纷投资兴建大型展馆,新展馆建成将大大提升城市的会展竞争力。例如,深圳市原有会展中心室内展览面积为 10.5 万平方米,2019 年新建的深圳国际会展中心启用,该展馆室内展览面积提升到 50 万平方米,迅速成为全球大型展馆之一。

从我国国内来看,伴随经济高速发展,各大城市均通过政府投资建设大量会展场馆及配套设施,拉动地方经济增长。中国会展经济研究会发布的《2023 年度中国展览数据统计报告》显示,全国单个展览场馆室内可供展览面积超过 1 万平方米展馆有 286 个,其中排名前三的展馆分别为济南黄河国际会展中心、中国进出口商品交易会展馆、深圳国际会展中心

---

① 张敏. 中外会展业动态评估研究报告(2017)[M]. 北京:社会科学文献出版社,2018:47.

（如表3-4所示）。2023年，我国有149个城市拥有实际运营的展馆，其中，佛山市和乐山市拥有13个展馆，是展馆数量最多的城市；长沙市和广州市拥有9个展馆，位列第二；拥有6个以上（含6个）展馆的城市如表3-5所示。

表3-4　2023年全国单个展览场馆室内可供展览面积排名前三的展馆

序号	展览场馆名称	所在省（区、市）	所在城市	室内展览面积/万平方米
1	济南黄河国际会展中心	山东省	济南市	51
2	中国进出口商品交易会展馆	广东省	广州市	50.4
3	深圳国际会展中心	上海市	上海市	50

表3-5　2023年我国拥有6个以上（含6个）展馆的城市

城市名称	拥有展馆数量
佛山市、乐山市	13个
长沙市、广州市	9个
临沂市、南京市、上海市、苏州市、武汉市、杭州市	8个
北京市、邢台市、西安市	7个
济南市、青岛市、泉州市	6个

数据显示，随着"同城多馆"的案例不断增加，新老展馆开展差异化竞争、优化城市新区产业布局已在越来越多的城市得到成功实践，"多馆协同竞争、共同做大城市会展蛋糕"将成为推动未来城市展馆建设发展的重要方式之一。场馆建设在改善会展条件的同时，也可以增强城市的会展市场供应能力，为城市进一步发展会展产业提供竞争力。

扫码看微课
深圳国际会展中心

素养提升：特区建设新地标

深圳国际会展中心（如图3-6所示）2016年9月开工建设，2019年9月全面建成，2019年11月正式启用，是全新世界级超大型会展综合体，再次展示了特区建设的深圳速度。

此会展中心位于深圳宝安国际机场以北，一期工程总建筑面积达158万平方米，南北长1.8千米，相当于6个鸟巢。一期工程包括18个标准展厅、1个超大展厅、2个登录大厅和10栋配套建筑，集展览、会议、活动（赛事、演艺等）、餐饮、商业等功能于一体。

项目采用"建设、运营＋综合开发（BO＋D）"一体化运作模式，引入资金实力雄厚、综合开发经验丰富的招商局集团和华侨城集团负责场馆及配套商业建设，双方成立了深圳市招华国际会展运营有限公司并引入国际合作伙伴、全球三大场馆管理机构之一的美国SMG公司参与场馆的运营工作。

深圳国际会展中心的建成，将有效提升区域内商务、人居、国际名望等价值。同时，海陆空铁四维立体交通体系的汇集和城市核心战略资源的分布，势必对深圳大前海、大空港片区发展格局产生新的影响。

图 3-6　深圳国际会展中心

(三) 组展商竞争力分析

组展商是会展业务活动的重要组织机构,是主办会展的主体,发挥着有效组织参展与观展的作用。

组展商的收入水平和营利状况是会展竞争力的主要指标。2019 年,全球主要组展商营业收入情况如表 3-6 所示。相对会展行业总体规模世界第一而言,我国组展商在国际上的竞争力与全球头部组展商还存在一定差距。

表 3-6　2019 年全球主要组展商营业收入情况

排序	组展商	营业收入	国家
1	英富曼公司	24.6 亿英镑	英国
2	励展博览集团	12.7 亿英镑	英国
3	智奥会展	11.73 亿欧元	法国
4	法兰克福展览公司	7.36 亿欧元	德国
5	慕尼黑博览集团	3.62 亿欧元	德国
6	科隆展览公司	3.4 亿欧元	德国
7	汉诺威展览公司	3.34 亿欧元	德国
8	米兰国际展览公司	1.86 亿欧元	意大利

注:根据企业公开发布的业绩数据整理。

我国组展商发展相对滞后,这主要有三个原因:一是我国会展业起步较晚,发展时间不长,组展商还处于分散发展状态;二是我国组展商基本还限于国内竞争,很少到国外办展,国际化战略实施缓慢;三是我国政府主导型会展较多,组展商市场竞争不充分。

《中国展览经济发展报告 2019》显示,2019 年国内共有 12 家组展商办展数量超过 10 场,其中有 5 家组展商办展数量超过 20 场(如表 3-7 所示)。

表 3-7 2019 年国内办展数量超过 20 场的组展商

序号	组展商	办展数量/场
1	广州市鸿威展览服务有限公司（现广东鸿威国际会展集团有限公司）	28
2	青岛海名国际会展有限公司	26
3	振威展览集团	23
4	深圳市华巨臣实业有限公司	23
5	中国国际展览中心集团公司	21

这里我们简要介绍一下表 3-7 中排名前三的组展商。

广东鸿威国际会展集团有限公司在 2019 年共举办 28 场展览，排名第一位，办展行业以轻工业、服务业为主，办展方向主要为家用电器、照明和休闲时尚、艺术、旅游等，办展区域主要集中在广东、重庆和湖北等地。

青岛海名国际会展有限公司在 2019 年共举办 26 场展览，排名第二位，办展行业以轻工业和服务业为主，办展方向主要为眼镜、珠宝、钟表、食品、饮料、烟酒和医药医疗、保健等，办展区域主要集中在山东、河南、上海、四川、北京等地。

振威展览集团在 2019 年共举办 23 场展览，与深圳市华巨臣实业有限公司并列第三位，办展行业以重工业为主，办展方向主要为化工石化产品、工业设备维修、电子与自动化和汽车产业等，办展区域主要集中在北京、广东、上海和天津等地。

《中国展览经济发展报告 2019》显示，从展览面积来看，2019 年我国共有 16 家组展商办展面积超过 50 万平方米，其中有 3 家组展商办展面积超过 100 万平方米（如表 3-8 所示）。

表 3-8 2019 年我国办展面积超过 100 万平方米的组展商

序号	组展商	办展面积/万平方米
1	中国国际展览中心集团公司	153.4
2	中国汽车工业国际合作总公司	142.5
3	广州市鸿威展览服务有限公司（现广东鸿威国际会展集团有限公司）	110.6

中国国际展览中心集团公司在 2019 年办展总面积为 153.4 万平方米，占领先地位，办展行业以轻工业为主，办展方向主要为建筑材料、消费品等，办展区域主要集中在北京市。

中国汽车工业国际合作总公司在 2019 年办展总面积为 142.5 万平方米，办展行业以重工业为主，办展方向主要为汽车工业，办展区域主要集中在广东、辽宁、内蒙古等地。

行业观察 我国会展行业竞争格局[①]

我国会展行业呈现"以政府机构为主体，民营企业、中外合资企业多元参与"的格局。政

扫码看微课
广东鸿威国际会展集团

---

① 会展行业市场发展概况及会展行业主要竞争格局[EB/OL].(2020-01-15)[2024-05-12]. https://www.reportrc.com/article/20200115/3331.html.

府会展项目正积极实施服务外包,逐步转向由展览类经营公司为其承办会展的方式。例如,武汉光博会、亚欧博览会、绵阳科博会、沈阳制博会等一批政府会展项目均已开始采取服务外包方式。中共中央办公厅、国务院办公厅于2015年下发《党政机关境内举办展会活动管理办法》,明确了党政机关应当加快转变职能,减少举办会展活动,建立退出机制。

我国民营类办展企业数量较多,这类企业一般规模较小、竞争力弱,所办展览规模较小、数量较多且相对分散。目前国内知名民营会展品牌较少。中外合资会展企业的设立方式主要包括两种:一是国际会展企业收购中国会展项目,二是国际会展企业联合国内相关机构成立合资企业运营会展。这些中外合资会展企业品牌大、发展较快,现已成为国内展览行业的重要力量。

二、不同竞争地位的竞争战略

根据市场营销学理论,可以将会展企业按照市场份额和行业地位分为市场领先者、市场挑战者、市场跟随者、市场补缺者四类。处于不同竞争地位的竞争者应采取不同的竞争战略。

(一)市场领先者战略

市场领先者是指在目标市场拥有最大的市场份额、占有市场垄断地位的企业。市场领先者的市场行为受到其他竞争对手的模仿和追逐。多数情况下,市场领先者需要捍卫自己的领先地位。

市场领先者时刻面临着竞争对手的挑战。第一,竞争对手可以直接学习借鉴市场领先者的经验,相对来说借鉴成本较低。第二,由于市场领先者在现有市场占有较大份额,投入的资金、人力等较大,容易忽略新产品、新市场的开发。第三,市场领先者一般规模庞大,组织机构容易官僚化,这可能会降低其管理效率和应变能力,使其失去竞争的灵活性。

市场领先者要保持行业领先地位,通常选择采取三种战略:一是进一步拓展企业规模,扩大市场总需求;二是采取有效的防守措施,提高市场的进入门槛,有效阻止新企业的进入;三是在现有市场规模下兼并弱小企业,继续提高市场占有率。

(二)市场挑战者战略

市场挑战者是指在市场上居于第二、第三位等次要地位的企业。市场挑战者要先明确自己的战略目标和挑战对象,然后制定相应的战略。

市场挑战者可以挑战以下三种竞争对象:① 挑战市场领先者,这种挑战风险虽然很大,潜在收益却可能很高,具体实施时市场挑战者须注意等待时机,抓住市场领先者的弱点或失误,发起挑战;② 挑战与自己规模相似的企业,这样可以抢占对方的市场份额,或强强联合,争取合并成为市场领先者;③ 挑战比自己实力弱小的企业。

市场挑战者战略的内容主要包括:① 加快开发新产品,通过为消费者提供更多选择抢占市场份额;② 降价促销,通过价格战夺取市场;③ 加大营销力度,投入更多资金进行广告宣传、人员推广、渠道建设;④ 兼并收购实力较弱的企业;⑤ 提前在具有潜力的空白市场布局。

(三) 市场跟随者战略

市场跟随者的市场份额远远小于市场领先者,他们实力较弱,也不愿意发起市场挑战,自觉保持现有的市场份额。开发新产品通常需要企业花费大量的资金,并且还要承担巨大的市场风险。采取模仿跟进的方式,虽然不能取得市场领先地位,但是可节约研发成本,所以同样可以取得不错的效益。

使用市场跟随者战略时需要时刻关注市场领先者的产品策略及经营策略,及时发现市场认可的新产品,快速模仿跟进。在跟随的同时也要注意进行改进,降低成本、提升服务,争取获得一定数量的新客户。

(四) 市场补缺者战略

市场补缺者以专业化为核心,经过市场细分选择目标市场,专心致力于市场中被大企业忽略的细小市场,通过专业化经营和专业化营销来获得收益。采取市场补缺者战略风险较大,一旦规模或营利水平提高,就有可能引来有实力的竞争者,存在被并购的风险。

三、不同重点的竞争战略

迈克尔·波特认为,每个企业可以根据需要和自身能力,选择采用以下三种基本战略之一:一是总成本领先战略,二是差异化战略,三是专一化战略。

(一) 总成本领先战略

总成本领先战略要求企业建立起高效的规模化生产设施,在经验的基础上全力降低成本,控制好管理费用,最大限度减少研发、服务、推销、广告等方面的成本。企业若采用该战略,就要在管理方面对成本给予高度重视,尽管质量、服务以及其他方面也不容忽视,但贯穿整个战略的要点是使总成本低于竞争对手。同行中若某企业成本较低,意味着当别的企业在竞争中已失去利润时,该企业依然可以获利。

(二) 差异化战略

差异化战略是指提供差异化的产品或服务。实施差异化战略可以有许多方式:设计品牌形象,采用独特的技术,在产品性能、顾客服务、商业网络及其他方面具有独特性等。最理想的情况是企业在几个方面都具有独特性。

(三) 专一化战略

专一化战略也称集中化战略,是指企业主攻某个特殊的顾客群、某产品线的一个细分区段或某一地区市场。专一化战略的核心思想是企业业务的专一化能够使企业以更高的效率、更好的效果为某一狭窄的目标客户服务,从而使自己的效益超过在较广阔范围内竞争的对手。

若企业未能沿以上三个基本战略方向中的任何一个制定自己的竞争战略,即被夹在中间,则企业常常会处于极其糟糕的战略地位。夹在中间的企业面对具有成本优势的竞争对手时会失去大量低价格偏好客户,而在高利润业务领域,又无法战胜那些做到了全面产品差异化的企业,最终只能寻找市场空隙,在夹缝中生存。

知识与技能训练

一、单项选择题

1. 目标市场营销战略的第一步是进行（　　）。
   A. 市场细分　　　B. 市场调研　　　C. 市场定位　　　D. 目标市场选择
2. 企业专门服务于某一特定客户群体的目标市场选择属于（　　）。
   A. 市场集中化模式　　　　　　　　B. 市场专业化模式
   C. 产品专业化模式　　　　　　　　D. 完全市场覆盖模式
3. 按照以下哪个标准细分市场是会展营销最基础的市场细分方式？（　　）
   A. 客户类型　　　B. 地理区域　　　C. 时间周期　　　D. 行业类型
4. 目标市场的发展潜力一般通过估算什么进行判断？（　　）
   A. 需求总量　　　B. 利润总量　　　C. 销售总量　　　D. 客户总量
5. 在目标市场拥有最大市场份额的企业被称为（　　）。
   A. 市场挑战者　　B. 市场追随者　　C. 市场补缺者　　D. 市场领先者
6. 加快开发新产品一般是（　　）的竞争策略。
   A. 市场挑战者　　B. 市场追随者　　C. 市场补缺者　　D. 市场领先者
7. 以下哪项是现代会展业发展的重要载体？（　　）
   A. 举办城市　　　B. 展馆设施　　　C. 参展商　　　　D. 主办机构
8. 迈克尔·波特认为企业能够采取的基本竞争战略有（　　）。
   A. 两种　　　　　B. 三种　　　　　C. 四种　　　　　D. 五种

二、多项选择题

1. 在我国，举办会展需要报批的四个主要部门分别为（　　）。
   A. 公安部门　　　B. 消防部门　　　C. 文化部门
   D. 环卫部门　　　E. 工商部门
2. 有效市场细分的条件包括（　　）。
   A. 可衡量性　　　B. 可营利性　　　C. 可进入性
   D. 可增长性　　　E. 合法性
3. 拥有 30 万平方米以上室内展览面积大型展馆的城市有（　　）。
   A. 北京　　　　　B. 上海　　　　　C. 深圳
   D. 广州　　　　　E. 香港
4. 会展市场细分主要有两个原因，分别是（　　）。
   A. 消费者需求存在差异　　　　　　B. 场地限制
   C. 时间限制　　　　　　　　　　　D. 企业资源有限
   E. 政策要求
5. 菲利普·科特勒的目标市场营销战略(STP 战略)由以下哪几项组成？（　　）
   A. 竞争分析　　　B. 市场细分　　　C. 目标市场选择

D. 市场定位　　　　E. 市场调查

三、判断题

1. 会展市场定位策略应该详细列出会展的所有竞争优势。（　）
2. 我国组展商的竞争力与国际优秀组展商相比还存在很大差距。（　）
3. 澳门提出会展业发展以"展览为先"。（　）
4. 目标市场尽量选择竞争项目少的空白的细分市场。（　）
5. 企业的营销战略和竞争战略本质上是一致的。（　）
6. 采取市场补缺者战略风险不大。（　）
7. 会展行业中市场领先者的竞争灵活性较高。（　）
8. 第一定位是指企业需要第一个开发出新产品。（　）

四、简答题

1. 简述STP战略的基本内容。
2. 除去会展企业和会展项目本身的竞争，会展的竞争力还体现在哪些方面？

五、案例分析题

2016年下半年，广东佛山潭洲国际会展中心接连举办了两大备受国际瞩目的盛会——第二届珠江西岸先进装备制造业投资贸易洽谈会和第二届中国（广东）国际"互联网＋"博览会，让举办地佛山顺德一下子站在了中国会展业的舞台中央。

在整个珠江流域产业版图中，会展等现代服务业主要集中在广州、深圳等东岸城市，顺德所在的西岸则偏重电器、机械及器材制造。而随着先进装备制造业的加速崛起，珠江西岸对会展的需求也日益强烈。在顺德和佛山等工业高度发达地区，每年大概会举办30个大型会展，陶博会、家电展、龙家展等行业专业会展在全省乃至全国都有影响力，但一直缺乏一个真正意义上的专业展馆，以致不少本地企业不得不到广州、深圳等地参展。依托现有产业基础，顺德发力特色会展经济大有可为，可以与广州、深圳、东莞形成错位发展状态。

佛山潭洲国际会展中心的强势崛起是佛山与德国会展业合作的重要成果。德国汉诺威展览公司参与了潭洲国际会展中心的设计、建设、运营全过程，该公司提出的地面承重10吨/平方米等设计建议，让潭洲国际会展中心一跃成为全国领先的工业专业展馆。潭洲国际会展中心无论规模、档次，还是设备等方面都堪称是一个梦幻般的展馆。

作为全球会展业巨头，中国已成为德国汉诺威展览公司在海外最大的市场。潭洲国际会展中心的建成、启用以及成功运营可以帮助汉诺威展览公司进一步开拓中国市场，并为顺德带来新的产业。

佛山提出全力打造国家制造业创新中心的发展新战略，潭洲国际会展中心则顺势而为，定位打造国内一流工业会展，做国内智能制造产品博览会最好的专业展馆。这是非常创新大胆的做法，也填补了广东甚至全国工业类专业展馆的空白。

案例分析：

1. 潭洲国际会展中心运用了哪些成功的战略？
2. 政府、展馆、会展项目在会展竞争力中分别发挥了哪些作用？

六、实训实践题

请参照本项目所学的知识,结合自己研究的会展项目,分析:
(1) 该项目处于什么样的细分市场中,如何对该项目设计定位;
(2) 该项目有哪些主要的竞争对手,在市场竞争中处于什么地位;
(3) 该项目应该采取什么竞争战略;
(4) 请对该项目进行 SWOT 分析。

项目四　提供会展产品与服务

 学习目标

知识目标

- 了解会展产品层次理论；
- 了解会展产品生命周期理论；
- 了解品牌会展的要求；
- 了解会展服务的特征。

能力目标

- 能够运用产品生命周期理论分析会展及产品；
- 能够制订策略，打造品牌会展；
- 能够设计会展产品的服务内容及流程。

素养目标

- 树立产品与服务的质量意识，强化工匠精神；
- 培养对会展营销岗位的热爱，增强岗位职业道德意识和法律意识。

思维导图

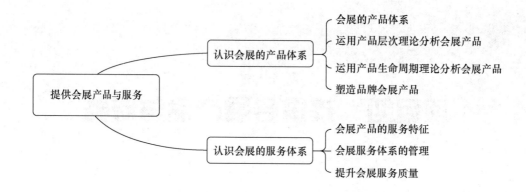

案例导入:剧本杀展会

剧本杀是目前年轻人最喜欢的娱乐方式之一,也是拥有强社交属性的娱乐方式。参加一场剧本杀游戏,根本不用害怕会尴尬,在剧本中以另一种身份和角色相互交流,可以说是绝大多数拥有"社恐"属性的年轻人的福利。

那么你知道那些剧本是如何出现在市场上的吗?这就不得不说到剧本杀行业中的一个环节——剧本杀展会。剧本杀展会在整个剧本杀行业非常重要,每次剧本杀发行单位有新本推出都离不开剧本杀展会。其实,一场剧本杀展会就相当于一个小型市场——专为剧本杀服务的市场。发行单位可以在展会上展示自己心目中的好剧本,而店家则可以在展会上挑选自己所需要的剧本。

思考:

为什么剧本杀展会是一个好的会展项目?调研一下最近有什么新兴的会展产品,分析其兴起的原因。

产品是营销的基础要素。在现代营销学中,产品是一个整体概念,包括实物产品和非实物形态的服务,它能满足消费者的不同需求。可以说,人们对产品的理解越来越全面和丰富。随着服务在产品中的比重逐渐增加,其重要性日益凸显,服务营销已经逐步成为市场营销研究的重要方面。

会展一般不以销售实物产品为主,而是提供一系列服务要素组成的"服务包",综合满足消费者的需求。会展产品更多地表现出服务产品的特征:无形性、差异性、生产和消费的同步性、易逝性。会展产品包含很多类型,不同类型的产品存在很大差异。会展营销人员必须先弄清楚会展项目销售的究竟是什么。

任务一　认识会展的产品体系

一、会展的产品体系

会展的产品体系是指可供销售的会展产品的总和,具体包括两个层次(如图 4-1 所示):第一层次是单个会展项目中可供销售的会展产品,主要是展位、门票、广告、商业赞助等可以收费的项目;第二层次是每个会展项目整体所包含的一系列展览、会议等。

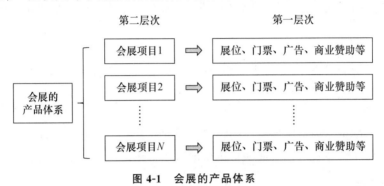

图 4-1　会展的产品体系

(一) 第一层次

会展企业策划、开发、举办一个会展项目,主要是期望通过为参展商和观众提供贸易平台而获得经济利益。通常情况下,单个会展项目可以收费的项目主要有展位、门票、广告、商业赞助等。

1. 展位

在会展中,展位通常有两种:一种是标准展位,另一种是特装展位。标准展位又称标摊,国际通用的标准展位面积为 9 平方米(3 米×3 米),由三面围板、一块楣板组成。特装展位又称空地展位,购买特装展位的参展商一般会按照一定的要求对申请的预留空地进行复杂的装修布置。不同类型的展位对参展观众的吸引力不同,展示效果也不同,会展主办方可为不同类型的展位制定不同的价格,以销售给有不同需求的参展商。

2. 门票

门票就是观众进入会展的入场券,是会展企业的重要收费项目。会展项目的性质不同,对门票的营销方式也有所不同。在国外,门票销售一般是会展产品销售的一种重要形式,是举办机构收入的主要来源之一。而在国内,只有那些观赏价值较高的展览以及商业性会议才出售门票。国内大部分专业性展览的主要目的是推介参展商的产品。为了吸引更多的专业观众,国内的多数会展项目不出售门票,只要观众通过网络报名或直接去现场注册,就可以免费入场参观。

3. 广告

广告是会展企业销售的重要产品,广告销售是会展营销极其重要的内容,会展广告可能覆盖已知的或潜在的所有目标观众。在会展中,广告主要有会刊广告、网络广告、室内广告、室外广告四种形式。

(1) 会刊广告

会刊是组展商刊登会展各种信息的印刷媒体。会刊广告能够及时、全方位、多渠道地为观众和会展所服务的行业提供信息，是众多参展商进行产品宣传、形象展示、品牌塑造的主要阵地。

(2) 网络广告

通过会展的官方网站展示有关参展商的相关内容，让更多的参展商和专业观众了解会展的情况也是会展广告的一种重要形式。会展网站是一个功能强大的广告平台。

(3) 室内广告

室内广告是指会展举办期间，会展场馆的墙壁、走廊、内部电梯等地方发布的有关会展的广告。

(4) 室外广告

室外广告是指会展举办期间，会展场馆周边建筑物、围栏、空中气球、充气拱形门等外部载体上发布的有关会展的广告。

4. 商业赞助

商业赞助是指企业为了实现自己的宣传效果而向会展主办方提供资金或实物支持的一种投资行为。商业赞助收入是会展项目重要的收入来源之一。

(二) 第二层次

将单个会展项目作为一个相对独立的会展产品，企业通过举办多个会展项目就可以构建企业自己的产品体系。会展企业构建会展产品体系的方式一般有以下三种。

(1) 将同类会展项目系列化。企业可以将同样主题的展览、会议项目进行复制，使之形成体系。具体形式包括：① 时间系列化，将会展项目形成时间系列，如春季车展、秋季车展；② 地区系列化，将会展项目放到不同城市甚至不同国家巡回举办，如世博会。

(2) 针对同一行业的客户设计不同的会展产品，构建产品体系。例如，举办车展的企业可以针对不同的客户，开展汽车技术论坛、新车发布会、车友试驾活动等一系列活动。

(3) 举办不同行业的会展项目。要成为大型会展企业，仅靠一两个会展项目是不够的，必须利用资金、技术、经验优势，不断扩大规模，通过比较分析，在不同行业拓展开发会展项目。

行业观察：广东鸿威国际会展集团有限公司

广东鸿威国际会展集团有限公司成立于2002年10月，员工总数逾500人，是一家以会展获客供应链平台为解决方案的会展全产业链科技集团。该公司以广州为核心，链接全球资源，服务全球企业，以专业的组展团队、先进的办展理念，致力于打造"全球一体化会展获客经济共同体"，成就了一批批享誉行业的品牌。

20多年来，该集团累计展览面积超1200万平方米，展览总数1000多场，会展涉及逾200多个行业，服务展商10万余家，接待专业观众超2000万人次，举办会议总数1500余场次，服务中外企业过百万家。

目前，该公司形成以下会展行业三大优势：

第一,全行业覆盖。该公司涉及细分行业 80 多个,以"专注、专业、专心"为初心,形成"全产业态势延伸、多产业资源整合、多平台互动运营"供应链平台。

第二,全球化辐射。该公司以广州总部为核心,在上海、重庆、北京、武汉设分部和分公司,形成全国"东西南北中"均衡与合围的布局构架,同时完成向以南非、巴西、迪拜、印度、俄罗斯、土耳其、英国、美国等为代表的五大洲辐射模式。该公司的参展商、采购商和观众三类人群来源广泛分布于全球五大洲,时间贯穿全年,有"常青广交会"美誉。

第三,科技化呈现。该公司运用人工智能 3D 实物与场景扫描、航空扫描建模测绘等 30 余项前沿科技,致力于智能会展的打造,通过全息无屏无膜可交互空气中成像,使实体会展成本降低,带给观众美轮美奂的视觉享受。

二、运用产品层次理论分析会展产品

市场营销学的产品层次理论认为产品一般都包括三个层次,即核心层、形式层和延伸层。运用产品层次理论分析会展产品,有助于有针对性地完善产品,更加完整地构建会展产品体系。会展产品的层次分析如图 4-2 所示。

扫码看微课

会展产品的产品层次

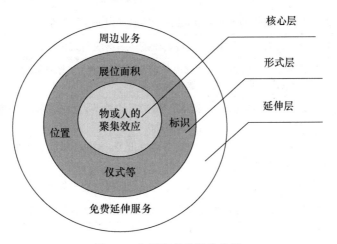

图 4-2　会展产品的层次分析

(一) 会展产品的核心层

核心层代表了产品能够提供的核心功能和效用,是消费者购买产品的根本动因。核心层是产品最为基础和关键的部分,但却不容易被直观地观察和认识,需要营销人员进行准确的挖掘和强化。将产品的核心层与潜在消费者的真实需求对应,就能够形成产品的核心竞争力,大大提高营销效果。

会展产品的核心层是物或人的聚集效应。就展览来说,产品的核心层主要是"物"的聚集效应,大量商品集中展示,便于参展商和参展观众接触洽谈,产生直接销售和订单销售。就会议而言,产品的核心层主要是"人"的聚集效应,能促进思想、知识、信息的交流。除此之外,聚集效应也能带给消费者一种独特的场景体验感,这是非会展期间难以获得的。想要形成较大的聚集效应,除了需要扩大聚集的规模外,还需要提高聚集的质量。只有将符合会展主题的"物"和"人"聚集在一起,才是高质量的聚集。

会展的聚集效应可以通过一些具体指标来进行观测衡量,包括规模指标和效益指标。会展的规模指标一般包括展览面积、展位数量、参展商数量、观众数量、参会时间等。会展的效益指标一般包括会展销售额、会展成交额、项目签约数量与金额、会展满意度、二次参展参会比例等。

(二)会展产品的形式层

形式层是指产品的实体外在展现形态,或产品核心层借以实现的形式,或目标市场对需求的特定满足形式。形式层是消费者可以通过眼、耳、鼻、舌等器官接触、感受的有形部分。

会展产品的形式层主要是会展现场呈现出来的效果,能够被参展商、观众接触感知的方方面面,具体包括展位的位置、面积,会议的座位位置,主题或议题,现场的环境布置、仪式活动,宣传材料,广告标识等。形式层能够影响参展商和观众的直观感受,因此很大程度上能影响观众的购买决策。会展产品形式层内容分析如表4-1所示。

表4-1 会展产品形式层内容分析

形式层	内容分析
展位的位置、面积	是参展商最重要的产品要素,直接影响参展商的参展效果
会议的座位位置	是听众最重要的产品要素,如可以通过演唱会的门票价格,了解座位位置的重要性
主题或议题	展览围绕主题选择展品、会议围绕议题展开讨论,主题或议题为会展产品确立了中心,是会展产品形式中非常重要的因素
现场的环境布置	包括区域划分、动线设计、装饰布置、卫生管理等,这些会影响会展的档次及观众(听众)的感受
现场的仪式活动	包括开幕式、闭幕式、评奖颁奖、节目演出等,这些会影响会展的人气和效果,能有效吸引观众以及领导、嘉宾、媒体到场
宣传材料	包括会刊、会展网站、公众号等,这些决定会展的宣传效果
广告标识	包括广告标志、广告口号、广告文案等,这些决定会展的社会影响力

(三)会展产品的延伸层

延伸层是指针对产品本身的特性提供的附加服务和利益。消费者从延伸层获得的服务或利益具有差异性和选择性。

会展产品的延伸层是企业为提高产品竞争力,使消费者获得更好的会展体验,在能力范围内免费提供给消费者的延伸性服务,如基本的产品质量保证、退换服务、售后服务等。这些一般都由营销服务人员负责。

随着会展业的发展,会议与展览相融合日益成为一种行业发展趋势。很多的会议与展览融合实际是具有主次关系的。以展览为主的"展中带会",会议一般不收费,成为展览的延伸层,如广交会中就有大量的行业研讨会,实际是展览的延伸层。以会议为主的"会中带展",展览一般不收费,成为会议的延伸层。

会展涉及的周边业务非常多,如交通、餐饮、物流、住宿、旅游等,参会的参展商、观众一般都会有这些需求,主办机构一般会选择性地免费提供其中一部分作为自身产品的延伸层,如为参展商提供工作餐、接送服务等。对于难以免费提供的服务,主办机构往往会与酒店、旅行社、餐厅等建立合作关系，达成比较优惠的协议价格，供参展商或观众选择性地购买。

三、运用产品生命周期理论分析会展产品

 知识链接：产品生命周期

产品生命周期是指产品从准备进入市场开始到被淘汰退出市场为止的全部过程，是产品在市场运动中的经济寿命。也可以说产品生命周期是在市场流通过程中，消费者的需求变化以及影响市场的其他因素的变化所造成的产品由盛转衰的周期。产品生命周期主要由消费者的消费方式、消费水平、消费结构、消费心理的变化以及技术变革所决定。产品生命周期一般分为导入期、成长期、成熟期、衰退期四个阶段，如图 4-3 所示。在导入期，产品销售量增长缓慢，利润通常偏低或为负数；在成长期，销售量快速增长，利润也显著增加；在成熟期，利润继续增加，在达到顶点后逐渐走下坡路；在衰退期，销售量显著衰减，利润也大幅度滑落。

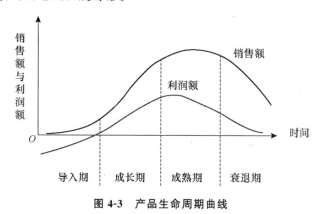

图 4-3　产品生命周期曲线

（一）产品生命周期与会展周期的关系

会展因产业而生，服务于产业，而产业的产品有其生命周期，因此，会展因产业的兴衰而兴衰，"其兴也勃，其亡也忽"。产业兴衰通常是市场和需求的变化、政府政策和导向、技术变革和颠覆这几种因素角力的结果。我们处于一个技术迭代越来越快的时代，产业和产品的生命周期都受到技术变革的影响。因此，无论是成熟的会展项目，还是新开发的会展项目，工作人员都需要研究所在行业、领域的市场技术成熟度，以及新兴技术的应用情况。

当一个行业或者企业的产品还处于导入期及之前的研发阶段时，其需要的会展形态一般是会议（如新品发布会和推介会），或者以会议为主、展示为辅，因为新兴技术还未大规模使用，还处于不断摸索的探索阶段，可供展示的应用也不多。而当产品进入成长期之后，产品品类会快速增加，对展览的需求也逐渐增加，这种情况一直会持续到衰退期或新的产品迭代。如果一个行业的技术创新已经消失，这个行业处于停滞状态甚至衰退状态，那么这个行业会展的生命周期也就结束了，必须进行转型创新。

扫码看微课

会展产品的生命周期

行业产品的生命周期还与会展的举办频率有密切关系。如果某行业产品的生命周期较长,即这个行业的产品更新换代较慢,则该行业推出新产品的时间就长,所以行业会展的举办频率就不宜太高,可以选择两年一届或者三年一届,如航空产业展、纺织设备展等。反之,如果某行业产品的生命周期较短,则行业会展的举办频率就要高一些,可以一年一届或者一年两届,如服装展、信息产品展等。

(二) 会展产品生命周期中的营销策略

会展业作为一个复合程度高、产业关联广、影响力大的综合性服务产业,影响其生命周期的因素有很多,如其内部各会展企业自身经营、管理和创新等因素,以及外部的政治、经济、社会、城市发展、科技进步等客观环境因素。

会展营销也可以用产品生命周期理论来分析会展产品,按照导入期、成长期、成熟期、衰退期分别实施对应的营销策略,如表 4-2 所示。

表 4-2 会展产品生命周期各阶段的营销策略

生命周期阶段	营销策略
导入期	● 弱化营利观点,着眼长期发展 ● 加大会展的宣传推广力度 ● 为目标客户提供体验式服务
成长期	● 突出会展的特色优势 ● 重视客户关系管理 ● 实现会展规模的稳步扩大 ● 持续改进会展服务体系
成熟期	● 进行产品和服务创新 ● 提高会展产品的品牌价值 ● 建立会展产品衰退的警示防范机制
衰退期	● 产品转型策略 ● 产品收缩策略 ● 产品放弃策略

1. 导入期

导入期是会展产品生命周期的启动阶段,主要是对会展的培育和尝试过程。在这个过程中,相关工作人员一直不断地挖掘参展商,积累客户资源,增加行业影响。但是,作为一个新项目,会展还存在知名度低、不为参展商所熟悉和了解、招展难度大、技术和管理不成熟、对市场的掌控具有不确定性等缺陷,这使得会展的宣传推广和市场开拓都比较费力,此时会展的生命力还比较脆弱。

在此阶段,会展项目需要不断的财务投入,面临的风险较大,很容易因外界不利影响或不当运作而消亡。这一阶段最重要的工作是通过市场调研了解客户需求,做好客户分析。

2. 成长期

经过了导入期,会展企业把握了正确的市场脉搏,找到了合适的营销推广方式。同时,经过正确的运作,会展的知名度慢慢提升,会展日趋成熟,进入成长期。

在成长期,会展具有较强的生命力,其运营模式开始成熟,越来越多的忠诚客户保证了会展的利润来源,会展的影响力越来越大,参展商数量不断增加,展览面积不断扩大,观众数量不断增加,会展的行业影响力增强,品牌开始形成,一切都向着良好的方向发展。

这时应该加强会展团队建设,主要围绕营销推广展开工作,一方面要吸引更多的新客户关注会展,同时维护好老客户;另一方面,要通过营销手段加速提升品牌知名度。

3. 成熟期

进入成熟期后,会展呈现出"购销两旺"的景象。这时候参展商和观众对会展的认可度达到顶峰,产业资源配置达到最优状态,利润不断增加。

成熟期的会展已经可以为客户提供其需要的有差别的个性化服务,能够就服务方式和服务质量等方面向客户承诺,并且能严格地按照承诺向客户提供服务。同时,已经形成自己的服务品牌,在会展市场中凸显自己的服务特色。这时,会展企业要在市场上充分发挥会展品牌的影响力和号召力,除了拉新,更要重视对老客户的维护,建立和维护好客户对会展品牌的忠诚度,形成一种长期信赖的客户关系。

4. 衰退期

由于国家宏观政策的变化、行业的衰退、价值点的转移、会展的不当运作、会展组织者思想意识的老化、收购和转让等主客观原因,会展将走进衰退期。从成熟期的后期开始,会展市场增长减缓,展位销售势头减缓,展位的价格和会展的利润滑坡。在这个阶段,会展伴随着产业的衰退而衰退,产业会展需求减少,会展规模也相应缩小,同类主题会展竞争趋向白热化,会展之间出现并购现象。

虽然会展处于衰退期,但是会展企业本身存在新一轮的创新可能。经历过导入、成长、成熟三个阶段,会展企业已经被市场认可和接受,形成鲜明的服务风格和强大的品牌优势,对市场具有敏锐的洞察力和反应力。

当会展市场条件发生重大改变,或者需要涉猎新型的会展活动时,只要会展企业能够审时度势,及时调整方向,顺应市场需要,更新服务理念、服务内容和服务方式等,会展服务产品就有可能从衰退期进入创新期,进入新一轮的"导入、成长、成熟、衰退"的循环。只要符合参展商产品市场开拓的需求,平稳过渡到相邻的主题或行业,会展企业就有可能焕发新的生命力。

案例学习:33 岁的德国汉诺威 CeBIT 停办[①]

汉诺威国际信息及通信技术博览会(CeBIT)主办方在 2018 年宣布,这一有着 33 年历史的展会将从 2019 年起停办。主办方德意志会展公司发表声明说,展会停办的原因是近年来参展商预订展位面积持续萎缩和参观人数不断减少。

CeBIT 曾是全球最大规模的信息和通信工程类展会,主要展示数字 IT、家庭及办公通信解决方案领域的创新成果,面向工业、批发及零售、贸易、银行、服务业、政府机构、科研单位的用户和所有技术爱好者。

1986 年,德国汉诺威展览公司举办了第一届 CeBIT,当年展馆面积超过 20 万平方米,吸引了 2000 多家厂商。2001 年,CeBIT 达到鼎盛时期,当年的展会吸引了 85 万参观者。但在

[①] 33 岁的德国汉诺威 CeBIT 停办,它曾是全球最大的计算机博览会[EB/OL]. (2018-12-01)[2024-07-22]. https://baijiahao.baidu.com/s?id=1618611719028982606&wfr=spider&for=pc.

这之后的十余年里,新的展会层出不穷,CeBIT 能够吸引到的关注越来越少。

CeBIT 曾经也是手机品牌发布新款手机的重要场合。GSM 2G 和 3G 年代主导通信市场的手机品牌,如摩托罗拉、诺基亚、爱立信、阿尔卡特、西门子等,都曾把 CeBIT 当作他们展示实力的平台。随着这些手机品牌的衰落,CeBIT 失去了最有光彩的一部分展览内容,而新兴的智能手机品牌却更偏爱拉斯维加斯的国际消费类电子产品展览会 CES、巴塞罗那的世界移动通信大会 MWC。

全球 PC 行业的衰落也加剧了 CeBIT 的式微。2011 年,全球 PC 出货量达到了顶峰的 3.654 亿台,在这之后就开始了为期数年的下滑。2017 年,全球 PC 出货量跌到了 2.62 亿台,几乎跌回了十年前的水平。PC 曾经在家庭中承担着游戏、娱乐、社交、购物等多种功能,但如今这些需求大部分被智能手机所取代。

思考:
运用产品生命周期理论分析 CeBIT 停办的主要原因。

四、塑造品牌会展产品

扫码看微课
塑造品牌会展产品

品牌不仅是产品的标识,更是企业经营能力和产品实力的无形资产。品牌中附加了消费者的心理印象及主观认同,在市场营销中具有重要的作用。

(一)成为品牌会展的要素

成为品牌会展一般需要具备以下几个要素。

1. 良好的会展举办地及场馆设施

会展举办地的城市环境、交通运输、酒店服务、消费娱乐等状况是否良好,场馆设施是否能够提供舒适的展示空间和优质的服务,是会展能否吸引参展商和观众参展的重要因素。

2. 较好的规模效应

品牌会展应该是同类型或同行业会展中规模较大的会展项目,整个行业中众多有实力的卖家、买家和中介会在会展期间齐聚一堂。有规模效应的会展能吸引大批的产品供应商和采购商参展,且能提供几乎涵盖整个专业市场的所有信息,因此,也能降低组展商的单位成本,提高其他各方的投入产出率。

3. 专业的会展服务

会展服务贯穿于会展的整个运营过程,从市场调研、主题立项、寻求合作、广告宣传、招展、组织观众、安排活动、营造现场气氛,到提供展后服务,甚至到确保所有对外文件和信函的格式化、标准化等,都须具备很高的专业水准,需要从业人员高效和细致的服务。

4. 强势的媒体宣传

与有影响力的媒体合作是会展产生较广影响力的重要保障。要想成功举办一个会展,并将其发展成品牌会展,媒体宣传报道充分与否至关重要。打造品牌会展,需要媒体进行大量的正面报道。媒体的权威性和可信度越高,越有助于提升会展的知名度和美誉度;反之,品牌会展也会在一定程度上吸引众多媒体的关注。

5. 得到政府的大力支持

在我国目前的体制下,能得到政府支持的会展往往能获得良好的综合效益(包括经济效益和社会效益)。这样的会展的运营机构在政府的支持和帮助下能整合更多的资源,从而能为参展商提供更多的实惠和便利,办展质量往往较高,也能获得较好的品牌效应。

6. 获得权威机构资质认定

从世界范围看,对展览评估和资质认可最权威的组织是全球展览业协会(UFI)。UFI 对申请加入的展览项目和主办单位有着严格的要求和详细的审查程序。因此,能取得 UFI 的资质认可,并使用 UFI 的标记便成为品牌展览的重要标志。

 知识链接:全球展览业协会(UFI)

UFI 是"全球展览业协会"的简称。UFI 于 1925 年在意大利米兰成立,总部设在法国巴黎,UFI 原为法文的缩写,英文写作 Union of International Fairs,译为"国际展览联盟"。在 2003 年 10 月 20 日开罗第 70 届会员大会上,该组织决定更名为"全球展览业协会"(The Global Association of the Exhibition Industry),仍简称 UFI。UFI 是迄今为止世界展览业最重要的国际性组织。

UFI 旨在提升全球展览行业的标准和服务质量,获得 UFI 认证对于展览来说是一种重要的认可,表明展览达到了国际公认的高标准。UFI 认证国际性展览项目的主要标准包括:

(1)展览的稳定性:申请认证的展览必须至少已经举办过两次,展览可以是线下、线上或混合模式。

(2)展览的国际性:展览直接或间接的外国参展商数量不少于总参展商数量的 20%,外国参展商的展出净面积比例不低于总展出净面积的 20%。

(3)展览统计数据:必须提供线下展览的总净展览面积、国家和国际参展商数量以及观众数量的经审计统计数据,数据必须按照 UFI 会员委员会的决定和 UFI 批准活动统计审计规则提交。

(4)展览场地要求:举办展览的场馆或场地必须是永久性设施;场馆或场地必须符合一定的标准,并且配备有效的健康安全保障措施。

(5)展览服务与设施:展览应提供访客和参展商服务,包括但不限于清晰的标识系统、卫生间、餐饮服务、交通指南、残疾人通道等;同时,应为参展商和观众提供必要的接待和信息服务。

(6)展览语言要求:展览相关的所有物料,包括申请表格、广告材料及目录等都必须可使用英文。

(7)展览数据验证:展览的数据必须由独立的第三方机构进行审核,UFI 会对这些数据进行再次审核以确保其准确性。

(8)展览持续性评估:UFI 还会审查展览近 3 年的相关数据,以评估展览的持续经营能力和成长趋势。

(9)其他考虑因素:展览的服务质量、组织能力、市场影响力等因素也会影响认证结果。

(注:UFI 认证标准会随时间变化而有所调整。)

(二)打造品牌会展的策略

1. 规模发展策略

品牌会展的一大特征就是规模较大,所以打造品牌会展,要尽量把同类或相类似的会展进行整合。这样既有利于避免同类会展的恶意竞争,也有利于企业宣传和实现理想的效益目标。由于会展行业有独特的时间性和地域性特征,因此,相比其他产品生产企业,会展的规模化发展可能会面临更大的困难。

2. 品牌联合策略

会展企业在发展过程中,要注重与其他品牌联合,相互学习,"融百家之长为自己所用"。形成品牌联盟,有利于提高企业的竞争力,使企业充分利用资源,从而获得更好的发展。品牌联合策略具体包括：与先进企业建立合作关系,购买或引进品牌会展项目在本地举办,在会展权威机构进行认证等。

3. 特色创新策略

会展行业竞争日趋激烈,只有敢于创新,才能促进行业进步,才能为企业的发展提供源源不断的动力。行业各有特色,企业各有特点,只有在市场细分化和产品项目多元化中不断开拓创新,才能抢占行业制高点,做出品牌化的会展项目。

4. 网络品牌策略

互联网已日益成为人们生活中的第二空间,打造品牌会展,必须在现实世界之外打造出知名的网络会展品牌。一方面,可借助全媒体营销矩阵,如 PC 端官网、微信、微博、APP、直播平台等,从企业网络形象塑造、网络会展的建设以及开展网络营销等方面逐步进行。另一方面,采用线上线下会展同步举办的模式,这已经成为行业趋势,并且伴随着 VR、AR 等技术的进一步发展,线上会展的规模必将进一步扩大。

任务二　认识会展的服务体系

一、会展产品的服务特征

对应会展产品的三个层次,会展提供的服务也可以分三个层次：核心服务、便利服务、延伸服务。会展核心服务是指会展的策划、组织、邀约,搭建展示、交易、交流的平台,促成聚集效应的产生。会展便利服务主要是指会展现场提供给消费者的参展服务,这些服务是可以直观感受的,包括签到、指引、交通、物流、搭建等一系列与参展相关的服务。会展延伸服务包括宴会、旅游、娱乐等差异性的服务。会展营销人员一般重点承担会展核心服务中的组织、邀约工作。

会展产品具有服务的基本特征。通常认为服务具有无形性、差异性、生产和消费的同步性、易逝性。

1. 无形性

服务和有形商品之间最基本的区别是服务具有无形性,服务是由一系列活动所组成的过程,这个过程不像有形商品那样可以看到、触摸到。对于会展来说,消费者购买的产品都是无形的使用权,并不是所有权,如参展商购买的展位是一段时间的使用权,观众购买的门票也是一段时间的参与权。

2. 差异性

第一,会展产品中的环境差异很大,如展位、座位的差异;第二,服务中人的因素也存在差异,服务是因人而异的,消费者的感受也因人而异,因此,不存在两种完全一样的服务。

3. 生产和消费的同步性

会展产品的生产与消费是同步完成的,参展商和观众作为消费者,必须出现在会展的现场,成为会展产品的有机组成部分,可以说参展商和观众也是会展产品的生产者。同时,会展消费者之间往往还会相互作用,会影响彼此的体验。

4. 易逝性

会展产品是不能被储存、转售或者退回的。会展一旦结束,产品价值也随之消失,不会像实物产品一样被保留下来。由于会展产品无法储存和运输,因此其分销渠道的结构也相对比较简单,会展营销人员的工作更多地应是提供服务,而非建设渠道。

二、会展服务体系的管理

(一) 会展服务的质量评估

会展产品主要由会展服务组成,因此,会展服务的质量就成为会展营销的关键因素。会展服务的质量不能通过客观指标来评估,而是主要通过消费者的主观感受和判断来评估的。

会展服务质量可由"硬件"质量和"软件"质量两个部分构成。"硬件"质量是指消费者对会展硬件设施的感受和判断,"软件"质量是指消费者对会展服务人员的服务水平的感受和判断。消费者将会展过程中对服务质量的感受与自己的期望比较,能够得出对会展服务的满意度,公式为:

消费者对会展服务的满意度＝质量评价－质量期望

消费者对会展服务质量的主观判断通常是从可靠性、响应性、保证性、移情性和有形性五个维度进行的。会展营销人员可以从这五个方面设计调查问卷,以把握消费者对会展服务质量的评价。

1. 可靠性

可靠性是指消费者感知到的会展企业能够准确可靠地执行所承诺服务的能力。被消费者认为可靠是会展服务质量最重要的评价因素。如果会展企业能够准确、及时地完成作出的服务承诺,那么便会在消费者心中树立起值得信任、有诚信的良好企业形象。此时,消费者所感知到的会展服务质量是较好的。

2. 响应性

响应性是指会展工作人员帮助消费者以及提供便捷服务的自发性,这也往往与会展工作人员提供服务的意愿和质量有关。如果会展工作人员能够对消费者的要求、询问、投诉等即刻作出处理,积极主动地为消费者提供便捷的、适当的服务,那么消费者所感知到的会展服务质量是较好的。

3. 保证性

保证性是指会展工作人员的充足的知识储备和恭谦态度,以及其能获得消费者信任的能力。当消费者面临高风险的服务或无法依据自己的知识能力评价服务的情况时,保证性对于消费者感知的服务质量至关重要。会展企业需要给消费者带来安全感,使消费者对企业建立信任感,而这需要全体会展工作人员的共同努力。

4. 移情性

移情性是指会展工作人员能站在消费者的角度思考问题,给予消费者关心,为消费者提供个性化的服务。会展工作人员具有移情性可以使消费者感到自己是独特的,感到自己的需求被正确理解并认真对待。如果会展企业能够做到以消费者需求为中心,时刻关注消费者需求的变化,努力为消费者提供定制化、个性化的服务,那么消费者所感知到的会展服务质量一定比较高。

5. 有形性

有形性是指会展企业使用有形的工具、设备、人员等来为消费者提供服务,如为消费者提供舒适整洁的等待区域。有形性不仅有利于提高消费者感知的会展服务水平,还有利于提升企业形象。

思考练习:设计调查题目

针对上文中的五个维度分别设计一道调查题目,以了解参展商及观众对会展产品的服务质量的评价:

(1) 可靠性:_____
(2) 响应性:_____
(3) 保证性:_____
(4) 移情性:_____
(5) 有形性:_____

(二) 解决会展服务的供需矛盾

扫码看微课
会展服务能力与需求的矛盾

由于服务无法储存,因此会展产品的服务供应能力在一定时间内是有限的,而服务需求的周期性波动又非常明显,这导致供需矛盾成为影响会展服务质量的主要因素。

图4-4所示为会展服务供给能力与服务需求的组合变化。在会展行业中,服务供给能力在一定时间内是固定的,用水平线表示,而服务需求是波动的,用曲线表示。在图4-4中,服务供给水平线1代表最大服务供给能力,指的是服务供给能力有限性的绝对限制,限制的因素可能是劳动力、设施设备等。服务供给水平线2代表最佳服务供给能力,指的是资源的有效使用,但没有过度使用,消费者此时能够及时获得高质量的服务。

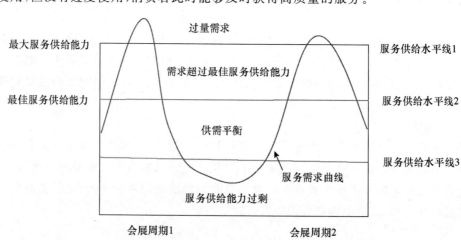

图4-4 会展服务供给能力与服务需求的组合变化

从图 4-4 可以看出，会展市场的供需组合主要有以下四种情况。

1. 过量需求

过量需求即需求超过最大服务供给能力，此时一些消费者会选择离开，会展企业将面临服务机会的丢失。而且，由于消费者过多、需求量过大，会展企业无法提供或很难提供一对一的服务，导致服务质量有所降低。

2. 需求超过最佳服务供给能力

此时消费者一般不会选择离开，但是由于消费者过多，工作人员、会展设施设备往往高强度工作，会展服务质量仍无法保证。在需求超过最佳服务供给能力期间，会展工作人员往往需要加班工作，有时会展企业也会聘请临时兼职人员或招募志愿者。

3. 供需平衡

此时，会展工作人员和会展设施设备都处于理想的工作状态，消费者一般都能获得较好的服务体验。

4. 服务供给能力过剩

此时，会展工作人员和会展设施设备几乎都得不到充分使用，导致资源浪费、利润降低。但此时消费者往往可以获得高质量的服务体验。

会展服务无法像实物产品那样使用库存策略缓解需求变动问题，因此，管理或解决会展服务中供需矛盾是会展服务成功的关键因素。

解决服务类产品的供需矛盾有一些常用的方案，主要包括：① 采取预约、限号等方式控制需求总量；② 区分客户重要程度，优先满足重要客户的服务需求；③ 聘请兼职人员或者志愿者，临时性增加服务供给能力；④ 对无法获得完善服务的客户给予补偿等。

一般情况下，"旺季做销量，淡季做市场"是会展行业营销的战略法则，这需要会展企业关注消费者的需求变化，根据消费者的需求调整战略。

素养提升：让党旗团旗飘扬在会展志愿服务一线[①]

大型会展活动中临时性服务需求很大，供需矛盾突出，聘用志愿者是一种有效的解决方案。大型赛会志愿服务一直是共青团服务大局、实践育人的重要载体。近年来，上海共青团依托组织化动员和社会化动员优势，先后组织1.1万余名志愿者为进博会提供支持，赢得各方广泛赞誉，"小叶子"的形象深入人心。

进博会期间，共青团上海市委员会联合相关部门，以志愿者服务岗位为基本单位，组建27个临时党组织和131个临时团组织，实现了对志愿者群体的组织全覆盖，并通过形式多样、内涵丰富的思想引领手段，着力激发广大志愿者的先进性、责任感，有效提升了志愿服务工作成效，让党建、团建融入志愿服务第一线。

三、提升会展服务质量

针对会展产品的服务性特征，学者们在传统4P市场营销组合理论的基础上，增加了三

---

① 何欣.让党旗团旗飘扬在进博会志愿服务一线[EB/OL].(2020-04-14)[2024-07-22].https://mzyz.cyol.com/content/2020-04/14/content_18567314.htm.

个针对服务性产品的元素,衍生出 7P 市场营销组合理论。三个针对服务性产品的元素分别为:服务人员(People)、服务流程(Process)、服务的有形展示(Physical Evidence)。这三个元素可用于思考改善会展产品的服务体系。

(一)会展服务人员管理

服务人员是会展服务的提供者,从广义上讲,会展营销人员都属于会展服务人员。由于服务具有生产与消费同步的特点,消费者需要参与服务的过程,因此消费者与服务人员会产生互动关系。消费者不仅关心服务的结果,也关注服务的过程。服务人员,特别是与消费者直接接触的服务人员对消费者感受服务质量就会形成至关重要的影响。

1. 服务人员就是服务

在许多情况下,服务人员就是服务。尤其在个性化的服务提供中,服务人员承担了提供大多数或者全部服务的工作,甚至不需要借助任何工具。因此,对于消费者而言,服务人员就是服务的象征,他们就是服务。

2. 服务人员代表会展企业

在服务传递过程中,消费者接触最多的就是服务人员,尤其是一线服务人员。所以,即使不是由他们单独提供服务,但在消费者心目中,他们就是会展企业的代表,他们象征着会展企业。如果服务人员工作态度不好或者行为不当,消费者一般不会认为是服务人员个人的问题,而会降低对整个会展企业的服务质量评价。

3. 服务人员就是营销者

由于服务人员会直接与消费者接触,因此他们能直接影响消费者对服务的评价。从这个角度来看,服务人员的一言一行就是会展企业的活广告。在全员营销的理念下,服务人员在提供服务的同时也需要向消费者推荐、介绍企业的产品。做营销最重要的是了解消费者的需求,服务人员是最接近消费者的人,因此,服务人员应该通过观察等方式收集消费者的个性化需求,并将相关信息反馈给企业,不论是否属于营销岗位,服务人员都能够成为营销者。

四 素养提升:不断打磨服务细节,铸行业"工匠精神"

近年来,北京国家会议中心不断发挥场馆服务首都"四个中心"功能,持续提升在促进国际交往中心建设的平台效应。为迎接 2019 年 4 月 27 日在北京举行的第二届"一带一路"国际合作高峰论坛,作为"北京服务"代表,北京国家会议中心 3000 余人的服务保障团队严阵以待,贯彻"工匠精神",一点一滴地在细节上"吹毛求疵",会场温度、湿度,饭菜口感、卖相,服务语言、手势……每个细微的环节都精益求精,力争让宾客体验到更便捷流畅、细腻温暖的服务。尽管拥有丰富的服务接待重大活动经验,全体员工以"严之又严、慎之又慎、细之又细、实之又实"的工作作风,对标最高标准,以"零经验""第一次"的心态投入每一项服务保障中。一个简单的倒茶水的服务可分解为 25 个步骤;贵宾座位茶几上的茶杯调整到最易于宾客掌握的 45°……各个岗位的服务人员,严格对标服务标准,精心筹备,全力以赴。

（二）会展服务流程设计

会展服务流程是指会展消费者在购买与享受会展服务时所经历的一系列程序。在服务生产与服务交付过程中，好的服务流程有助于会展企业创造并交付有价值的会展产品和配套服务，可以大大提升消费者对会展服务质量的评价。会展工作人员需要持续性地设计与优化会展服务流程。设计会展服务流程主要有以下几种方法。

1. 基于流水线的会展服务流程设计法

基于流水线的会展服务流程设计法源于制造业的生产活动，所提供的是标准化、程序化的服务。会展企业需要制定详细的规章制度并详细界定服务内容，以便服务人员工作时有章可循，在实践中严格按照规范流程进行操作。在具体的基于流水线的会展服务流程设计中，往往需要关注以下几个问题。

（1）尽量降低服务人员的自主权

基于流水线的服务流程追求的是服务的标准化和高效率，如果工作人员有较高自主权的话，他们所生产的产品或所提供的服务可能就会存在一定的偏差。在会展行业，会展工作人员的自主权越大，他们所提供服务的差异性可能就越大，这不利于提供标准化的服务。

（2）明确劳动分工

基于流水线的会展服务流程讲求高效率，即希望在最短的时间内提供尽可能多的服务。这就需要进行劳动分工，因为分工能够提高工作效率，而且每个工作人员也可以形成专门的技能，从而进一步提高工作效率。

（3）建立系统的服务制度和工作内容说明，并使之标准化

基于流水线的会展服务流程要求所提供的服务实现高度的标准化，这就要求内部的管理制度和员工的工作内容也要实现高度的标准化，以便支持标准化的服务。

2. 增加消费者参与度的会展服务流程设计法

服务的一个显著特点就是消费者的参与，也就是说，在服务流程中，消费者的参与往往是必需的，但消费者参与的程度和方式却存在着很大不同，消费者有主动参与的，也有被动参与的。在进行会展服务流程设计时，可以考虑在消费者的意愿和能力范围之内让消费者成为服务生产的合作者，即让消费者更多地进行自助服务。对于会展企业而言，这种流程设计可以节省员工成本和相应的管理成本，同时还可以提高服务效率；对于消费者而言，这种流程设计既节省了时间，又有助于消费者体验自助的乐趣。在实际运用这种方法进行服务流程设计时，需要重点考虑以下两点。

（1）消费者参与的流程不能太复杂

消费者不是专业人士，所以他们一般不能胜任复杂的自助服务。如果有必要的话，应该尽可能地给消费者提供一定的帮助，以便他们能更好地参与到服务流程中来。

（2）要界定消费者自助服务的范围与内容

在消费者自助服务的过程中，消费者的自主权相对是比较大的，因此有必要对消费者的自助服务范围和内容进行界定，以便消费者准确无误地操作，不至于感到茫然。

3. 基于消费者接触程度的会展服务流程设计法

有学者将服务流程分为低消费者接触和高消费者接触两大基本类型。其中，低消费者接触服务可以像工厂那样运行，几乎可以综合使用所有的自动化设施。在高消费者接触服

务中,往往不可避免地会把消费者的决策纳入其中,并且服务接触质量对整体的服务满意度也有很大影响。相对而言,在低消费者接触服务中,消费者对服务流程的影响往往较小。在对高消费者接触服务和低消费者接触服务进行管理时,所使用的方法一般是不同的。在进行会展服务流程设计的时候,也必须充分考虑服务接触的差异性,把同一服务区分成高接触度和低接触度两个部分,这样便于运用不同的方法进行有效管理。

4. 基于销售机会的会展服务流程设计法

这种方法是指在进行会展服务流程设计时,充分考虑会展服务流程中的消费者参与方式、服务人员的营销能力,在综合各类情况下,尽量创造销售机会,增加销售业绩。在有消费者参与的互动服务中,进行产品营销的机会往往较多。能否抓住机会进行销售,主要基于消费者对服务的满意度,这就对服务人员提出了更高的要求,服务人员既要具备服务的业务能力,又要掌握消费者诊断技能、产品推销技能等营销能力。

基于销售机会的会展服务流程设计,既要考虑销售机会,也要考虑生产效率和对服务人员的管理,如果对服务人员的销售培训与管理做得不到位,可能会导致消费者对服务的满意度降低。在实践中,会展企业应该根据不同的任务类型,通过优化设计不同的会展服务流程来提高营销效果。

(三)会展服务的有形展示

有形展示是指服务营销范畴内一切可以用来传播、展示、呈现服务特色及优点的有形事物。由于服务具有无形性,不能实现自我展示,也不能用一些抽象的概念进行推广,因此需要借助一系列的有形展示向消费者传递相关信息,帮助消费者对服务的效用和质量作出判断和评价。

会展服务的有形展示是指会展企业策略性地向参展商和观众提供有关会展服务的有形线索,使参展商和观众能更形象地了解和识别会展所提供的服务。所谓"有形线索",是指会展服务流程中能被参展商和观众直接感知的能提示会展服务的各种有形物品,如展区展位分布图、参观指示图、参观指南、会展宣传推广成果、现场一条龙服务咨询台等。参展商和观众看不到会展服务,他们只能通过这些有形的物品来感受会展服务。会展服务的有形化可以从服务承诺化、服务品牌化、服务展示化和服务便利化来具体落实。

1. 服务承诺化

服务承诺化是指对外公布会展服务的质量或者效果标准,并对参展商和观众参加会展的利益加以承诺。由于承诺的是看得见的利益,因此,承诺对参展商和观众非常具有吸引力。为了使会展服务承诺化,会展企业必须对会展服务的各个环节加以规范,并制定相应的服务质量标准,这些服务质量标准既要对参展商和观众有吸引力,又要是可以实现的。给出没有吸引力的承诺等于没有承诺,而有了承诺却不能兑现将严重影响会展的声誉。服务承诺化既是对消费者利益的一种担保,也是对员工的一种激励,能为员工树立明确的服务质量目标,鼓励员工努力去提供优质的服务。

2. 服务品牌化

服务品牌化是指为会展树立品牌并以该品牌来促进会展服务。品牌是一个无形的概念,但会展企业可以通过LOGO等有形标识来将它呈现在广大参展商和观众面前,使参展商和观众对该品牌产生信赖和忠诚。品牌又是一个有形的要素,它向参展商和观众提示会展服务质量和服务特色,有利于参展商和观众对会展服务进行识别。一旦会展形成品牌,就可以不断通过该品牌提示新老客户该会展服务的存在,还可以通过老客户宣传该会展的服务,树立会展的良好形象。

3. 服务展示化

服务展示化是指尽量将会展服务通过有形的布置展示在会展现场,如对会展宣传推广成果的展示、对观众需求的实物引导、对参展商名单和展位号的集中公布等,这些有形展示时刻提示参展商和观众会展服务的存在,有利于参展商和观众认识和感知会展服务。

4. 服务便利化

服务便利化是指会展企业尽量从参展商和观众的需求出发来设计会展服务流程和布置现场环境,如布展环节的便利化、观众登记的便利化、展馆内参观指示引导的便利化等,努力让参展商和观众能以最便利的方式获得会展服务。

知识与技能训练

一、单项选择题

1. 展位的位置、面积属于会展产品层次中的（　　）。
   A. 核心层　　　B. 形式层　　　C. 心理层　　　D. 延伸层
2. 会展企业给予消费者的关心和个性化服务属于会展服务质量测量指标中的（　　）。
   A. 可靠性　　　B. 响应性　　　C. 保证性　　　D. 移情性
3. 对展览评估和资质认可最权威的组织是（　　）。
   A. UFI（全球展览业协会）　　　　B. IAEE（国际展览与项目协会）
   C. BIE（国际展览局）　　　　　　D. ICCA（国际大会及会议协会）
4. 会展产品处于以下哪个时期时，其目标是迅速将产品推向用户？（　　）
   A. 导入期　　　B. 成长期　　　C. 成熟期　　　D. 衰退期
5. 会展产品的核心层是物或人产生的什么效应？（　　）
   A. 关联　　　　B. 激励　　　　C. 聚集　　　　D. 扩散
6. 会展的生命周期还与会展的什么有着密切的关系？（　　）
   A. 办展时间　　B. 办展地点　　C. 办展机构　　D. 办展频率
7. 购买或引进会展品牌项目在本地举办，属于（　　）。
   A. 规模发展策略　B. 品牌联合策略　C. 特色创新策略　D. 网络品牌策略
8. 会展产品无法存储是因为服务具有（　　）。
   A. 无形性
   C. 生产和消费的同步性
   B. 差异性
   D. 易逝性

二、多项选择题

1. 在产品层次理论分析中，产品包括的三个层次分别是（　　）。
   A. 核心层　　　B. 形式层　　　C. 心理层
   D. 服务层　　　E. 延伸层
2. 服务产品的特性包括（　　）。
   A. 无形性　　　B. 同质性　　　C. 差异性
   D. 生产和消费的同步性　　　　E. 易逝性
3. 品牌会展需要具备的要素包括（　　）。
   A. 权威认证　　B. 一定规模　　C. 优质场馆
   D. 政府支持　　E. 强势宣传
4. 会展的效益指标包括（　　）。
   A. 展览面积　　B. 参展商数量　C. 会展销售额
   D. 签约数量　　E. 签约金额
5. 会展产品进入衰退期时会展企业可以采取的策略包括（　　）。
   A. 转型策略　　B. 收缩策略　　C. 放弃策略

  D. 品牌策略   E. 国际化策略

三、判断题

1. 会展产品在导入期的风险不大。（　　）
2. 供需矛盾对会展服务质量有明显的影响。（　　）
3. 基于流水线的会展服务流程设计需要尽量降低服务员工的自主权。（　　）
4. 在高消费者接触的服务中，可以综合使用所有的自动化设施。（　　）
5. 在进行会展服务流程设计时，消费者参与的流程应尽量复杂化。（　　）
6. 服务人员工作态度不好或者行为不当，消费者会认为这是其个人的问题。（　　）
7. 会展服务质量主要通过客观指标测量。（　　）
8. 会展产品主要是提供一系列服务要素组合出的"服务包"。（　　）

四、简答题

1. 简述成为品牌会展的要素。
2. 简述提升会展服务质量主要应从哪几个方面着手。
3. 简述如何进行会展服务的有形化。

五、案例分析题

  说到服务，海底捞的服务好是全国公认的。海底捞之所以受欢迎，与它的服务好有很大关系。海底捞的服务可以用16个字来概括：有求必应、无微不至、嘘寒问暖、小恩小惠。

  有求必应，指的是消费者向海底捞服务员提出任何请求时，海底捞服务员都会在第一时间答应下来，努力尝试解决并将结果反馈给消费者，不会让消费者感到服务员是在敷衍搪塞。

  无微不至是有求必应的延伸，指的是面对任何一个细小的事情，服务员都会充分重视，举轻若重。

  嘘寒问暖，指的是服务员会发自内心地对消费者表达关怀和提供帮助。

  小恩小惠，指的是海底捞会为消费者提供很多免费服务。实际上消费者往往不会全部体验一遍，但消费者只需要知道餐厅里有这样的服务就比较满意了，至于自己是不是愿意花时间去排队等待，那是自己的选择。

案例分析：

  你到海底捞体验过他们的服务吗？请说说海底捞的服务对提高会展服务质量有什么借鉴意义。

六、实训实践题

实训内容：品牌会展评选

1. 从以下三类参考性指标中重点选出6个品牌会展的关键指标。

（1）会展规模类指标：

  会展面积、参展商数量、观众人数、举办论坛场次、演讲嘉宾人数、展品数量及规格、媒体数量、新闻报道数量、成交金额、签约金额、是否有重要领导关注等。

(2) 会展发展类指标：

举办历史、举办届数、历届会展的规模变化情况、行业规模变化情况、竞争性项目排名等。

(3) 会展效果类指标：

会展城市排名、展馆条件排名、主办方实力排名、是否有政府背景、住宿交通条件（是否免费提供）、是否获得国际认证、上一届会展的展后调查满意度、创新型服务点等。

2. 选取所在城市的3个重点会展项目作为研究对象，调研其关键性指标数值。

3. 设计关键性指标得分规则，对会展项目各指标进行评分，算出品牌会展评选得分并作适当分析（品牌会展评选表如表4-3所示）。

4. 教师收集学生的评分，在班级进行交流总结。

表4-3 品牌会展评选表

会展	指标1	指标2	指标3	指标4	指标5	指标6	总分
会展项目1							
会展项目2							
会展项目3							
评分结果分析							

项目五 制定会展产品价格

 学习目标

知识目标

- 了解会展产品价格体系的主要构成；
- 了解会展产品定价的影响因素；
- 掌握会展产品定价的常见方法；
- 掌握会展产品的定价策略。

能力目标

- 能够收集主要会展项目的价格水平数据；
- 能够结合实际情况合理制定会展产品的价格；
- 能够评估价格调整对会展效益的影响。

素养目标

- 培养对会展营销岗位的热爱；
- 培养对岗位工作的敬业态度。

思维导图

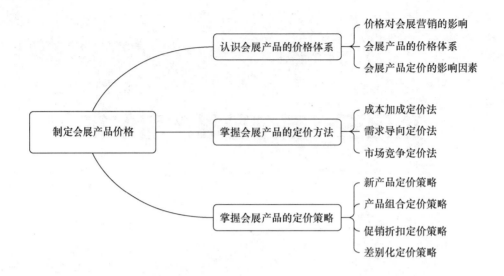

案例导入：亚洲乐园及景点博览会[①]

一、会展介绍

亚洲乐园及景点博览会（Asia Amusement & Attractions Expo，AAA）作为世界文旅产业博览会的重要专题展，截至2022年年底已经成功举办18届，累计展览面积达60万平方米，服务近2000家企业，参观观众达60万人次。全球超过50个景区协会、旅游协会、娱乐协会、文旅联盟、游乐联盟组织参展参会，组团参观采购。该博览会逛展观众多、成交量高、影响力大、展贸效果显著，是全球性休闲娱乐、文旅产业的重要商贸盛会。

2023亚洲乐园及景点博览会于2023年5月10—12日在广州的广交会展馆举办，规划展览面积13万平方米，设置6500个展位，邀请1500家来自室内乐园、主题公园、景区装备、数字体育、AR/VR、文化旅游等领域的设备供应、产品服务、项目规划管理等企业参展；组委会立于行业变革潮头，将展览与论坛、新品发布会、颁奖盛典等有机结合，汇聚行业资源，共享产业商机，协同贸易发展。

二、会展产品价格

2023年该博览会的展位价格如表5-1所示。

表5-1 2023年亚洲乐园及景点博览会展位价格

展位类型	展位价格	展位介绍
普通标准展位	国内企业（RMB）12800元/个	3米×3米：三面围板（2.5米高）、洽谈台1张、折椅2把、日光灯2盏、中英文楣板、垃圾篓、地毯
	境外企业（USD）$2600/个	

[①] 2023亚洲乐园及景点博览会邀请函[EB/OL].（2023-02-05）[2024-07-22]. https://www.expoquan.com/236021.html.

续表

展位类型	展位价格	展位介绍
豪华标准展位	国内企业(RMB)15800元/个	3米×3米：含围板(4米高)、楣板灯箱、玻璃圆桌、铝合金椅、长臂射灯、带锁咨询台
	境外企业(USD)$3000/个	
空地	国内企业(RMB)1180元/平方米	36平方米起租，不包括任何设施，参展单位需自行设计、装修，组委会按RMB 28元/平方米收取特装管理费
	境外企业(USD)$260/平方米	

2023年亚洲乐园及景点博览会广告服务价格如表5-2所示。

表5-2　2023年亚洲乐园及景点博览会广告服务价格

广告类型	广告具体位置	广告价格
会刊广告	封面	20000元
	封底	15000元
	封二	10000元
	封三	9000元
	内彩	5000元
	内黑	3000元
	扉页	10000元
	跨版	15000元
	正文	1000元
现场广告	拱门	20000元/个/展期
	气球	10000元/个/展期
	易拉宝	1000元/个/展期
	参观证	30000元/万个
	门票	10000元/万张
	参观指南	20000元/万份

三、参展程序

(1) 认真填写《参展申请表》并加盖公章后将彩色扫描件发送到组委会电子邮箱，电子邮箱地址：grand@grahw.com。

(2) 组委会将按照"先申请、先安排、先付款、先确认"原则安排展位；

(3) 申请得到组委会确认后，5个工作日内支付参展定金(参展总费用的50%)或费用全额，电汇至组委会指定账户，最终确认参展展位；

(4) 组委会在收到申请单位的参展费全款后，将向申请单位发出《参展确认书》及《参展商手册》，内含本会展的日程安排、布展须知、展品运输须知、食宿安排等；

(5) 除非申请单位因特殊原因不被承办单位接纳，否则自行退展者，已交费用概不退还；

(6) 为保证会展的整体效果，组委会将保留最终调整展位的权利。

思考：

调研其他会展的定价标准和定价方式，与案例中的会展进行比较，分析产生会展项目定价差异的原因。

价格是对销售一项产品或者服务的货币数量标注。定价即意味着企业要向消费者收取的费用数目。对企业来说，产品价格直接影响着销售额和利润额；对消费者来说，产品价格是影响自己最终是否购买产品的主要因素。随着信息化技术的发展，产品定价模式正在由传统的固定定价模式向动态定价模式迅速发展，灵活多变的定价方式将会成为一种发展趋势。无论什么样的产品或服务，定价问题都是其营销过程中非常重要的问题。

任务一　认识会展产品的价格体系

一、价格对会展营销的影响

（一）价格与销售的关系

从经济学的角度看，在其他条件不变的情况下，当产品的价格上升时，需求量就会减少，当产品价格下降时，需求量就会增加，需求量与价格呈反方向变动的关系。对于需求富有弹性的产品，产品需求量对价格的敏感程度较高，可以采用降价的方式来增加成交量，从而增加收益。对于需求缺乏弹性的产品，产品需求量对价格的敏感程度较低，降价对产品需求量的影响不大，不适合采用薄利多销的方法。

有人认为消费者在购买产品时会准确记住产品的价格，并将其与其他相同或者类似产品的价格进行比较。然而，有学者在研究消费者对价格的认知能力时，发现绝大多数消费者对自己刚刚购买的产品的价格并不能准确记忆，仅有极少部分消费者能够准确记住所购买产品的价格，一般人只能对产品的贵贱作出判断。也就是说，无论企业如何定价，都不能忽略目标消费者的价格认知能力。在信息化、大数据化的今天，这对于营销管理实践意义重大。

对于消费者已经购买过的产品，其价格也就"惯成自然"地为消费者所接受，企业要充分考虑消费者的这种习惯性倾向，一般不宜随意变动价格，因为一旦破坏消费者长期形成的消费价格认知，可能会使消费者产生消极情绪，导致失去固定消费者。企业若需要调整价格，要在做好充分市场调研的基础上，预先做好宣传，让消费者充分了解企业调整价格的原因，对调价有了心理预期，然后企业再进行调价。

（二）价格与利润的关系

从财务角度分析，会展项目的利润等于营业收入减去营业成本。在会展项目开展之前，需要对会展项目进行财务预算；在会展项目完成之后，要对会展项目进行财务分析，其中最关键的指标就是会展项目的利润。价格是企业可以调整的可控变量，因此企业可以通过调整价格影响销售，进而影响营业收入和利润。

在会展项目的营业收入中，主要收入项目是展位销售收入，一般会占到会展营业总收入的80%或更高，因此，制定合理的展位价格对保障整个会展项目的利润起到关键作用。会展的广告、门票、配套会务费等其他方面收入，在会展的营业总收入中占比较小，一般不宜做过高的估算。

会展项目的营业成本主要是直接用于会展项目运营的费用，包括会展场馆租金，以及服务费、宣传推广费、观众邀约费、嘉宾邀请费和会展举办机构用于运营的业务招待费、员工差旅、销售佣金等费用。其中,会展场馆租金及服务费占比较大,一般占总营业成本的 25% 以上。

会展项目的财务预算表通常只对会展项目的毛利润进行预算,许多举办机构的成本还没有核算,如办公室租金、团队成员工资及社会保险、营业税等。毛利润在摊销了企业全部成本后如果还有盈余,还要按照法律规定缴纳所得税,最后剩余的才算企业的净利润。

 知识链接:会展项目的财务预算表

会展项目的财务预算必须通过表格(即财务预算表)呈现。会展企业应通过财务预算表尽量清晰地反映会展项目的营业收入、营业成本、营业利润。财务预算表还需要反映会展的业务内容,在成本科目中应该细致罗列举办机构发生的各项支出。表 5-3 参照实际项目,简要编制了某城市首届"婚庆用品博览会"财务预算表,真实的财务预算表科目往往更加细化,预算金额也更精确。

表 5-3　某城市首届"婚庆用品博览会"财务预算表

项目名称:婚庆用品博览会				项目时限:2023.3—2023.11(共 9 个月)	
举办展馆:××国际会展中心				开幕时间:2023.10.11—2023.10.13	
1. 营业收入总额　920.00 万元					
序号	科目名称		金额/万元	备注	
1.1	展位销售收入		870.00	展览面积 3 万平方米(租馆面积),折合标准展位数 1500 个,标准展位销售底价为 5800 元/个	
1.2	广告收入		50.00	其中,会刊广告 30 万元,开幕式广告 20 万元	
2. 营业支出总额　639.30 万元					
序号	科目名称	序号	具体项目	金额/万元	备注
2.1	展馆场地租金及展馆所收服务费	2.1.1	展馆场地租金	180.00	12 元×3 万平方米×5 天
		2.1.2	标准展位搭建	60.00	800 元×750 个
		2.1.3	电费(馆内照明)	7.00	
		2.1.4	保洁、安保	9.00	120 元/人×150 人×5 天
		2.1.5	展期公共设施搭建及馆内广告发布	12.00	其中,广告发布费 8 万元
		小计		268.00	
2.2	配套活动费用	2.2.1	场地租金	15.00	
		2.2.2	嘉宾接待	10.00	
		2.2.3	会务及其他费用	5.00	
		小计		30.00	
2.3	开幕典礼费用	2.3.1	典礼台及背景搭建	12.00	
		2.3.2	主会标制作发布		包含在 2.3.1 之中
		2.3.3	礼仪用品与人员	3.00	
		2.3.4	物品租赁	2.00	典礼使用的音响、植物花卉
		小计		17.00	
2.4	展期费用	2.4.1	展期现场服务	10.00	

续表

序号	科目名称	序号	具体项目	金额/万元	备注
2.5	推广宣传费用	2.5.1	网站、微博制作	2.00	专业网媒广告和地方综合媒体软文广告
		2.5.2	媒体广告	50.00	
		2.5.3	新闻发布会	2.00	
		小计		54.00	
2.6	观众邀约费用	2.6.1	信息收集	20.00	含建立数据库
		2.6.2	电话呼叫	10.00	
		小计		30.00	
2.7	印刷费用	2.7.1	参展邀请函	5.00	
		2.7.2	参观邀请函	3.00	
		2.7.3	信封	2.50	
		2.7.4	会刊	5.00	
		2.7.5	参展手册/展位平面图	1.50	
		2.7.6	现场证卡	2.00	
		2.7.7	其他	1.00	
		小计		20.00	
2.8	邮寄通信费用	2.8.1	信函邮寄	15.00	
		2.8.2	固定电话	10.00	
		2.8.3	手机短信群发	10.00	
		小计		35.00	
2.9	业务招待费用	2.9.1	业务招待	5.00	
2.10	差旅费用	2.10.1	差旅	10.00	
2.11	销售佣金	2.11.1	销售佣金	52.20	按展位销售收入6%计算
2.12	主办服务费用	2.12.1	冠名主办单位收费	20.00	
2.13	增值税及附加费	2.13.1	增值税费及附加	38.10	按6%计提,未计抵扣
2.14	不可预见费用	2.14.1	不可预见的开支	50.00	按成本总额的10%预算

3. 营业利润总额 280.70 万元

会展产品的价格体系

二、会展产品的价格体系

由于会展涵盖了会议、展览,因此其产品需要定价的内容有很多。会展产品的价格体系中主要包括展位价格、会务价格、门票价格、广告价格、赞助价格等。会展产品的价格体系及实际应用如表5-4所示。

表5-4 会展产品的价格体系及实际应用

价格体系		实际应用
主要价格	展位价格	决定贸易性展览产品的主要销售收入
	会务价格	决定会议产品的主要销售收入
	门票价格	决定活动类产品、观赏性展览的主要销售收入
补充价格	广告价格	影响各类会展产品的补充性销售收入
	赞助价格	影响各类会展产品的补充性销售收入

（一）展位价格

展位价格是会展产品价格体系中的重要组成部分，是会展期间展位销售的价格。展位通常以9平方米（3米×3米）的标准展位为基础单位进行定价，没有进行展位划分的光地则按照光地面积定价。根据场地不同，展位价格可分为室内展位价格和室外展位价格，一般室内展位价格更高一些。根据搭建高度，标准展位也会区别定价，具体分为高度为2.5米的标准展位和高度为3.5米的升级型标准展位。

在举办会展之前，会展企业首先需要根据会展的预期规模从会展中心"批发"一定面积的场地或者一定数量的展位，然后再把这些空间以可以计量的单位"零售"给参展商。

依据行业习惯，展位价格除了包含购买展位的费用以外，通常还包括指定搭建商的展位搭建费用。若参展商自己雇佣搭建商，则只需支付展位租赁费用。一般情况下，会展企业和参展商会事先协商展位搭建费用，会展企业预付这部分费用，然后把这部分费用放在展位费中一并向参展商收取。会展企业为了降低会展服务的成本，一般会同指定展位搭建商进行谈判，尽量降低展位搭建费用，吸引参展商来参展。展位的价格在很大程度上取决于展台面积的大小和位置的优劣，同时与每个行业的发展水平和支付能力也密切相关。

行业观察：展位价格差异

办展机构将展位划分为不同的类型，再根据展位类型制定不同的价格。通常情况下，展位可分为标准展位和特装展位两种类型。

标准展位又称标摊，国际通用的标准展位面积为9平方米（3米×3米）。标准展位的基本配置包括2盏射灯、1个电源插座、1张洽谈桌、2~4把折椅，一般铺设地毯，楣板上统一印刷参展企业的名称和展位号。不同的会展，其标准展位的基本配置也会略有差异。

标准展位又分为单开口展位和双开口展位。其中，单开口展位夹在一排展位的中间，由3块围板和1块楣板组成，观众只能从前面的过道进入展台内；双开口展位位于一排展位的顶端，由2块围板和2块楣板组成，观众可以从两面进入展台（如图5-1所示）。与单开口展位相比，面积相同，但多出一条观众进入展台的侧面通道的双开口展位的观众流量一般会更大。双开口展位比单开口展位的展示效果好，因此，展位价格一般要比单开口展位高出10%左右。

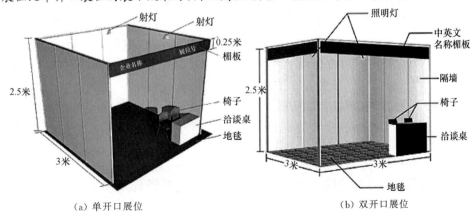

(a) 单开口展位　　　　　(b) 双开口展位

图5-1　标准展位示意图

特装展位又称空地展位(或光地展位),是指不采用标准展位装搭的方式装搭,而是申请预留空地,委托布展施工单位使用与标准展位装搭材料不同的制作材料进行复杂装修的展位。特装展位的面积一般不少于36平方米(一些会展的特装展位是27平方米起订)。

特装展位也有不同类型,常见的有半岛型和岛型(如图5-2所示)。半岛型展位三面面向观众,观众可以从三个方向进入展台参观。岛型展位各个方向都是开放的,观众可以从任意方向进入展台参观,这类展位自成一体,无竞争对手干扰,因此展示和广告效果是最好的,但搭建费用相对较高,是大型企业参展的首选展位。

(a) 半岛型特装展位　　　　　　　　(b) 岛型特装展位

图 5-2　特装展位示意图

以上不同类型的展位在吸引参观客流方面大有差别,展出效果也各不相同。对于不同类型的展位,主办方会制定不同的价格,以满足参展商多样化、个性化的需求。

除了展位类型之外,主办方还可以根据展位在场馆中所处的不同地理位置为其制定不同的价格。同样是9平方米(3米×3米)的标准展位,如果靠近入口、电梯、通道等人流较密集的位置,则有利于观众参观,也易于参展商捕捉商机,主办方就会制定较高的展位价格,以体现"优地优价"的原则。反之,如果展位位于客流量较小的位置,则主办方会制定较低的展位价格。

(二) 会务价格

会务价格也称"会务费""注册费",是会议活动的主要定价方式,一般是与会者为参加会议所支付的各种项目的打包价格,常见的费用包括住宿费、餐饮费、参加大会费用、参加分会或专门论坛费用、论文集费、会刊费、礼品费、会议管理费等。按食宿安排情况,会议收费可分为两类:一类是参会人员食宿自理;另一类是参会人员的食宿由主办方统一安排,会务费中包含招待会(宴会)、茶歇、午餐等。按是否有单项收费,会议收费也可分成两类:一类是与会人员缴纳了会务费就可以参加所有的大会、分会以及配套活动,另一类是各类项目分开收费。

 素养提升:《中央和国家机关会议费管理办法》节选

2016年6月29日,财政部、国家机关事务管理局、中共中央直属机关事务管理局以"财行〔2016〕214号"印发《中央和国家机关会议费管理办法》。该办法分总则,会议分类和审批,会议费开支范围、标准和报销支付,会议费公示和年度报告制度,管理职责,监督检查和责任追究,附则七章共三十一条,由财政部负责解释,自2016年7月1日起施行。

第一章　总　　则

第一条　为进一步加强和规范中央和国家机关会议费管理,精简会议,改进会风,提高会议效率和质量,节约会议经费开支,制定本办法。

第二条　中央和国家机关会议的分类、审批和会议费管理等,适用本办法。

本办法所称中央和国家机关,是指党中央各部门,国务院各部委、各直属机构,全国人大常委会办公厅,全国政协办公厅,最高人民法院,最高人民检察院,各人民团体、各民主党派中央和全国工商联(以下简称各单位)。

第三条　各单位召开会议应当坚持厉行节约、反对浪费、规范简朴、务实高效的原则,严格控制会议数量和规模,规范会议费管理。

第四条　各单位召开的会议实行分类管理、分级审批。

第五条　各单位应当严格会议费预算管理,控制会议费预算规模。会议费预算应当细化到具体会议项目,执行中不得突破。会议费应当纳入部门预算,并单独列示。

第二章　会议分类和审批(略)

第三章　会议费开支范围、标准和报销支付

第十四条　会议费开支范围包括会议住宿费、伙食费、会议场地租金、交通费、文件印刷费、医药费等。

前款所称交通费是指用于会议代表接送站,以及会议统一组织的代表考察、调研等发生的交通支出。

会议代表参加会议发生的城市间交通费,按照差旅费管理办法的规定回单位报销。

第十五条　会议费开支实行综合定额控制,各项费用之间可以调剂使用。会议费综合定额标准如下(单位:元/人天):

会议类别	住宿费	伙食费	其他费用	合计
一类会议	500	150	110	760
二类会议	400	150	100	650
三、四类会议	340	130	80	550

综合定额标准是会议费开支的上限。各单位应在综合定额标准以内结算报销。

第十六条　一类会议费在部门预算专项经费中列支,二、三、四类会议费原则上在部门预算公用经费中列支。

会议费由会议召开单位承担,不得向参会人员收取,不得以任何方式向下属机构、企事业单位、地方转嫁或摊派。

第十七条　各单位在会议结束后应当及时办理报销手续。会议费报销时应当提供会议审批文件、会议通知及实际参会人员签到表、定点会议场所等会议服务单位提供的费用原始明细单据、电子结算单等凭证。财务部门要严格按规定审核会议费开支,对未列入年度会议计划,以及超范围、超标准开支的经费不予报销。

第十八条　各单位会议费支付,应当严格按照国库集中支付制度和公务卡管理制度的有关规定执行,以银行转账或公务卡方式结算,禁止以现金方式结算。

具备条件的,会议费应当由单位财务部门直接结算。

第四章　会议费公示和年度报告制度(略)

第五章　管理职责(略)

第六章　监督检查和责任追究(略)

第七章　附则(略)

（三）门票价格

门票价格主要是针对展览的观众入场参观收取的费用。门票收入是展览的主要收入来源之一。对于组织机构而言,成功的价格策略就是以适当的价格组合租赁展位和制定合适的门票价格。门票销售得好,既可以获得一部分经济收益,又可以增加人气,吸引更多的潜在目标客户前来参展。

根据性质,展览可以分为消费展和贸易展,不同类型展览的门票收入结构不同。一般而言,消费展以直接销售为目的,以普通观众为主体,展览期间能够吸引大量观众参与;而贸易展主要针对专业观众,目的性强,观赏价值较低,通常不会有太多普通观众参加。当然,也有个别专业展极具观赏价值,在吸引专业观众的同时,也能吸引大量普通观众前往,如航空展、汽车展、珠宝展等。

门票价格的高低主要取决于展览的影响力和活动内容的可观赏性。影响力大、内容可观赏性高的展览,组织机构往往会制定较高的门票价格,门票收入能够成为组织机构的重要收入来源之一;纯粹的交易型展览,若不具有观赏价值,通常不收门票,观众通过注册即可参观。

扫码看微课

会展项目的广告与赞助

（四）广告价格

广告收入是会展企业的重要收入来源之一。会展企业通过向参展商提供各种媒介和形式直接或间接的宣传推介服务而收取一定的费用。通过销售广告,会展企业不仅可以扩大会展的综合收入,还可以为参展商提供更多可选择的服务项目。挖掘会展的宣传促销平台价值并为参展商等目标客户提供广告宣传服务,也是会展营销人员的重要工作。

会展拥有巨大的广告空间。对于会展企业而言,最为关键的是要结合会展的特点挖掘和选择适当的广告形式,并将其出售给适合的参展商。常见的会展广告形式包括实体平台广告和网络平台广告两种,具体形式如图5-3所示。

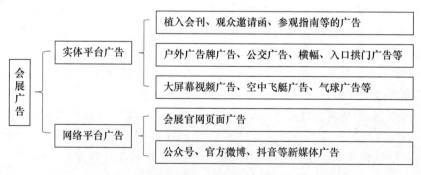

图5-3　常见的会展广告形式

在会展中,广告的价格主要取决于会展自身的影响力,具体包括会展的声誉、规模、参展商和观众的质量、数量和市场地位等。除此之外,广告的价格还取决于具体的宣传平台和专属化的信息传导方式在会展举办的过程中接触高质量的目标受众的多少。某种媒介能够帮助参展商接触高质量的目标客户越多,建立紧密联系和实现精准营销的效果越好,参展商愿意支付的广告费用就越多。

(五)赞助价格

赞助,可以说是另一种广告的形式。赞助商有计划、有目的地向会展中的项目和活动提供资金或物品,会展举办机构通过广告给予赞助企业一定的广告活动补偿。赞助价格也被列入整个会展的价格体系中。

赞助商提供赞助最主要的支出包括三类:一是各类专项活动(如会展的招待晚宴、茶歇、参展商研讨会、新品发布会、海外买家发布会、商贸配对活动、高峰论坛等)的冠名费;二是功能区整体(如观众登记处、休息室、咖啡厅等)的冠名费;三是现场物料(如注册资料袋、参观胸卡挂绳、参观证、参展证、瓶装水等)独家冠名费。

赞助价格的高低与会展项目的影响力、赞助商数量、赞助类别等因素有关。会展的影响力越大,赞助价格往往越高。会展举办机构应该根据会展的档次、参展商的层次、会展的新闻效应等制定出合理的、有针对性的赞助价格,并为赞助商设计具有足够吸引力的回报方案。

三、会展产品定价的影响因素

会展产品定价的影响因素有很多。归纳起来,这些因素主要分为内部因素和外部因素两大类,如图5-4所示。

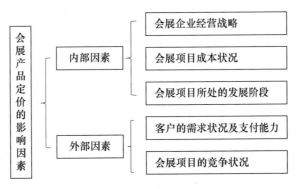

图 5-4 会展产品定价的影响因素

(一)内部因素

1. 会展企业经营战略

会展企业的经营战略是指会展企业为了实现经营总目标而制定的各部门总体行动计划和策略。一切经营的子计划、子策略都应与企业整体经营战略保持一致,不能相互冲突。作为会展企业经营策略中的重要一环,价格策略也不能例外。所以,会展企业在进行定价决策时,一定要考虑企业自身经营战略的总体要求。

2. 会展项目成本状况

成本是每个企业进行产品定价的重要依据,会展企业也是如此,有准确的成本作为参考,就可以确定会展产品的最低价格。制定会展产品价格的有关人员必须掌握会展项目成本的构成和特点,密切关注影响成本变动的相关因素,以便随时采取相应的价格措施和策略,并且努力探索控制企业成本的途径和方法。

会展项目成本是向消费者提供会展服务时所发生的所有费用的总和。它包括会展项目的场地租金、其他物品购进费用、营业费用、营业税金、财务费用、设备购置费用以及为提供周到的会展服务所支出的管理费用等,这些是会展企业定价时首先要考虑的因素。成本变动对会展产品价格有着最直接的影响,例如,在成本导向定价法下,会展企业的盈亏平衡价格就是其定价的最低参考值。

3. 会展项目所处的发展阶段

按照产品生命周期理论,会展项目可以划分为四个阶段,即导入期、成长期、成熟期和衰退期。在不同的发展阶段,会展企业一般会为产品制定不同的价格。例如,当会展项目处于导入期时,应先对会展项目的质量进行比较分析,为了吸引参展商和观众,应为会展产品制定较低的价格,以快速打开市场;当会展项目处于成长期时,可逐渐提高产品价格;进入成熟期后,会展项目的主要经营目标是最大限度地获取利润,因此可适当保持较高价格;当发展到衰退期时,为了回笼资金,一般可将产品价格适当调低一些。

(二) 外部因素

1. 客户的需求状况及支付能力

任何会展项目都必须经过市场运营,被客户认可后才能实现企业的利润及经营目标。所以,会展企业在进行产品定价时必须考虑客户的需求状况及支付能力。若定价太高,易使客户认为价格与会展企业所提供的会展项目价值不相匹配,可能会失去客户,进而失去获利的机会;若定价太低,则有可能不足以补偿会展项目的成本。

2. 会展项目的竞争状况

价格是影响产品市场竞争力的重要因素。会展企业在制定会展产品价格之前,应仔细调研行业信息,收集竞争对手的各种信息,尤其是价格水平信息,然后再根据自身的实力及竞争战略制定出具有竞争力的产品价格。

任务二　掌握会展产品的定价方法

扫码看微课

3C 定价模型

3C 定价模型是市场营销理论中定价的基本模型,即定价要综合考虑成本(Costs)、顾客(Customers)、竞争者(Competitors)。

第一,成本决定产品价格的下限,长期来看,只有产品价格高于成本,企业才能够获得利润,减少成本才能制定低价;

第二,顾客需求决定产品价格的上限,企业可根据顾客需求把价格提高,但是当价格超过顾客的接受水平时,市场需求就会减少;

第三,市场竞争者的产品价格范围可作为企业制定自身产品价格的参考。

会展企业应结合自身的特点,在充分调研的基础上,综合运用 3C 定价模型,考虑各种影响因素,权衡实际情况,选用具体定价方法,为会展产品制定基本价格。常用的定价方法主要有以下几种。

一、成本加成定价法

成本加成定价法是以成本为定价基础,按照一定的利润率来计算价格的一种方法。其计算公式为:

$$单位售价 = 单位成本 \times (1 + 利润率)$$

采用这种定价方法,需要准确地进行成本预算,而利润率的确定是定价的关键。一般来说,利润率的大小和会展的需求价格弹性与会展企业的预期盈利有关。会展的需求价格弹性是指会展产品价格的变化引起消费者对会展产品需求变化的比例,反映需求对会展产品价格变化的敏感程度。不同会展的需求价格弹性是不同的。需求价格弹性较大的会展,利润率略低可以刺激潜在的购买需求,有效地促进销售;而需求价格弹性较小的会展,消费者对价格不太敏感,此时薄利并不一定能多销,故可将利润率定得稍高一些。

成本加成定价法具有计算简单、操作方便的优点。在正常情况下,按此方法定价可以使会展企业获得预期盈利。此法的缺点是仅考虑到自身的成本补偿,而没有考虑市场竞争和需求状况的影响,以此方法确定的会展产品价格能否符合消费者的心理预期和接受程度,能否适应市场竞争的变化形势,是需要商榷的。因此,会展企业为会展产品定价时,应将成本加成定价法与其他定价方法配合运用,以达到预期效果。

二、需求导向定价法

需求导向定价法是指会展企业为会展产品定价时不以成本为基础,而从消费者的角度出发,根据消费者对会展产品价格的期望和接受程度制定价格。需求导向定价法又可分为以下两种。

(一) 市场认可价值定价法

消费者在实施一项购买行为时,有以价格判断价值的本能,换而言之,消费者会对商品进行价值判断,即作出他认为这个商品值多少钱的判断(通常是一个价格区间)。当商品的实际价格明显高于其价值判断时,消费者会认为购买该商品不值得;反之,当商品的实际价格明显低于其价值判断时,消费者很可能对商品的价值产生怀疑,因为"一分钱一分货""好货不便宜,便宜无好货";而只有当商品的实际价格在消费者的价值判断区间时,消费者才会认为物有所值,从而实施购买行为。

市场认可价值定价法正是以目标客户对商品价值的判断及理解程度为依据进行定价的。会展企业用该方法为会展产品定价时,要先进行市场调查,了解会展产品在消费者心目中的价值,根据消费者对会展的认可价值,结合成本加成定价法,最终确定会展产品的价格。

 知识链接:用市场认可价值定价法确定会展展位的价格

用市场认可价值定价法来确定会展展位的价格时,要先列出消费者对会展最为看重的因素或消费者评价一个会展的价值时主要考虑的因素,并根据消费者的认知为这些因素分配重要性权数，加权平均后就得出消费者对会展评价的认可价值；接着根据这个价值计算出认可价值系数；最后根据这个系数和市场平均价格计算出市场认可价值。

例如，某产业中存在 A、B、C 三个会展，三个会展的标准展位价格平均为 5000 元/个。消费者对 A、B、C 三个会展的各因素评价及市场认可价值系数如表 5-5 所示。

表 5-5 A、B、C 三个会展的各因素评价及分值

评价因素	重要性权数/%	价值系数		
		A 会展	B 会展	C 会展
贸易成交功能	50	45	35	20
产品展示和发布功能	20	35	35	30
服务质量	20	30	30	40
品牌知名度	10	45	25	30
市场认可价值		40	33	27

根据表 5-5 所列的数据，我们可以计算出 A、B、C 三个会展的市场认可价值系数分别为 40,33 和 27，根据这三个系数，我们可以分别计算出三个会展的市场认可价值：

A 会展的每标准展位市场认可价值：5000×40/33＝6061（元/个）；

B 会展的每标准展位市场认可价值：5000×33/33＝5000（元/个）；

C 会展的每标准展位市场认可价值：5000×27/33＝4091（元/个）。

上述市场认可价值就是 A、B、C 三个会展对自己的标准展位进行定价的上限值。如果实际的定价超过这个上限，消费者可能就难以接受。

如果以"随行就市定价法"来定价，即三个会展都按市场平均价 5000 元/个为标准展位定价，那么 A 会展的定价就偏低，B 会展正好，C 会展的定价就偏高。可见，通过这种方法，不仅可以为会展产品定价，还可以在一定程度上检验已有会展产品价格的合理性。

（二）需求差别定价法

需求差别定价法，即会展企业根据消费者及其需求的不同制定不同的会展产品价格。需求差别定价法通常有以下三种形式。

1. 因客户而异

因客户而异，即针对不同状况的消费者为同样的产品制定不同的价格，如针对新客户和老客户，组团参展和一般参展，国内参展商和国外参展商，同样产品的定价各不相同。

2. 因位置而异

因位置而异，即根据产品的地理位置不同，为其制定不同的价格。例如，同样是 9 平方米（3 米×3 米）的标准展位，如果所在地理位置优越，则展位费较高，以体现"优地优价"的原则；反之展位费则较低。参展商可根据自身的具体情况，特别是参展预算和财务支付能力选择不同位置的展位。

3. 因时间而异

因时间而异，即对于同样的产品，根据消费者报名参展及支付费用的时间不同而制定不

同的价格。消费者报名和缴费越早,产品价格往往就越低。

三、市场竞争定价法

市场竞争定价法是指根据市场竞争的需要,将与本会展有竞争关系的会展的产品价格作为本会展的定价依据的一种定价方法。用这种定价法来给会展产品定价时,必须考虑自己在市场竞争中的地位,以确保所定的价格能加强自己的市场竞争地位,而不是削弱自己的市场竞争地位。市场竞争定价法具体又包括三种方法,如表 5-6 所示。

表 5-6 市场竞争定价法的三种定价方法

定价方法	实施要领	适用对象
随行就市定价法	与竞争产品的平均价格保持一致	中小企业项目
追随依附定价法	与某一竞争对手的同类产品的价格一致	有直接竞争目标或学习目标
领先定价法	明显高于或者低于竞争者的同类产品价格	领导性企业或项目

(一) 随行就市定价法

随行就市定价法是市场竞争定价法中被企业广泛接受的最简单的一种定价方法,是指企业制定的产品价格与竞争产品的平均价格一致。这种"随大流"的定价方法主要适用于需求弹性比较小或供求基本平衡的产品。因为对这类产品,单个企业把价格定高了,就会失去消费者;而把价格定低了,需求和利润并不会增加。

"随行就市"的价格代表了行业中企业对价格的集体智慧,对于难以精确计算成本及需求量的会展项目而言,降低了决策难度,因此是较为稳妥的一种定价方法。"随行就市"既避免了激烈竞争,减少了风险,又补偿了平均成本,因此一般可获得平均利润,并且易被消费者接受。使用这种方法为产品定价时,如果企业能降低成本,还可以获得更多利润。

(二) 追随依附定价法

追随依附定价法是指企业制定的产品价格与某一竞争对手的同类产品的价格一致,并且当竞争对手的价格发生变动时,企业立即作出反应,紧随竞争对手产品价格变化,可以说这是一种"盯价策略"。追随依附的对象可以是直接竞争对手,也可以是行业的领导者。这种方法被采用市场竞争定价法为产品定价的企业所广泛使用。

(三) 领先定价法

领先定价法与随行就市定价法反向而行,即企业根据自己的产品竞争策略,制定明显高于或者低于竞争者的价格。这种方法属于一种进攻性的定价方法,一般只适合具有雄厚资金实力和市场影响力的会展企业或者会展项目。

前文我们介绍过,企业的竞争战略有成本领先战略、差异化战略、专一化战略。通常采取成本领先战略的企业可以选择制定明显低于竞争对手的产品价格,采取差异化战略的企业可以尝试制定明显高于竞争对手的产品价格。

行业观察：展位的市场价格

会展项目不同，展位价格也有差异。表5-7列出了第135届广交会、第15届中国航展和第30届义博会（中国义乌国际小商品博览会）的展位价格。

表5-7 展位价格对比

展位类型	第135届广交会	第15届中国航展	第30届义博会
室内展位	9平方米标准展位： A展馆一期：23000元/个 A展馆二期：22500元/个 A展馆三期：21500元/个	9平方米标准展位：40000元/个 室内光地：30平方米起订， 一层4000元/平方米 二层2000元/平方米	9平方米单开标准展位：9800元/个 9平方米双开标准展位：11600元/个 室内光地：1000元/平方米
室外展场	A展馆一期：19500元/9平方米 A展馆二期：19000元/9平方米 A展馆二期：18000元/9平方米	户外光地30平方米起订：2000元/平方米	—
其他	B、C、D展馆展位价格参照A展馆价格会有小幅波动	线上展位：10000元/个，包括虚拟展台、在线论坛等	—

（资料来源：根据展会官网公开信息整理）

任务三 掌握会展产品的定价策略

会展产品的定价方法主要用于制定会展产品的基础价格。在营销的过程中，为了增强价格对产品销售的带动作用，完成销售任务，还需要运用一些定价策略或技巧，促成消费者尽早购买或者购买更多会展商品，从而带动销售的总体提升。

一、新产品定价策略

扫码看微课

会展新产品定价策略

新的会展产品需要开拓市场、获得客户，会展企业可以通过一定的定价策略实现新产品进入市场的初期目标。

（一）市场撇脂定价法

市场撇脂定价法是指会展企业将一个新的会展项目投放市场后，以较高的定价进行销售与经营，通过满足消费者超前、尝鲜的需求，尽快地收回研制和推广成本，从中获取高额的利润。会展企业还可以通过使用专利权、品牌和商标等方法阻止提供低价会展产品的竞争对手的进攻，维持长期利润。

使用市场撇脂定价法的几个条件：①新的会展产品着眼于细分市场的空白，能吸引消费者的兴趣；②市场上尚无代替品，更多的竞争者在短期内难以加入；③需求价格弹性小，消费者对该会展产品有很高的需求并愿出高价购买。

市场撇脂定价法通常适用于这几种情况：① 会展企业需要迅速收回投资；② 会展企业需要迅速获得大量利润，以改良经营的项目，或有竞争者进入市场，会展企业需支持各种竞争性的活动；③ 需要增强高档会展项目的定位；④ 会展项目处在导入期，会展企业希望通过高价策略获得利润；⑤ 会展企业重视利润，希望保持较高的利润率；⑥ 会展项目生命周期过短，需要通过高价策略在短期收回成本；⑦ 会展项目由于技术、政策或资金等原因只能由少数企业经营，不易被模仿、复制或有专利保护。

（二）市场渗透定价法

市场渗透定价法和市场撇脂定价法相反，它以低价为特征，即会展企业开发新的会展项目时，可以通过制定一个相对低的价格来吸引大批消费者参展，使新项目迅速地被消费者接受，从而迅速打开市场，尽早在市场取得领先地位。使用这种方法，会展企业可以有效地防止竞争者挤入市场，使自己长期占领市场，从而赢得较大的市场份额，获得较高的销售额和较大的市场占有率。同时，较大的销售额有助于会展企业进一步降低价格。市场渗透定价法适用于竞争性强而且容易模仿、需求价格弹性较大的会展项目。

使用市场渗透定价法的条件：① 市场对新开发的会展产品的需求价格弹性较大，相对低的价格能吸引更多消费者；② 通过低价打开市场后，会展企业就可以在会展规模和成本方面获得优势，这有助于会展企业有效排斥竞争者，长期控制市场。

二、产品组合定价策略

产品组合定价策略是指对于互补产品、关联产品，企业在制定价格时，为迎合消费者的某种心理，把有的产品价格定高一些，有的定低一些，以提升总体销售额的定价策略。一般而言，消费者对不经常购买的产品的价格比较敏感，而对经常购买的产品的价格敏感性较差，对价值高的产品的价格比较敏感，对价值低的产品的价格敏感性较差。企业往往利用消费者的这种心理，在为关联产品、互补产品定价时，把消费者不经常购买、价值又相对较大的产品的价格定低一些，而把消费者经常购买、价值又相对较小的产品的价格定高一些。高价和低价一般不宜作经常性变动，以维护价格政策在消费者心目中的一贯性。从某种程度上讲，低价可以打开销路，而高价又意味着产品的高质量，也能起到刺激需求的作用。

采取产品组合定价法时，一要合理确定高价与低价的区域，使消费者易于接受；二要保证产品质量，使消费者产生价廉物美、高价高质量的感觉；否则，若某种产品的质量不合格，可能会对整体销售产生较大影响。

此外，产品组合定价法还适用于既可单独销售、又可配套销售的产品的定价，成套销售的价格一般低于单独销售的价格之和。

三、促销折扣定价策略

促销折扣定价是指会展企业通常在基本定价之外给予消费者一个特别价格，以鼓励他们提早付款、大量购买或在淡季购买，从而增加销售数量和销售额。促销折扣的主要类型包括现金折扣、数量折扣、消费时段折扣、团体消费折扣等。

（一）现金折扣

一般情况下，消费者如果在一定的时间期限内确定参展并预付定金，会展企业会给予他们一定的价格折扣。对于会展企业来说,消费者越早确定参展,并且预付定金,那么会展工作就会越顺利,办展的不确定性就越小,风险也就越小。

(二) 数量折扣

数量折扣是指会展企业为鼓励消费者大量购买会展产品而给予消费者的折扣。例如,当参展商大面积购买展位时,为了回报他们的这种行为,同时鼓励其他参展商也大面积购买,会展企业会适当地给予他们一些优惠。

数量折扣包括累积型数量折扣和非累积型数量折扣。累积型数量折扣是指当消费者在一定时间或者一次性购买会展产品达到一定数额时,会展企业给予消费者折扣优惠,其主要目的在于鼓励消费者长期购买会展产品。非累积型数量折扣是指当消费者每多购买一定量的会展产品,会展企业就给予消费者折扣优待,其目的在于鼓励消费者一次性多买,从而有效降低企业的经营成本,加速资金的回收及周转,增加营利水平。例如,某电子产品展览制定的统一折扣标准为:

参展面积为两个标准展位(18 平方米)及以下时,没有任何折扣;
参展面积为 3~5 个标准展位(27~45 平方米)时,可享受 5%的折扣;
参展面积为 6~8 个标准展位(54~72 平方米)时,可享受 10%的折扣;
参展面积为 9~10 个标准展位(81~90 平方米)时,可享受 15%的折扣;
参展面积达到 12 个标准展位及以上(108 平方米及以上)时,可享受 20%的折扣。

(三) 消费时段折扣

会展受季节的影响很明显,会展企业为了使淡季的利润维持在一个比较稳定的水平上,常常会对在淡季购买会展产品的消费者给予一定的优惠,以吸引消费者淡季购买。

(四) 团体消费折扣

为提高会展产品的销售量,鼓励消费者组团消费,会展企业常常对大批量团购会展产品的消费者给予价格折扣。例如,会展企业会对商务团体、协会区域组织集体购买等给予相应的价格优惠。一般来说,团体认购的会展产品越多,获得的价格优惠越大。

四、差别化定价策略

差别化定价策略又称价格歧视,强调根据消费者的差异化因素对同一产品制定不同的价格。这些不同的价格不反映产品的成本差异,而反映企业对不同属性消费者的关注与重视程度差别。使用差别化定价策略须具备两个基本条件:一是消费者的差异需要有比较明确的区分标准;二是差异化的价格能够得到消费者的认同,不应引起消费者的强烈反感或不满。差别化定价策略具体包括以下几种形式。

(一) 根据消费者的消费能力差别定价

这是指针对不同消费能力的消费者制定不同的价格。例如,某些会展企业会向来自贫困地区的参展商提供优惠价格的展位,活动会设置老年票、儿童票、军人票和学生票等比一般票价便宜的门票,等等。

（二）老客户和新客户差别定价

就定期举办的会展而言，既有第一次参加的新客户，也有连续多届参加的老客户。会展企业在服务好新客户的同时，尤其注重与老客户保持良好的关系，往往会针对老客户制定更加优惠的价格。会展企业这么做的主要原因包括：

（1）会展都是要持续举办的，与老客户建立并保持良好而稳固的关系，对会展的可持续发展至关重要。

（2）老客户往往有很强的示范效应，对其他消费者有很好的宣传和带动作用。

（3）维持老客户的成本要远低于吸引新客户的成本。

（三）大客户和小客户差别定价

给大客户制定更低的产品价格是营销活动的常见定价策略，会展企业在制定会展产品价格时也可以采用此策略。大客户对于销售工作的重要性不言而喻：第一，大客户对会展产品销售作出了直接贡献，能为会展企业带来较为可观的经济收入；第二，大客户一般都是行业中的大企业，他们参加会展本身就会提升会展的规格和档次，同时能对其他企业参展起到积极的带动和示范效应。

知识与技能训练

一、单项选择题

1. 会展项目的营业收入中,最主要的销售收入是以下哪项产品的销售收入?(   )
   A. 门票   B. 展位   C. 广告   D. 赞助
2. 价格与需求成反比关系,主要是以下哪个领域的观点?(   )
   A. 营销学   B. 心理学   C. 经济学   D. 政治学
3. 处于以下哪个阶段的会展项目会逐渐地提高产品的价格?(   )
   A. 导入期   B. 成长期   C. 成熟期   D. 衰退期
4. 从参展商的角度出发,根据参展商对展位价格的期望和接受程度制定展位价格,属于(   )。
   A. 成本加成定价法   B. 需求导向定价法
   C. 市场竞争定价法   D. 随行就市定价法
5. 制定的会展产品价格与某一竞争对手的同类产品的价格一致,属于(   )。
   A. 随行就市定价法   B. 追随依附定价法
   C. 成本加成定价法   D. 领先定价法
6. 新产品以较高的价格进行销售,采用的是(   )。
   A. 促销折扣定价   B. 随行就市定价法
   C. 市场渗透定价法   D. 市场撇脂定价法
7. 采取成本领先战略的企业,其产品定价一般(   )竞争对手的产品定价。
   A. 高于   B. 等于   C. 低于   D. 不确定

二、多项选择题

1. 会展产品价格体系中属于主要价格的是(   )。
   A. 展位价格   B. 会务价格   C. 门票价格
   D. 广告价格   E. 赞助价格
2. 会展产品价格体系中属于补充价格的是(   )。
   A. 展位价格   B. 会务价格   C. 门票价格
   D. 广告价格   E. 赞助价格
3. 影响会展产品定价的内部因素包括(   )。
   A. 客户的需求状况及支付能力   B. 会展企业经营战略
   C. 会展项目成本状况   D. 会展项目所处的发展阶段
   E. 会展项目的竞争状况
4. 在 3C 定价模型中,定价考虑的主要因素是(   )。
   A. 环境   B. 成本   C. 顾客
   D. 竞争者   E. 政策

5. 市场竞争定价法包括（　　）。
   A. 随行就市定价法　　B. 追随依附定价法　　C. 成本加成定价法
   D. 领先定价法　　　　E. 市场渗透定价法
6. 企业针对老客户制定更加优惠的产品价格，主要原因包括（　　）。
   A. 会展要持续举办　　　　　　　B. 老客户有示范效应
   C. 老客户销售成本低　　　　　　D. 老客户购买力低
   E. 老客户喜欢价格低的产品
7. 促销折扣定价策略包括（　　）。
   A. 现金折扣　　　B. 消费时段折扣　　　C. 团体消费折扣
   D. 数量折扣　　　E. 人员身份折扣

三、判断题

1. 赞助可以说是另一种广告形式。（　　）
2. 随着信息化技术的提高，产品定价正在由传统的固定定价模式向着动态定价模式发展。（　　）
3. 门票收入是贸易节庆类会展活动的主要收入来源之一。（　　）
4. 维持老客户的成本要远高于吸引新客户的成本。（　　）
5. 为大客户制定更低的价格是营销活动的常用定价策略。（　　）
6. 成本领先定价法就是在竞争中制定高价。（　　）
7. 随行就市定价法一般适合中小型企业采用。（　　）

四、简答题

1. 会展产品的价格体系主要包括哪些内容？
2. 简述 3C 定价模型的价格区间。

五、案例分析题

亚洲幼教年会由中国民办教育协会学前教育专业委员会主办，北京幼海天行会展服务有限公司承办，已经成功举办 2015 年、2016 年、2017 年、2018 年春季秋季等多届盛会，累计服务近 20 万人次参会代表、超千家幼教装备和内容供应商。2019 年 4 月 17—21 日在珠海国际会展中心召开"2019 春季亚洲幼教年会暨幼教展览会"。

会议方公开信息显示：

（1）参会费 1680 元/人（不含交通食宿费用），以参会通票的形式体现。凡往届注册并参会者，有机会获赠珠海参会通票 1 张。

（2）以往届注册并参会的电话号码或身份证号为依据，报名系统自动识别老朋友，限额 3000 名，于 2019 年 1 月 21 日起在各省的指定通道限额回馈，先注册者先得。

（3）首次参会的幼教同人，凭"获赠门票者/指定通道/参展品牌"的推荐，每人缴纳 720 元参会费即可参会，新老朋友共享感恩回馈。

（4）没有抢到赠票的往届注册并参会者，也每人缴纳 720 元参会费即可参会。

（5）可在以下各通道抢票和缴费：

① 官方微信公众号(每日限额抢获);
② 主办单位、协会通道(限额感恩回馈);
③ 协办单位通道(限额感恩回馈);
④ 各省联合组织单位通道(限额感恩回馈);
⑤ 本届参展品牌商企通道(限额感恩回馈)。
(资料来源:"亚洲幼教年会"微信公众号)

案例分析:
1. 你认为亚洲幼教年会的门票价格应该如何确定?
2. 亚洲幼教年会的促销活动中运用了哪些定价策略?

六、实训实践题

1. 选择一个真实的会展项目,尝试为其制作一张尽量真实的会展项目财务预算表,完成表5-8。

表5-8 ＿＿＿＿＿＿会展项目财务预算表

产品	具体项目	价格
展位	标准展位	
	光地展位	
	其他	
	……	
会务	套票价格	
	优惠价格	
	……	
门票	正常门票价格	
	优惠门票价格	
	……	
广告	……	
赞助	……	

2. 查询实训研究的会展项目的定价标准,并与其他会展项目的定价标准进行比较,分析其主要采用的定价方法和定价策略。

项目六　宣传推广会展

学习目标

知识目标

- 了解会展广告的概念、形式、媒介；
- 了解会展新闻宣传的主要内容；
- 了解会展新媒体的主流平台、形式特征。

能力目标

- 能够进行会展广告内容创作；
- 能够撰写会展新闻稿；
- 能够制作会展新媒体推文、短视频等。

素养目标

- 认识虚假违法广告的危害；
- 能在会展宣传中把握正确的政治方向。

思维导图

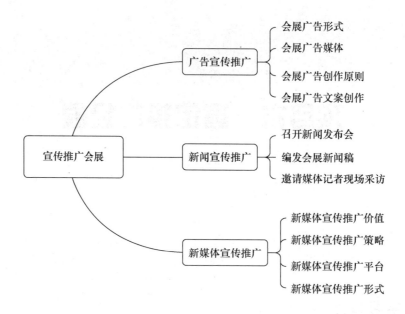

案例导入：杭州文广集团做优"媒体＋会展"，助力打造杭州"会展之都"

把握国际重要会议和赛事举办契机，杭州正全力朝着国际会议目的地、会展之都、赛事之城加速迈进。近年来，杭州文化广播电视集团（以下简称"杭州文广集团"）抢抓机遇，做深、做细"媒体＋会展"模式，为杭州会展产业注入鲜活力量。

2022年9月19—20日举办的"产业链、供应链韧性与稳定国际论坛"是杭州文广集团继2019年联合国世界环境日杭州主场活动、2021年中国质量（杭州）大会后参与执行的又一项国际一类会议。发挥主流媒体对重要信息的解读和传播优势，杭州文广集团在短时间内高质量完成论坛三个宣传视频的制作和推广，还围绕论坛主会场内容做好时政消息、杭州经验宣传报道。而在主会场外，执行团队精心策划的临平艺尚小镇、杭州时尚产业案例展和配套游览线路，抓住嘉宾考察的恰当时机，讲好产业链、供应链杭州故事。"媒体＋会展"模式充分整合了杭州文广集团的媒体资源，提升了会展业与特色产业的联动发展效应。

杭州文广集团还培育了中国农民丰收节、世界杭商大会、惠民车展等市场认可度高、群众影响力大的会展项目，助推杭州会展业提升到新高度。

思考：

媒体企业开展会展项目有哪些优势？尝试找一下其他媒体企业开展会展项目的案例，并在课堂进行分享。

"酒香不怕巷子深"的时代已经过去了，所有的会展项目都需要进行一定形式的宣传推广，以让目标客户更好地了解会展内容。会展与传媒属性相通、面目趋近，许多跨国会展企业的母公司即为传媒集团，如英国的励展博览集团、英富曼公司等。近年，国内"传媒企业办会展,会展企业办传媒"渐成趋势。一方面,一批传媒企业进军会展业,成为会展新势力的代表。这些企业与传统会展企业基因不同,具有更强的媒体属性,甚至不以会展企业自居。他们所办的会展周期更短、规模化速度更快;另一方面,有不少传统会展企业成立了专门的部门或公司,向行业传媒业务进军,如创办行业杂志、网站、自媒体等,以媒体为发力点,增强企业的核心竞争力。

随着互联网技术的发展,新媒体传播信息的效率大大超过传统媒体,新媒体已经成长为会展宣传推广的主流渠道。相比传统的报纸、杂志、电视、电台、户外广告等宣传平台,微信朋友圈、微信公众号、各个平台的视频号等信息传播效率更高,效果也更好。

任务一　广告宣传推广

美国市场营销协会对广告所下的定义为:广告是由明确的广告主在付费的基础上,采用非人际传播的形式,对观念、商品或劳务进行介绍、宣传的活动。这一定义揭示了广告一般具有如下特征:① 大众传播;② 非人际传播;③ 以促销营利为目的;④ 需要借助媒体进行传播;⑤ 必须付费。

广告是会展活动宣传推广的重要手段之一。一方面,会展企业通过广告宣传会展项目,以进行招展、招商以及传播会展品牌形象,这是会展自身的营销手段;另一方面,会展又为参展商提供广告服务,以收费方式帮助参展商宣传推广他们的产品。

一、会展广告形式

会展广告主要有纯商业广告和软文两种形式。

(一) 纯商业广告

会展纯商业广告与我们通常所见的消费品广告无异,广告中着重强调会展项目的特征和优势,突出会展品牌形象,力求使消费者对会展项目产生好感并留下深刻印象,进而作出参展或参观决策。商业广告可以是图文海报、视频宣传片等形式。在会展举办现场,由于人流量巨大,一些大型广告牌等也有不错的宣传效果。纯商业广告虽然能提高产品曝光度,但是"推销味"很浓,消费者一般对这类广告的信任度有限。

(二) 软文

软文是指在大众媒体、专业报刊、网站等刊登的各种对会展项目的评论、报道、特写和消息以及相关图片。

典型的软文故事情节、新闻气息比较浓郁,推销动机比较隐蔽,如通过在媒体刊登对会展活动的报道,同时配以图片和评论,增强会展宣传与推广的可信度。与纯商业广告相比,消费者对软文的抵触和反感度相对较低,更容易接受。

二、会展广告媒体

媒体是广告信息的物质载体,是向公众传播广告信息的中介物。对会展广告而言,最大的开销就是付给媒体的购买或租用费,如果媒体选择不当,不但广告宣传效果会降低,也意

扫码看微课

会展广告媒体

味着会展企业的广告宣传费将付诸东流。

根据不同的标准,会展广告媒体可分为不同类型。

(一) 按照内容分类

按照传播的内容,会展广告媒体可分为两大类,即专业媒体和大众媒体。

1. 专业媒体

专业媒体是指会展题材所在行业的专业报纸、杂志,展览专业杂志、会展目录、会展会刊、行业网站等。这些媒体直接面向会展的目标参展商和专业观众,因此是会展宣传与推广的首选媒体。

2. 大众媒体

大众媒体是指各种报纸、杂志、广播、电视、互联网、户外等媒体。这些媒体既面向目标参展商和专业观众,也面向普通人群,对提升会展项目的知名度、传播会展品牌形象、吸引普通观众有重要作用,但在招展以及吸引专业观众方面不如专业媒体。因此,大众媒体只是会展宣传与推广的补充形式,主要在每届会展即将开幕和举办期间采用。

(二) 按照形式分类

会展企业发布广告可选用的媒体形式非常多,一般传统广告媒体主要包括报纸、杂志、广播、电视、户外等,基于互联网的各类媒体被统称为新媒体。

1. 报纸

长期以来,报纸一直占据着广告媒体的重要地位。随着新媒体的异军突起,报纸在广告媒体中的地位受到了强有力的挑战,但报纸仍以其特有的传播优势发挥作用。报纸一般可分为党报类、专业类、晚报类、娱乐资讯类等几大类。不管哪一类报纸,其传播都具有一些共性特征。

会展广告选择的报纸主要有两类:一类是会展题材所在行业的专业性报纸,作为招展和吸引专业观众的主导媒体,这类报纸在专业领域具有较强的影响力,对在行业内树立会展品牌形象大有帮助;另一类则是具有广泛传播力和影响力的报纸,如《光明日报》《经济日报》等,这类报纸既对专业客户(如参展商和采购商)发挥作用,同时又面向大众,更重要的是,在此类报纸上进行广告宣传可以彰显会展项目的实力,提升会展品牌的知名度,为打造品牌会展打下基础。

2. 杂志

杂志在广告媒体中的竞争力相对较弱,随着网络广告市场的高速增长以及其他新兴媒体的出现,杂志广告面临着更严峻的竞争挑战。杂志具有针对性强、广告有效时间长、印制精美等传播优势,同时又具有时效性较差、影响范围有限、读者层面较狭窄等传播局限。

尽管杂志在通常的广告传播中总是扮演配角,作为辅助媒体存在,但鉴于会展客户群体具有专业性强的特征,杂志在会展广告中却常能扮演主角。会展广告选择的杂志包括两类:一类是会展题材所在行业的专业杂志;另一类是会展类专业杂志,如《中国会展》《中外会展》等。

3. 广播

广播以其传播速度快、覆盖面广、成本低、移动性强等优势,在广告市场中始终占有一定的位置。

广播也有传播局限,其最大的问题是作为听觉媒体,广告信息的形象冲击力差,对要突出表现产品外观、色泽、使用情境等内容的广告,效果会大打折扣。但这种情况在会展广告中几乎不存在,因为会展产品本身就具有无形与抽象的特点,较少需要通过广告媒体形成视觉冲击力,因此,对会展广告而言,广播是一个不错的媒体。特别是会展开幕前期,利用比较密集的广播广告为会展宣传造势,效果往往很好。

需要特别注意的是,广播是典型的背景媒体,即人们在收听广播时还经常做着别的事情,这就意味着受众在接收广告信息时注意力往往不集中。因此,利用广播发布会展广告时应注意增加播出频率,"强迫"受众记住广告内容,同时要注意发布的内容应简单明了,便于受众理解和记忆。

4. 电视

电视曾经被称作现代广告媒体中的"第一媒体",在传统广告媒体中占有领先地位。

电视的传播优势是形象生动、视听兼备、覆盖范围广、受众总量大,具有很强的感染力,时效性强、传播速度快。但电视也并非十全十美,其最大的问题是广告制作费和媒体租用费均较昂贵,不适宜中小企业采用。

对会展而言,电视对传播会展品牌形象有一定的帮助作用,但在招展以及吸引专业观众方面并不如专业的杂志或报纸。因此,在很多广告活动中充当主角的电视,在会展广告中只是宣传与推广的一种补充形式,电视广告多在每届会展即将开幕或结束时发布。

5. 户外

户外也是会展广告经常选择的媒体形式。户外广告有这样几个突出特点:一是主旨鲜明、形象突出、引人注意;二是持续时间比电视、广播、报纸等媒体要长,适合于对品牌形象的长程传播;三是费用相对较低。会展户外广告能够营造一种比较热烈的氛围,结合其他广告形式对会展进行宣传造势,常能取得不错的宣传效果。

会展户外广告的形式比较多样,比较常见的有宣传海报、广告牌、广告条幅等。因受空间和地点的限制,户外广告所传递的信息无法传送到更远的地方,因此,设计会展户外广告时必须做到主题突出、文字简洁、画面新颖明快。

6. 新媒体

互联网具有传统媒体所不能比拟的传播优势,已成为当今最具价值的传播媒体之一。随着互联网用户规模不断增长,且人均上网时间持续增加,基于互联网的新媒体超越报纸、杂志、广播、电视等传统媒体成为"第一媒体"早已是不争的事实。

新媒体具有传播范围广、信息容量大、与受众的交互性强、广告投放效率高、费用较低等优势,是会展企业发布会展广告的主选媒体。新媒体发展迅速、形式多样,目前会展广告常用的新媒体形式包括短视频、微信公众号、微博、会展网站、会展App、会展小程序等,会展企业常用多种新媒体传播方式共同构建会展的新媒体内容矩阵。由于新媒体的规模越来越大,它已经不仅仅是广告媒体,在市场营销中的重要性越来越明显。本章任务三中会更深入地介绍新媒体宣传推广相关内容。

以上对会展广告常用的六类媒体进行了简要介绍。事实上,十全十美的广告媒体是不存在的,各种媒体既有其传播优势,也有其传播局限。因此,会展企业在选择广告媒体时,应利用媒体组合的整体优势,把各具特色的广告媒体组合起来,扬长避短、优势互补,使会展广告的整体宣传效果达到最佳。

行业观察：互联网广告市场份额快速增长

2024年6月20日国家市场监督管理总局联合中国经济信息社发布的《中国广告业发展指数报告》显示，2023年全国广告业事业单位和规模以上企业广告业务收入13120.7亿元，同比增长17.5%。其中，互联网广告增长迅速，2023年全年实现互联网广告发布收入7190.6亿元，比2022年增长33.4%，在广告发布业务中的占比从2019年的58.7%上升至82.4%，成为拉动广告业持续发展的主要动力。

三、会展广告创作原则

结合会展活动的特点，会展广告的创作既要注意实效，也应具有一定创意创新。在进行会展广告创作时，一般要遵循以下几个原则。

（一）突出重点

会展广告必须有明确的主题，切忌头绪太多、杂乱无章。在进行会展广告创作时，如果不分主次，把会展信息全部拼摆上去，不仅难以突出主题，反而会因头绪繁杂而使目标受众抓不住重点，进而影响广告效果。当然，如果确有必要从多个角度介绍会展项目，可以用并列小标题的形式分段叙述，将广告内容化繁为简，做到条理清晰、脉络清楚。

（二）突出特色

当前我国会展市场同质化现象比较严重，同类题材的会展差异很小，如果会展广告再千篇一律、千人一面，则目标受众很容易迷失在众多会展中。因此，会展企业在创作会展广告时必须着力表达自己的项目有异于同类会展的地方，进而形成独特、鲜明的会展品牌形象。差异性和优越性可以体现在很多方面，如会展主题、相关活动、主办方、会展品牌、会展服务等，如果会展项目在某一方面具有特色，就应在广告宣传中重点表达，为目标受众选择会展提供独特而有说服力的理由。

（三）简明易懂

在信息爆炸的当代社会，受众几乎被淹没在信息的海洋中，只有那些简单明了、切中主题的广告才可能令人过目不忘、印象深刻。因此，会展广告应做到主题突出、信息凝练、重点鲜明、表现手法单纯。尽管广告文稿的篇幅视具体情况可长可短，但可有可无的文字应一概避免。广告文案原则上以传达广告的主要信息为宜，应做到长而不拖沓，短而不晦涩，在语言方面应力求简洁易懂。

（四）有号召力

会展广告的目的是通过对目标受众进行全面告知和理性诉求，刺激他们产生参展或参观的需求，引导他们产生参展或参观的欲望进而付诸实际行动。为达成上述目的，在创作会展广告时应做到有号召力。为做到有号召力一般应特别注意以下三点：

第一，明确无误地向目标受众展示会展项目的特色和利益点，为他们提供购买理由。

第二，运用合适的论证方式，从第三方的角度客观地证明该项目的品质和优势。

第三，切忌自我吹嘘和空洞无物，与其堆积华丽的辞藻，不如加入专家评价、会展客户的意见反馈、权威机构证言、政府统计数据或调查结果等实证内容，提高广告内容的可信度。

（五）真实诚信

会展广告应做到真实诚信，《中华人民共和国广告法》对广告内容的真实性有十分明确的规定。广告宣传必须实事求是，凡广告中涉及的数据、引用语、获奖情况、调查结果等必须有据可查。会展企业作为发布会展广告的行为主体，负有诚信义务，要对广告内容的真实性和合法性承担相应的法律责任。

素养提升：虚假违法广告案例

某展览公司为宣传在广州国际采购中心举办的多个会展，在其企业网站对外发布："与'广交会'同期同地举行，中汽压铸展，交易最佳平台！"并在该网站的企业荣誉下方使用了国家机关工作人员的图片；其发布的邀请函内描述将邀请来自各个国家和地区的采购商、供应商，以及国际著名采购物流协会组织将率团到场参观采购，同时将邀请政府高级官员、专家、学者、国际著名机构代表及企业代表等专业观众出席；在"企业荣誉"中写有"政府重点支持会展公司、广东省十佳展览公司、中国会展业极具影响力会展企业、中国汽车工业协会理事单位、中国电源工业协会副会长单位、中国汽车行业协会副会长单位、广东省汽车用品商会副会长单位、广东省机器人协会副会长单位"；在"战略合作"中列有有关政府行政机关等内容，但均无法提供相关证明材料。

该公司上述行为违反了《中华人民共和国广告法》第四条、第九条的相关规定，广州市海珠区市场监督管理局已对其作出责令立即停止发布违法广告、在相应范围内消除影响、罚款60万元的行政处罚决定。[①]

四、会展广告文案创作

广告文案是指广告中的语言、文字部分。在平面广告中，文案是指广告作品的文字部分；在广播电视广告中，文案是指人物的有声语言、旁白和字幕。文案是广告的重要构成要素之一，也是决定广告效果的核心要素。

（一）会展广告文案的结构

会展广告文案一般由广告标题、广告正文、广告标语和广告附文构成。

1. 广告标题

广告标题是广告的题目，概括了广告的中心思想，即使不读广告正文的人，通过阅读广告标题往往也可以获悉广告的基本信息。如"第十届国际发明展览会今日在佛山开幕"，此标题凝练了会展举办的时间、地点、主题等关键信息。俗话说"看书看皮，读报读题"，如在平

---

① 丁玲.最高罚款60万元！广东公布违法违规商业宣传炒作广告典型案例[EB/OL].(2021-06-22)[2024-06-15]. https://baijiahao.baidu.com/s?id=1703278235840066242&wfr=spider&for=pc.

面广告中,标题字体最大,位置最醒目,是一则广告最重要的部分。相关研究显示,广告文案效果的 80% 取决于标题的力量。

2. 广告正文

广告正文是广告文案的中心部分,具有向目标受众推介会展项目以及答疑解惑的功能。鉴于会展活动具有较强的专业性背景,会展广告文案多以理性表述为主,在正文中客观、实事求是地介绍会展项目的特色与优势,洞悉受众的心理需求,了解市场态势,以简明扼要、重点突出的方式宣传推介会展。由于所选择媒体类型不同,会展广告正文的长短有所差异,如在专业报纸、杂志、网站上刊发的广告,正文一般比较长,而在电台、电视台、户外广告牌等刊发的广告,由于受时间和空间限制,广告正文多短小精悍。无论广告正文的篇幅如何,总体要求是短而不陋、絮而不芜。

3. 广告标语

广告标语也称广告口号,是会展企业创作的旨在推广会展项目、强化公众对会展品牌的印象,而在较长时期内反复使用的特定的宣传语。例如,2010 年上海世博会的广告标语为"城市,让生活更美好"(Better City Better Life)。创作广告标语的总体要求是简短、明确、富有独创性和易于记忆。在会展广告文案中,广告标语不是必需的部分,换言之,有则锦上添花,没有也不影响广告的整体性。

4. 广告附文

广告附文是广告文案的附属部分,一般是为了便于客户付诸购买行动而做的服务方面的种种说明,如参展方式、报价、主办方的联系电话与网址等。广告附文一般出现在广告正文之后,或者与广告正文分开编排。广告附文虽然不是广告文案的主体,但若内容有误或不周全,会直接影响广告的宣传效果,因此应认真对待,做到准确无误、条理清楚。

(二) 会展广告正文的写作形式

会展广告多为理性诉求型广告,因此广告的正文主要有直诉型、新闻型和分列体三种写作形式。

1. 直诉型

直诉型会展广告正文会客观地分析市场状况,洞悉目标受众的需求特点,直截了当地介绍会展项目的特色与优势,吸引参展商或观众参与。这种正文形式的特点是客观、冷静、有条不紊。

2. 新闻型

这是会展广告正文十分常见的写作形式。以新闻报道的形式撰写广告正文,往往使会展广告具有软文的特点,有助于增强广告的权威性和可信性,较易取得目标受众对广告内容的信任。

新闻型广告正文的写作有两个要点:第一,必须以会展信息本身所具有的时效性和新闻价值为基础;第二,写作的表现方式、文体结构、用词等都必须是新闻式的,这样才能有新闻般的效果。本章任务二将具体介绍相关内容。

3. 分列体

刊载于平面媒体的会展广告正文一般比较长,如不采用区隔或分列等形式,而将所有文字铺陈在一起,就会显得形式单调,易使阅读者产生厌烦情绪,进而丧失阅读兴趣。因此,对正文较长的会展广告宜采用分列体形式,即把广告内容分为若干项并予以分门别类地叙述,其特点是条理清晰,使阅读者对广告内容一目了然。

分列体形式的广告正文一般有以下几种具体形式:

(1) 使用一些并列的句子;

(2) 采用分列表现的格式;

(3) 由并列的小标题统领多个小段正文。

会展广告正文采用分列体形式主要有以下三个优点:

(1) 并列的形式便于阅读者从一个问题自然地转向另一个问题;

(2) 将广告正文化繁为简,使广告内容重点突出,使长文案具有了短文案的阅读效果;

(3) 借助特殊的段落承接方法,如内容的顺应转折、字体的变化、鲜明而特别的行文标记等,有助于提醒或刺激读者阅读。

案例学习:第十四届中国航展宣传片文案

扫码看微课

中国航展案例

党的二十大报告提出:"增强中华文明传播力影响力。……加快构建中国话语和中国叙事体系,讲好中国故事、传播好中国声音,展现可信、可爱、可敬的中国形象。"这对做好会展的宣传具有指导意义。第十四届中国航展宣传片《逐梦蓝天 航展见证》采用中英文形式发布,正是一篇值得学习借鉴的中国故事、中国声音。

珠海,青春之城,活力之都。

每逢航展举办之年,珠海将活力注入天空,用青春放飞梦想。

……

从1996年惊艳面世,到如今跻身国际航展"第一军团",中国航展走过了20余载荣耀征程。

党的十八大以来,中华民族伟大复兴的中国梦正一步步走来。

十年间,中国航展以蓝天为卷,记录着中国梦的铿锵步伐——

2012年第九届中国航展

"霹雳火"腾空而起(武直-10 WZ-10)、"黑旋风"呼啸而过(武直-19 WZ-19),开启了我国武装直升机的自主创新。

2014年第十届中国航展

"鲲鹏"展翅九天(运-20大型运输机),"鹘鹰"翱翔苍穹(FC31战斗机),中国空军首次成体系亮相航展。

2016年第十一届中国航展

歼-20剑指蓝天,运-20直冲云霄,中国空军飞入"20时代"。主战坦克爬坡涉水,步兵战车野外狂飙,地面装备动态展示令人血脉偾张。国产无人机阵容强大,全程超声速导弹重装上阵,中国航展拓宽防务新领域。

2018年第十二届中国航展

新一代运载火箭家族首次集体登场,空间站核心舱首次对外公开展出。

2021年第十三届中国航展

参与我国载人航天、火星探测、探月工程、北斗导航系统等国家重大工程任务的"主角"集体亮相,嫦娥五号取回的月球样品更是难得一见……

强军梦想,航展见证——

作为科技创新成果的重要舞台,中国航展,唱响强军战歌,大国重器频繁亮相,扬我国威、振我军威!

强国梦想,航展作证——

作为对外交流合作的世界窗口,中国航展,全领域覆盖"陆海空天电网",展现了中国制造向中国创造、中国智造的转变!中国航展,以更多的"全球首发""中国首展",擦亮全球盛会的金字招牌。

青春梦想,活力奋斗。

中国航展,让中国梦照亮世界,也让世界见证中国的蓝色梦想![1]

任务二　新闻宣传推广

新闻宣传推广就是利用会展活动本身所具有的事件性特点,广泛吸引媒体报道,借助新闻效应提升会展品牌的知名度,打造会展品牌形象。与纯商业广告相比,新闻宣传推广的可信度更高、成本更低,因此综合效益更好。

扫码看微课

会展新闻宣传的主要形式

会展活动是为交流信息和达成贸易目标服务的,会展自身具有很强的社会性功能,加之它具有聚集性和参与人员广泛性的特点,因此,很容易附加产生"事件性",能吸引众多的新闻媒体对其进行报道。善于利用新闻效应,适时进行新闻发布,对提升会展品牌的知名度和美誉度是非常有益的。

会展新闻宣传推广主要有召开新闻发布会、编发会展新闻稿、邀请媒体记者现场采访三种形式。

一、召开新闻发布会

新闻发布会是一个组织直接向新闻界发布组织有关信息、解释组织重大事件而举办的活动。会展主办方通过召开新闻发布会,将会展活动的动态信息及时传达出去,把会展活动的亮点与看点发布出去,可以引起公众的广泛关注,对宣传和推广会展项目能起到积极的作用。会展主办方还会协助参展商在会展现场举办新闻发布会,进行新产品、新技术的宣传推广。

召开新闻发布会须事先制订好工作方案,该方案一般包括举办时间、举办地点、邀请出席人员、发布的新闻内容、新闻发布会流程、经费预算等事项。

(一) 举办时间

一个会展项目从筹备到开幕再到闭幕,可视需要组织多次新闻发布会。会展筹备之初、招展结束时、会展开幕前、会展闭幕时,都是召开新闻发布会的绝好时机。

在新闻发布会的具体召开时间上,有两点细节需要注意:

(1) 多数平面媒体刊出新闻的时间是在获取信息的第二天,因此,新闻发布会的时间

---

[1] 《逐梦蓝天　航展见证》中英文双语版来了[EB/OL]. (2022-10-27)[2024-02-12]. https://www.airshow.com.cn/Item/13422.aspx.

应尽量至少提前一天安排,这样可以保证新闻发布会的现场效果和会后平面媒体的宣传效果。

(2) 新闻发布会的时间应避开重要的政治事件和社会事件,因为媒体对这类事件的大篇幅报道任务会冲淡新闻发布会的宣传效果。

(二) 举办地点

新闻发布会的举办地点可以安排在会展项目举办地点,也可以安排在酒店的会议室。若安排在酒店的会议室,选择酒店时须注意酒店的风格应与发布会的内容风格相统一,同时还要注意酒店地点的交通便利性与易寻找性,以及离主要媒体、重要人物的远近,泊车是否方便等细节问题。

(三) 邀请出席人员

首先应邀请媒体记者出席。利用媒体对会展活动进行宣传推广具有效果明显、成本经济的特点。在新闻媒体选择方面,应特别注意以下几点:

(1) 媒体的主要受众应与会展活动的目标客户群体基本吻合;
(2) 媒体的辐射范围应与会展活动的地域范围相契合;
(3) 所选媒体应对会展活动的目标受众具有较强的号召力和影响力。

除新闻媒体外,会展新闻发布会一般还应邀请政府主管机构、行业协会、外国驻华机构、参展商等单位的代表出席。

(四) 发布的新闻内容

新闻发布会的召开时间不同,所发布的新闻内容也有所不同。

(1) 会展筹备之初召开的新闻发布会主要向新闻界介绍会展的举办时间、举办地点、办展目的、会展主题、展品范围、会展的发展前景等,旨在通过新闻界将相关信息告知参展商和行业人士,起到消息发布和事件提示的作用。

(2) 招展结束时召开的新闻发布会主要向新闻界介绍会展的筹备进展情况、招展情况、参展商的构成等,旨在吸引目标观众届时参展,同时对尚未决定参展的目标受众进行进一步的参展激励。

(3) 会展开幕前召开的新闻发布会旨在为会展广泛造势,达到吸引公众关注、引导舆论的目的。这是十分重要的发布会,必须精心策划组织,广泛邀请记者参与。

(4) 会展闭幕时召开的新闻发布会主要向新闻界通报会展的展出效果、参展商的收获(包括签约、成交以及意向成交的情况)、参展商和观众的特点、贵宾出席情况、会展的未来发展展望等,旨在对此次会展作出总结,为下届会展的筹备打下基础。

(五) 新闻发布会流程

新闻发布会一般适宜在10:00—11:00或14:00—15:00举办,举办时间一般不宜超过1小时。新闻发布会基本流程如下:

(1) 相关领导讲话;
(2) 信息发布和展示;
(3) 回答记者提问。

在新闻发布会之前,会展主办方应向媒体记者提供事先准备好的资料袋。该资料袋一般应装有会议议程、发言人名单及发言稿、新闻通稿、会展项目的宣传材料、有关图片、纪念品、新闻负责人名片、空白信笺、笔等。

影响重大的新闻发布会,主办方还会为记者提供提问提纲,即回答记者问题的备忘录。该提纲经事先讨论,取得一致意见,然后起草并分发给记者。

(六) 经费预算

要想成功举办新闻发布会,必须做好相关经费预算。会展新闻发布会的经费预算一般包括以下几个方面。

(1) 场地费用,一般包括场地租用费、设施租用费、会场布置费等。新闻发布会的举办地点通常安排在会展项目举办地点或酒店的会议室,因此须支付场地租金。场地租金一般已经包含了某些常规设施,如音响系统、主席台、桌椅、投影设备等,而一些非常规的设施,如临时性的装饰、展架、移动式同声传译系统、摄录设备等,则须另外支付设施租用费。此外,为烘托新闻发布会的现场氛围,需要进行会场布置,如背景板、签到台、条幅、花篮等,因此还需支付场地布置费。

(2) 人员费用,指主持人、礼仪人员、服务人员、摄录人员的劳务费等。

(3) 物料费用,指召开新闻发布会所使用的各类物料(如邀请函、资料袋、嘉宾胸花、指示牌、签到笔、水果、矿泉水等)的费用支出。

(4) 公关费用,主要指为与会者准备礼品的费用和误餐费等。

二、编发会展新闻稿

(一) 会展新闻稿的类型

会展新闻一般分为及时性新闻和评述性新闻两种。及时性新闻是会展活动进展过程中的新闻,其特点可以用"短""小""快"三个字概括。"短"是指新闻的篇幅比较短,一般为300~500字;"小"是指新闻的角度比较小,如某知名参展商携带新品参展;"快"是指信息发布必须及时、迅速。

评述性新闻是采用评论的手法进行的新闻报道。与及时性新闻相比,评述性新闻具有以下几个特点:一是篇幅较长,少则千余字,多则数千字;二是新闻的涵盖面较宽,往往反映会展活动多方面的情况;三是在新闻叙述中夹杂评论;四是发布时间有一定讲究,如在会展开幕前或会展结束后。

在写作要求方面,及时性新闻比较容易掌握,而评述性新闻有一定难度。这是因为评述性新闻需要写作者对报道对象有比较全面的了解,要大量掌握新闻素材;同时,写作者要有独特的见解和扎实的文字表达能力。因此撰写评述性新闻的任务一般由媒体的资深记者或编辑承担。

(二) 会展新闻稿的撰写

会展新闻稿的撰写分两种情况:一种是由主办方自行撰写,在召开新闻发布会或邀请媒体记者现场报道时,以新闻通稿的形式提供给媒体记者,旨在帮助媒体记者对会展活动有全面深入的了解,便于他们写稿;另一种情况是媒体记者亲自撰写,在会展活动举办期间,主办方会邀请媒体记者进行现场采访报道,记者从挖掘热点题材的角度,会针对会展进展过程中的新闻事件撰写新闻稿,以便报道或评论。

不管由谁撰写新闻稿,在结构、格式及写作原则方面都应遵守一些共性的要求。

1. 新闻稿的结构

新闻稿在结构上一般包括标题、导语、主体、背景和结语五部分。其中,标题、导语、主体是新闻稿的主要部分,是必不可少的;背景和结语是辅助部分,可视具体情况取舍。

(1) 标题

新闻稿的标题由主题、引题和副题组成。主题是对新闻中最主要内容的高度概括;引题和副题则是用来说明主题或加强主题的,以协助主题共同完成标题任务。如果主题能够独立承担标题任务,则引题和副题也可以省去。

(2) 导语

导语即新闻稿的首段,由最重要、最新鲜的事实或精辟的评论组成,也可以说是新闻事件的浓缩版,旨在使读者迅速了解新闻要点,并吸引读者阅读全文。

(3) 主体

主体紧接导语之后,将导语中提及的内容按照"时间顺序"或"逻辑顺序"做进一步的叙述和展开,有时也补充一些导语中未提及的资料,如事件的背景说明等。

(4) 背景

背景用来说明新闻事件发生的具体条件、原因、性质或意义,是为充实内容、烘托和突出主题而服务的。背景既可在主体部分出现,也可在导语或结语部分出现,位置不固定。

(5) 结语

结语是新闻稿的最后一段或最后一句话,旨在加深读者对新闻的理解与感受,使读者从中获得更多的启示。结语的方式有小结、评论、希望等几种。

2. 新闻稿的写作格式

新闻稿的写作格式有很多,以下介绍最为常见的三种。

(1) 倒金字塔式

倒金字塔式也称"倒三角"结构,是目前媒体写作最常见的一种格式。它以事实的重要程度或受众关心程度依次递减的次序,先主后次地安排各项事实内容,犹如倒置的金字塔或倒置的三角形,因而得名。这种结构的基本格式是:

首先,在导语中介绍一个事件中最有新闻价值的部分,即整个事件中最突出、最重要、最能吸引受众的部分;其次,在主体中按照事件各个要素的重要程度依次递减地写下来;最后,交代事件中最不重要的部分。需要注意的是,这种格式不符合事件发展的基本时间顺序,因此,在写作时应尽量从受众的角度进行构思,按照受众对事件重要程度的认识来安排事件要素。

(2) 新华体式

这是一种中外结合的写作格式。长期以来,我国的新闻报道一般遵循时间顺序,以"讲故事"的形式对事件进行报道,然而,这种"讲故事"的写法已经不适合受众的阅读习惯,因为没有多少人有时间完整地看完一篇新闻报道。新华体式结构吸收了中外新闻报道之长,该结构的基本格式是:首先把事件中最重要的部分在导语中作简明陈述,然后在第二段进一步阐述导语中的这个重要部分,形成支持的过渡性段落,最后按照事件发展的时间顺序,把"故事"讲下去。

(3)"华尔街日报体式"

这是美国《华尔街日报》惯用的一种新闻写作格式,后被广泛采用。其突出特点是从一个"镜头",如"某个人的言行"写起,进而引出整个新闻报道。这种写作格式感性、生动,符合读者认识事物由具体到抽象的规律,因此颇受读者青睐。这种格式主要适用于非事件类题材的报道。

3. 新闻稿的写作原则

撰写新闻稿一般应遵循以下几个原则。

(1)锤炼新闻标题,吸引读者关注

正所谓"看书看皮、读报读题",标题对新闻稿至关重要。标题写作的总体原则是简要、突出、吸引人。此原则具体体现为:

第一,标题必须提炼新闻事件的精华,把最吸引人的内容体现出来。

第二,标题必须简洁,字数不宜过多,一般可采用并排两句式标题,如"北京车展多亮点,观众接近八十万"。

第三,必须将会展项目的名称嵌入标题中,否则便不具有推广意义。会展项目的名称可用简称,以尽量少占标题字数。

第四,如果新闻稿的内容较多,篇幅较长,则宜在新闻稿中按照事件叙述明晰的需要适当增加一些小标题,以概括一个部分的内容,便于读者阅读。

(2)发现新闻素材,提炼报道观点

会展新闻素材一般有两大来源:一是来自会展外的信息,如宏观经济对会展活动的影响、会展题材所在行业的发展情况、政府扶持产业的政策措施等;二是来自会展内的信息,如会展项目的题材调整、客户服务措施改进、展位销售进展、参展商参展动态、配套活动安排等。撰写者要善于从这两大信息来源中发现有报道价值的新闻素材,同时,要善于从中提炼报道要点。

(3)构思新闻导语,激发阅读兴趣

导语在新闻报道中发挥着至关重要的作用,它以简要的文句,突出最重要、最新鲜或最富有个性特点的事实,提示新闻要旨,吸引读者阅读全文。构思巧妙的导语一方面可以帮助读者领会报道主旨,另一方面可以起到导读作用,能唤起读者对新闻事件的注意,最大限度地激发读者的阅读兴趣。

(4)恰当运用图片,吸引读者眼球

相较于文字而言,图片的表达更加生动,能够传递更加丰富的信息。在会展新闻报道中恰当加入会展现场的图片可以对读者形成较强的视觉冲击和感染力,从而增加新闻报道的力度。在会展新闻稿中,配发的图片应与文字相辅相成。

三、邀请媒体记者现场采访

现场采访是指主持人或记者通过话筒或镜头在会展现场进行的采访。现场采访通过交谈的方式反映客观事实,同时表明媒体自身的感想和见解。现场采访报道以其信息传播速度快、现场感强的优势,更易令公众信服,宣传效果显著,因此逐渐成为会展新闻宣传推广的常用方式之一。

现场采访可以采取直播或录播的方式进行传播,其中,直播方式的即时感和互动性更强,正在成为主流。现场采访需要主持人或记者在短时间内采访到实质性内容,挖掘出货真价实的新闻。

任务三 新媒体宣传推广

在互联网和新媒体的冲击下，人们越来越习惯于通过互联网终端获取各种信息。与传统的信息获取渠道相比，新媒体共享和传递信息的速度更快，涉及的信息更广泛。营销竞争浪潮席卷各行各业，会展业竞争也日趋激烈，传统营销方式的效果明显下降，会展营销的方式已发出变革的号角。

案例学习：2024 世界人工智能大会开幕新闻稿[①]

7月4日，2024世界人工智能大会暨人工智能全球治理高级别会议在上海开幕。本届大会的主题是"以共商促共享 以善治促善智"，主要包含会议论坛、展览展示、评奖赛事、智能体验4个板块，涵盖AI伦理治理、大模型、数据、算力、科学智能、新型工业化、自动驾驶、投融资、教育与人才等重点议题，全面体现AI向善、国际合作、共治共享的价值导向。

思考：
(1) 分析该新闻稿采用了什么写法，其中包含哪些信息。
(2) 尝试改写这则新闻稿，你准备做哪些创新？

一、新媒体宣传推广价值

在会展领域，新媒体宣传推广的价值主要体现在以下几个方面。

（一）提升会展知名度

新媒体宣传推广对于提升会展知名度具有重要意义。尽管随着经济的发展，在全国范围内我国会展举办的场次逐年增加，但不可否认的是，我国的会展在国际上大多名气较小。而新媒体能够扩大会展宣传范围，使更多的潜在目标受众了解会展情况，吸引更多会展参观者，提升会展的知名度。

（二）强化会展宣传效果

传统的宣传方式通常是在会展展出地的周边进行宣传，或者请相关的知名人士出席会展，这样的宣传方式效率较低，宣传的范围有限，可能导致部分对会展感兴趣的人在会展展出之前和会展展出过程中没有得到会展相关信息，从而错过会展。而通过新媒体，如微博、微信公众号、抖音、快手等短视频平台进行宣传，能够有效扩大会展宣传覆盖的人群，增加潜在参展者和参观者获取会展信息的渠道和可能性，进而提升会展的传播效率。除此之外，相比传统媒体只能够通过声音、图片和文字进行会展宣传，新媒体可以通过视频、直播等形式对会展进行宣传，丰富了会展的传播形式，使目标受众能获得更加直观、具体的会展信息，这

[①] 王翔. 2024世界人工智能大会开幕[EB/OL]. (2024-07-04)[2024-08-15]. https://www.gov.cn/yaowen/tupian/202407/content_6961287.htm#1.

有助于增强会展宣传效果，吸引更多的人参展。

（三）满足会展多元化需求

通常来说，举办会展的目的主要有两个：一是展出相关主题的商品，使消费者有机会对相关展品进行近距离的了解和欣赏；二是给参展商寻求上下游合作伙伴提供平台。而通过新媒体宣传，能够吸引相关展品的消费者，同时也能够吸引会展相关行业从业人员，增加参展商找到相关合作伙伴的机会。同时，新媒体还能够详细地收集参展人员的相关信息以及展品的相关信息，帮助参展商全面掌握行业发展动态和市场详情。此外，会展举办方也能够通过新媒体对相关宣传和营销方式进行经验总结，为后续筹措和举办会展提供借鉴，从而持续不断地提升会展承办能力和水平。

二、新媒体宣传推广策略

随着新媒体在宣传推广中的价值越来越明显，会展营销使用新媒体进行宣传推广越来越多。在会展营销中使用新媒体进行宣传推广主要有以下策略。

（一）投放新媒体宣传广告

在会展举办过程中投放新媒体宣传广告是进行会展宣传和提升会展知名度的最佳方式。新媒体宣传广告能够迅速扩大会展相关信息的传播范围，引起相关人员的注意，进而吸引广大目标受众前往参展。当前大多数大型会展都会进行新媒体广告宣传。会展主办方通过在微博、微信公众号、抖音、快手、哔哩哔哩（B站）等新媒体社交平台投放宣传文案或视频，并且在传统媒体同步宣传，会展的宣传效果将得到叠加和增强，会使得会展名气得到快速提升。

（二）应用新媒体客户端

新媒体客户端是新媒体宣传的又一重要渠道。众所周知，会展现场面积是有限的，每天能够容纳的参展人数有上限，一旦参展人数达到上限，就无法容纳更多的人进入现场。此外，会展通常在北京、上海、广州等一线城市举办，受到时间和地点的限制，部分潜在参展者无法到达现场。新媒体客户端开辟了网络参展形式，通过拍摄会展现场视频，并对相关展品进行讲述，使潜在参展者在任何地点都可以通过新媒体客户端参观了解会展现场状况及展品。

（三）创新会展营销模式

新媒体对创新会展营销模式也有重要帮助。首先，在会展筹备期，主办方可以通过新媒体渠道了解会展参与各方的需求，优化和细化会展前期准备工作，使得会展能够更加符合参展各方的要求。这在一定程度上能够规避会展的部分市场风险。其次，制作会展布置视频和介绍文本，然后通过新媒体渠道对会展前期工作进行宣传，能够起到为会展预热，激发潜在参展者参与会展的兴趣和积极性。再次，主办方可以通过新媒体为参展者提供人性化服务，如推荐交通路线，参展者可以通过主办方推荐的交通路线快速到达会展现场。最后，在会展现场，通过利用新媒体手段播放展品制作流程，能够还原展品制作场景，增强参展者的参展体验和满足感，也能使展品得以更加完整地展出，从而获得更好的展出效果。

三、新媒体宣传推广平台

随着互联网的不断发展,许多互联网企业纷纷建设各类新媒体平台,目前的四大类新媒体平台如图 6-1 所示。浏览量越大,平台的宣传推广价值就越大。要做好会展新媒体营销,首先要了解各新媒体平台的内容呈现形式、流量结构及登录属性,以便有针对性地制作内容,进行准确的宣传。

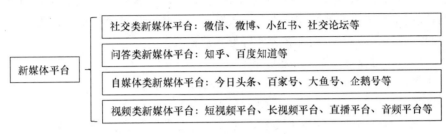

图 6-1　新媒体平台分类

(一) 社交类新媒体平台

社交类新媒体平台已渗透到人们的日常生活之中,因为它可以让人们的交流不受时间和空间的约束,因此用户黏性很强。

1. 微信:"是一个生活方式"

微信平台包括微信公众号、微信群、微信小程序、微信小商店、微信直播等。

微信的用户价值是所有互联网平台中最高的,它支持用户随时私聊,属于私域流量,可针对用户长期做深度运营。企业可以通过微信平台展示品牌形象、销售产品、提供咨询和服务,可以说,微信是企业的品牌形象大使。

2. 微博:"随时随地发现新鲜事"

微博的用户活跃度很高,号召力也非常强大,是国内最大的网络舆论阵地,是品牌营销公关的绝佳载体。企业可以通过微博热搜话题、图文消息、活动链接、品牌联动、推广代言等打造个性化的企业形象,与消费者交流互动,拉近与消费者之间的距离。

3. 小红书:"你的生活指南"

小红书在护肤、彩妆、时尚穿搭、家居好物等诸多方面通过精准的垂直定位和爆款笔记使其用户黏性非常强。因此,运用小红书进行宣传推广是很好的选择。

4. 社交论坛

论坛也叫 BBS,起于互联网初步普及时代。如今,随着自媒体时代来临,论坛营销难度越来越大。通常情况下,论坛是拒绝硬广告的,所以论坛营销是企业软性营销基地。社交论坛平台主要有百度贴吧、豆瓣等。

(二) 问答类新媒体平台

问答类新媒体平台可以巧妙地将品牌口碑、服务、广告植入内容中,因为针对性强、精准度比较高,主要被企业用来植入软性推广,是一个强劲的网络口碑营销利器。

1. 知乎:"有问题,就有答案"

知乎是以知识问答为核心的高质量问答社交平台,以内容营销为主,拥有庞大且活跃的用户群体。知乎在诸多领域具有影响力,是知识分享和交流的重要场所,许多热点话题在知乎上引发广泛讨论,对社会舆论和知识传播产生一定作用。

2. 其他

其他问答类新媒体平台还有百度知道、悟空问答、360问答、搜狗问答等。

(三)自媒体类新媒体平台

自媒体类新媒体平台是用户获取最新资讯的首选途径,这些平台流量巨大,上面的信息曝光率高,吸引了很多企业和自媒体人争相入驻。自媒体创作者可以通过广告分成、平台补贴、电商变现、粉丝付费变现、淘宝客分佣等形式获得收入。

1. 今日头条:"你关心的,才是头条"

今日头条由北京字节跳动科技有限公司开发,是目前流量非常大的自媒体平台。该平台支持多种形式的内容,如长图文、短视频、问答等。

今日头条的内容会被分发到西瓜视频、抖音、火山小视频、悟空问答等今日头条旗下产品。今日头条在用户规模、内容传播速度、用户扶持、流量变现方面都具有一定优势。

2. 百家号:"从这里开始,让创作更有价值"

这是百度推出的自媒体平台,主要依靠百度的搜索流量。百家号的分发渠道有手机百度、百度浏览器、百度搜索、百度新闻等,也是众多企业号实现营销转化的运营阵地。

3. 大鱼号:"一点接入,多点分发,多重收益"

大鱼号是阿里大文娱旗下的内容创作平台,其流量也非常不错,创作的内容可以分发到UC、土豆、优酷等多个平台。

4. 企鹅号

企鹅号是腾讯旗下的自媒体平台,创作的内容可以分发到天天快报、腾讯新闻、微信、QQ、QQ空间、QQ浏览器等平台。

(四)视频类新媒体平台

1. 短视频平台

短视频的时长一般介于15秒到5分钟,因为内容短小精悍、易传播等特征,短视频成为近几年最火的新媒体形式,是企业视频营销必争之地。目前,短视频平台主要有抖音、快手、火山、西瓜、腾讯视频等。其中,抖音、火山、西瓜这三个都是字节跳动旗下的产品,抖音的用户基数最大。抖音因其沉浸式的滑动切换体验,无论男女老少、何种国籍都喜欢,是一个面向全年龄、全方位的短视频平台。

2. 长视频平台

长视频与国内众多视频分享网站主打的短视频不同,它主要由专业公司制作,内容有深度,制作成本高。相比于短视频,长视频更具共情能力,能促使客户对内容深度理解。典型的长视频平台有:哔哩哔哩(B站)、爱奇艺、腾讯、优酷等。哔哩哔哩是国内知名的视频弹幕平台。

3. 直播平台

网络直播凭借其极强的直观性、互动性、代入感,以及可以超越地域限制等特性成为企业引流变现的重要新媒体渠道。直播主要有讲解类直播、游戏类直播、带货类直播和娱乐类直播几种。淘宝、抖音、快手、西瓜主要是做带货直播。斗鱼、虎牙、企鹅电竞是国内领先的游戏直播平台。花椒、陌陌、YY是包含音乐、科技、户外、体育、游戏等内容的国内全民娱乐直播平台。

4. 音频平台

音频用声音分享人类智慧，用声音服务美好生活，有随时、多场景等特性。目前，主流的音频平台有喜马拉雅、猫耳FM、荔枝等。

行业观察：短视频崛起①

随着用户规模进一步增长，短视频与新闻、电商等产业融合加速，信息发布、内容变现能力逐渐增强，市场规模进一步扩大。

短视频与主流媒体双向赋能，成为舆论引导的重要阵地。短视频的兴起，为主流媒体扩大传播影响力提供了新的契机，各大媒体纷纷将其作为创新转型的突破口。主流媒体与短视频平台在内容、技术、渠道上深度融合，更好地发挥舆论引导作用。数据显示，截至2022年6月，微博、抖音、快手、哔哩哔哩四大平台共有媒体号8028个，平均粉丝量138万人，百万粉丝账号数量占比19.5%，千万粉丝账号数量占比2.8%。其中，《人民日报》抖音号和央视新闻抖音号的粉丝数量分别为1.55亿、1.44亿，排在所有媒体号的前两位。2022年元旦当天，央视新闻抖音号发布的短视频《我把2022第一次点赞，送给2022第一次升旗！祝福祖国繁荣昌盛！》点赞量达1861.3万，全网热度最高。

短视频与电商进一步深度融合，内容电商市场竞争持续白热化。短视频平台持续拓展电商业务，"内容＋电商"的种草变现模式已深度影响用户消费习惯。2022年第一季度，快手电商交易总额达1751亿元，同比增长47.7%，其中自建电商体系"快手小店"贡献了99%以上的交易额。2021年5月至2022年4月，抖音平台上每月有超900万场直播，售出超过100亿件商品，交易总额同比增长2.2倍。与此同时，淘宝、京东、拼多多等电商平台也不断加大在直播、短视频领域的投入，内容电商竞争日益激烈。

短视频平台不断扩展本地生活业务，从内容消费走向线下服务。例如，快手通过与第三方平台合作的方式，发展成为线上线下一体化的综合服务平台。2022年1月，"快手小店"对本地生活行业商家开放入驻。同时，快手通过与美团、顺丰在团购、配送等领域进行合作，推进自身在线下市场的大规模布局，发挥流量优势，最终实现价值变现。抖音则选择独立发展本地生活业务，主要围绕一、二线和网红城市进行布局，先后推出美食探店、心动外卖等业务，并对入驻的本地餐饮商家进行流量扶持，通过种草吸引顾客，促进线上线下交易闭环。

四、新媒体宣传推广形式

新媒体以其即时互动的鲜明特色成为增长最快的市场营销工具。新媒体不但在很大程度上替代了传统媒体，还促进了产品营销方式的颠覆性变革。新媒体营销就是利用新媒体的形式完成企业营销的商业策略，例如，借助新媒体表达与舆论传播的方式使消费者认同某种概念、观点和分析思路，从而达到企业品牌宣传、产品销售的目的。

扫码看微课

新媒体营销形式

---

① 中国互联网络信息中心. 第50次中国互联网络发展状况统计报告[R]. (2022-08-31)[2024-04-15]. https://www.cnnic.net.cn/NMediaFile/2022/0926/MAIN1664183425619U2MS433V3V.pdf.

(一)"病毒"营销

"病毒"营销是一种常用的新媒体营销形式,常用于进行品牌推广等。"病毒"营销往往通过提供有价值的产品或服务,"让大家告诉大家",通过别人为企业宣传,实现营销杠杆的作用。"病毒"营销已经成为新媒体营销最为独特的形式,被越来越多的商家和网站成功利用。

(二)事件营销

事件营销是指企业通过策划、组织或利用具有新闻价值、社会影响或名人效应的事件吸引媒体、社会团体和消费者的兴趣与关注,提高企业或产品的知名度、美誉度,树立良好品牌形象,并最终促成产品销售的手段和方式。由于这种营销方式具有受众面广,突发性强,在短时间内能使信息达到最大化、最优化传播的效果,并且能为企业节约大量的宣传成本等特点,近年来成为国内外流行的一种市场推广和营销手段。

(三)口碑营销

口碑营销是指企业在品牌建立过程中,通过客户间的相互交流将自己的产品信息或者品牌传播开来的一种营销形式。

(四)饥饿营销

饥饿营销是指商品提供者有意调低商品供给量,以调控供求关系,制造供不应求假象,维护产品形象并维持商品较高售价和利润率的一种营销形式。

(五)知识营销

知识营销是指通过向大众传播新的科学技术以及它们对人们生活的影响方面的知识,让人们不仅知其然,而且知其所以然,从而建立新的产品概念,萌发对新产品的需求,最终达到拓宽产品市场的目的。随着知识经济时代的到来,知识成为发展经济的一种资本,知识的积累和创新逐渐成为促进经济增长的主要动力源。因此,企业在搞科研开发的同时,就要想到知识推广,使一项新产品研发成功的市场风险降到最小。而要做到这一点,就必须运用知识营销。

(六)互动营销

这里所谓的互动,就是买卖双方互相交流。在互动营销中,互动的一方是消费者,另一方是企业。企业只有抓住共同利益点,找到巧妙的沟通时机和方法才能将双方紧密地结合起来。互动营销尤其强调双方都采取一种共同的行为。

(七)情感营销

情感营销就是把消费者的个人情感差异和需求作为企业品牌营销的核心,通过借助情感包装、情感促销、情感广告、情感口碑、情感设计等来实现企业的营销目标。

(八)会员营销

会员营销是一种基于会员管理制的营销形式。企业通过将普通顾客变为会员,分析会员消费信息,挖掘会员的后续消费力,汲取其终身消费价值,并通过转介绍等方式,将会员的价值最大化。会员营销与传统的营销方式在操作思路和理念上有众多不同。会员营销通过会员积分、会员等级制度等多种管理办法增加用户的黏性和活跃度,使用户生命周期持续延伸。

案例学习:种草营销

扫码看微课

如何借助小红书做会展营销

"种草"是达人、品牌及平台通过营销手段向消费者推荐产品,激发消费者的购买欲望,最终促进销售的一种行为。对于各品牌商家来说,"种草"营销可以促进品牌对消费者认知的影响力,能进一步提升品牌的知名度和销售力,是企业进行品牌营销的一种有效途径。

"种草"最初是在美食及美妆的讨论中渐渐火爆起来的,"种草"者将自己感受良好的美味食物或美妆用品的使用心得在网络上分享,以真实的体验叙述帮助被"种草"者更好地作选择。这种行为可以为"种草"者吸引不少的流量、粉丝及品牌商赞助。品牌商通过对"种草"者进行赞助,使其有针对性分享自己品牌的商品,增加了自己品牌商品的曝光量,也能提升自己品牌商品的成交量。在"种草"营销火爆发展的背景下,各大新媒体平台,如抖音、快手、小红书也纷纷吸引各"种草达人"入驻,争相邀请优质的内容创作者。

基于"种草"营销强有力的推广效果及各大电商平台活跃用户基数大的特点,品牌商家也在各大电商平台大力推广"种草"营销策略。但商家并没有局限于美食及美妆这两个领域,而是向萌宠、购物、旅游等领域推进,使"种草"营销逐渐具有多元化的特点,并进一步朝着多领域的方向发展。①

思考:

浏览小红书文章,找出一篇关于会展的"种草"营销方案进行研究分析,并模仿撰写。

---

① 李忠美,黄敏.新媒体背景下"种草"式内容营销的对策研究:以小红书为例[J].商场现代化,2022(21):1-3.

知识与技能训练

一、单项选择题

1. 典型的软文什么气息比较浓郁？（　　）
   A. 产品　　　　B. 价格　　　　C. 促销　　　　D. 新闻
2. 广告的目的是（　　）。
   A. 教育　　　　B. 通知　　　　C. 促销　　　　D. 公益
3. 以下哪项是负载广告信息的物质载体，是向公众传播广告信息的中介物？（　　）
   A. 媒体　　　　B. 文案　　　　C. 包装　　　　D. 人员
4. 参展方式、报价、主办方的网址与联系电话等属于会展广告的哪一部分？（　　）
   A. 广告标题　　B. 广告正文　　C. 广告口号　　D. 广告附文
5. 在传统广告媒体中，被称为"第一媒体"的是（　　）。
   A. 报纸　　　　B. 杂志　　　　C. 广播　　　　D. 电视
6. 抖音是比较成功的（　　）。
   A. 短视频平台　B. 社交平台　　C. 问答平台　　D. 自媒体平台
7. 企业在品牌建立过程中，通过客户间的相互交流将自己的产品信息或者品牌传播开来的营销形式是（　　）。
   A. 饥饿营销　　B. 互动营销　　C. 口碑营销　　D. 情感营销

二、多项选择题

1. 传统广告媒体主要包括（　　）。
   A. 电视　　　　B. 微信　　　　C. 杂志
   D. 户外　　　　E. 抖音
2. 会展广告正文的写作形式主要有哪三种？（　　）
   A. 直诉型　　　B. 新闻型　　　C. 小说型
   D. 分列体　　　E. 散文型
3. 会展新闻宣传推广主要包括哪三种形式？（　　）
   A. 召开新闻发布会　　　　　B. 编发会展新闻稿
   C. 邀请媒体记者现场采访　　D. 电视广告
   E. 户外广告
4. 以下属于社交类新媒体平台的是（　　）。
   A. 小红书　　　B. 微信　　　　C. 微博
   D. 知乎　　　　E. 今日头条

三、判断题

1. 新闻标题必须提炼新闻事件的精华，把最吸引人的地方体现出来。（　　）
2. 新浪微博的信息推送受到数量和时间的限制。（　　）

3. 相比传统广告,网络广告的成本大幅增加。　　　　　　　　　　(　　)
4. 会展项目的名称必须嵌入新闻稿标题中。　　　　　　　　　　　(　　)
5. 新华体的新闻结构完全按照时间顺序"讲故事"。　　　　　　　(　　)

四、简答题

1. 会展项目的新媒体宣传推广主要有哪些形式？
2. 简述新媒体宣传推广平台有哪些类型。

五、案例分析题

2021年10月3日,第十三届中国航展在珠海圆满收官。持续6天的航展吸引了国内外的众多目光,引发了社会各界的关注及众多权威媒体的广泛报道。这一届航展共吸引来自国内外312家媒体、2630名记者前来采访报道。据不完全统计,有累计超过4.5亿人次在线观看了这一届航展的直播报道,相关专题报道的阅读量超过95亿人次。

中央广播电视总台《新闻联播》首次连续多天推出共6条航展相关报道,介绍这一届航展盛况。除此之外,总台综合频道首次并机新闻频道推出航展特别直播节目累计超过8小时;搭建使用总台前方多功能演播室开展直播和专题报道;采用立体声采集方式,使用超高速摄影机制作慢动作,实现翼龙无人机航拍展示等,持续给观众和网友带来视听震撼体验。此外,总台军事频道推出特别直播节目累计超过18小时,"央视新闻"App、"央视频"App航展期间也推出了直播以及各类慢直播。

航展期间,《人民日报》、新华社及所属新媒体平台开设相关专题,连续多天密集推出重点专题报道和短视频等新媒体产品。如《人民日报》推出《聚焦珠海航展》等系列专题报道30余篇,新华社推出《中国航展彰显自信与开放》等多篇综述报道和25条系列短视频。

新浪微博、微信视频号、今日头条、腾讯新闻、网易新闻、快手、抖音、B站等多家头部网络媒体平台均对这届航展直播报道进行转播,并开设多个专栏和热门话题引爆流量。

案例分析：

通过网络查找关于珠海航展的宣传报道,找出你认为优秀的宣传报道,分析珠海航展能够吸引媒体报道关注的原因。

六、实训实践题

根据本章学习的广告、新闻、新媒体知识,调研某个具体会展项目,练习撰写会展新闻稿、制作会展宣传推广短视频,完成后在班里进行分享。

项目七 会展招展招商

 学习目标

知识目标

- 了解会展招展工作的主要内容；
- 了解观众邀约和门票销售的常用方法；
- 了解招展招商中代理商的含义及类型。

能力目标

- 能够进行基础的行业分析；
- 能够辅助编制各种招展材料；
- 能够掌握代理商管理的基本方法并应用在实践中。

素养目标

- 在招展招商中培养严谨细致的工作态度；
- 遵守法律法规，践行社会主义核心价值观。

思维导图

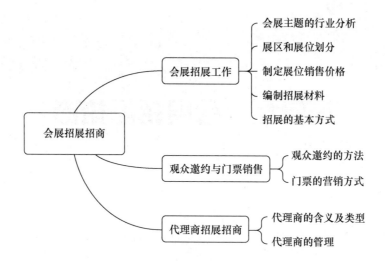

案例导入：在路上的展会策划人[①]

Lydia 是深圳国际葡萄酒与烈酒博览会（TOEwine）的展会策划人。

每年的 TOEwine 展会结束后，Lydia 就会立刻投入全球酒庄的参观与拜访工作，为下一届的展会做准备。在她的行程计划表上，先到达的产区是法国南部，随后是希腊、德国等国家。接着，她会走访澳大利亚南部阿德莱德一些优质的产区：巴罗萨谷、克莱尔谷、伊顿谷、麦克拉伦谷等。然后，Lydia 会带领一些葡萄酒进口商和爱好者到西班牙的拉曼恰、里奥哈和纳瓦拉考察，Lydia 几乎是一个走遍大半个地球的"飞人"。Lydia 认为，自己旅行最主要的目的是把世界各地最棒的葡萄酒和展商介绍给中国的消费者，把认识的新老朋友带到 TOEwine 展会。Lydia 深信，只有深入产区，才能更好地了解对方的需求，并找出最适合的解决方案。

随着展会招商工作结束，Lydia 的工作重心会转为观众招募。Lydia 介绍说，这方面的工作主要包括：第一，开通专业知识线上课程，每天向广大从业者和爱好者推送短小精简的葡萄酒知识，配合每周一次中等难度的线上课程。这个投入帮助 TOEwine 吸引了非常精准的专业观众。第二，广告方面采用多渠道、广覆盖的方式，除了继续与多家专业媒体合作，与"今日头条"等多家大众媒体合作，高端楼宇、社区、高尔夫球场大屏等也有投放广告，公交、电台也都有 TOEwine 的广告覆盖。第三，通过京东大数据筛选酒水买家，统一送门票。

思考：

案例中的会展是如何提高参展商和观众的质量的？为什么说不但要销售，还要关注参展商和观众的质量。

[①] 侍酒君. TOEwine 策展人徐夕雅 Lydia 深度专访：这一年我和 TOEwine 走过的路[EB/OL]. (2019-09-30)[2024-02-12]. https://mp.weixin.qq.com/s/-IJiwrt2zlik3C50pIrqXw.

会展招展招商是会展营销最基本、最重要的工作之一。会展的招展与招商工作是相辅相成、紧密联系的,只有将参展商与观众科学合理地匹配,才能发挥出会展应有的商业价值。需要注意的是,会展招展招商不仅要销售出展位及门票等,还应该关注参展商及观众的质量。

任务一　会展招展工作

会展招展就是通过各种方式向与会展主题相吻合的制造商、服务商、技术成果拥有者等推荐会展产品,推动他们购买展位,到现场展示推广自己的产品、服务、技术成果等。

一、会展主题的行业分析

"行业"一般是指商品从生产到销售全部的相关企业。在行业中,某个企业负责的往往只是行业链条中的某一个环节。因此,我们习惯把提供原料产品的企业称为上游企业,把接受原料产品的企业称为下游企业,把最终消费产品的用户称为终端消费者。行业上下游企业之间的交流、交易往往就是通过参加行业会展完成的。对会展而言,这些企业都是展位潜在的销售对象。

行业分析是指对一个企业所处行业的发展情况进行分析,掌握行业的宏观性、基础性问题。对行业中的企业而言,行业分析可以指导企业进行经营决策,决定企业的发展方向。对会展而言,行业分析可以从宏观上明确会展题材所涉及行业在某一区域的分布特点、各地区的产业发展状况、该行业的企业结构状况及分布情况等,是开展招展工作的重要依据。因此,行业分析一定要深入、科学,力求准确无误。

一般情况下,行业分析包括 5 个一级模块、14 个二级模块,如表 7-1 所示。

表 7-1　行业分析模块

一级模块	二级模块	分析内容	分析方式
行业规则	产业链情况	产业上下游有哪些企业,这些企业如何合作	定性描述
	商业模式	供应、生产、销售、营销如何组织	定性描述
	进入壁垒	新企业进入行业所需的资质、资金、技术、场地、人员条件限制	定性描述
行业终端消费者	市场规模	实际消费群体的数量、消费能力、产品需求	定量数据
	分布特征	在哪些区域(国家、省份、城市) 覆盖哪些人群(年龄、性别、阶层)	定量数据
	潜在空间	还有哪些人有可能成为消费群体	预测数据
行业竞争格局	产品结构	高中低档产品配置情况,每一类对应的市场份额	定量数据
	集中度	头部企业(如 top3、top10)所占的市场份额	定量数据
	差异化程度	同质竞争(价格战)、差异竞争(档次、消费人群、功能差异)	定性描述

续表

一级模块	二级模块	分析内容	分析方式
发展趋势	增长趋势	用户、销售额、产品等的增长态势	定量数据
	进入/退出情况	进入、退出行业的企业数量	定量数据
	资金流入/流出情况	行业内追加投资、撤离投资情况	定量数据
	结构变化	行业各细分领域发展趋势	定量数据
标杆企业	标杆企业	标杆企业的规模、经营模式、营销策略等	定性描述

二、展区和展位划分

现代会展一般都先以展品类别划分展区,再根据不同场馆每个展区的场地特征划分展位。合理划分展区和展位对于会展招展和更好地吸引目标观众到会参观、提高参展商的展出效果、进行展览现场服务与管理等有着十分重要的作用。招展之前要绘制展区和展位规划平面图,以便向潜在参展商介绍展区和展位的划分与安排情况。划分展区和展位须重点考虑以下几个问题。

(一) 统筹兼顾目标客户的需求

在划分展区和展位时做到统筹兼顾,就是要在满足会展需求的前提下,对会展所有的展位作功能性安排,最大限度地兼顾会展主办方、参展商、观众等各方利益和便利性。划分展区和展位第一要考虑会展本身的需要,第二要考虑参展商、观众等对展区与展位安排的特殊需要。

(二) 因地制宜地利用场馆空间

在划分展区和展位时,要充分考虑展馆的场地条件,因地制宜。例如,无论是标准展位还是光地展位,所有参展商都不希望展位中有柱子,因此,如果展馆中有柱子,就应考虑将柱子安排在某个特殊的展位中(以参展商不会提出异议为准)。又如,不同参展商对展位的具体形状有不同的要求,有的参展商希望展位是岛形的,有的参展商希望展位是半岛形的,还有的参展商希望展位是通道形或是道边形的,划分展位时就需充分考虑这些因素。

(三) 合理安排展馆的服务设施

合理安排展馆的服务设施是会展安全举办的重要保证。在划分展区和展位时,要保证任何展位都不能遮挡展馆里的安全设施,如不能遮挡消防栓,不能堵塞消防和安全通道,不能遮挡电箱等。展馆入口处须合理预留人流聚散区域,展馆的通道要达到规定的宽度。

(四) 充分考虑参观人流的活动规律

参观人流的形成和流动规律对展区和展位划分有一定要求,是划分展位时须充分考虑的重要因素。例如,在我国,展览参观人流的形成与流动有这样的特点:人流进展馆后习惯直接向前走,如果不能直接向前,一般习惯向右转。在展馆入口处、主通道、服务区和大型展位前,人流往往比较集中;另外,会展中有时会出现围观某展位或某展品的人流高峰现象。

因此，在划分展区和展位时要充分考虑参观人流的活动规律，保证道路通畅。

三、制定展位销售价格

在会展招展过程中，主办方要明确公布会展的展位价格及制定该价格的依据。展位价格是招展方案的核心内容之一，也是对招展工作有重大影响的因素之一。展位价格要合理，不能太高，也不能太低，要充分考虑行业情况及参展商的预期。有关制定展位价格的策略可以参考本书项目五的内容。

四、编制招展材料

开展招展工作前需要编制好基本的招展材料。招展材料一般包括招展函、参展商手册、展位销售合同等。

（一）招展函

招展函，即会展主办方用于邀请参展商参加会展的邀请函，它是目标参展商最初了解会展情况的主要信息来源。从形式上讲，招展函应图案设计精美、文字简洁明了，既有纸质印刷的手册，也有适合使用手机、平板电脑等电子设备阅读的电子版。从内容上讲，招展函面向潜在参展商，主要介绍参展商所关心关注的参展实用信息。

招展函的内容应主要包括以下几个方面。

1. 会展基本信息

会展基本信息一般包括：① 会展名称和 LOGO，这一般被放在招展函封面最醒目的位置；② 会展的举办时间和举办地点；③ 会展的主办单位、承办单位、协办单位和支持单位等；④ 办展起因和办展目标；⑤ 会展特色，如会展的宣传口号、会展的主题等；⑥ 会展的展品范围等。

2. 展位信息

制作招展函是为了销售展位，相关的展位信息对参展商而言至关重要。基本的展位信息包括展位面积、展位分布、各种展位的价格（包括空地价格、标准展位价格、室外场地价格）等。对于标准展位，一般还要对其基本配置作出说明。

3. 市场状况介绍

招展函一般还须结合会展的定位，对会展所在行业的状况作简要介绍，如行业生产情况、销售情况、进出口情况及发展趋势等；也可对会展举办地所在地区的市场状况进行介绍，介绍范围主要取决于会展的定位和市场辐射范围的大小，如果会展是国际展，那么介绍的"地区"范围就不仅仅是会展所在的城市和省份，可能还包括整个国家及周边国家。

4. 会展招商计划

为了更好地吸引参展商，招展函中还可以介绍会展招商计划中邀请专业观众的办法、范围和渠道。如果是已经连续多次举办的会展，那么，对往届会展参展观众的回顾分析将是十分有用的信息。

5. 宣传推广计划

会展的宣传推广计划往往是参展商比较关注的信息，招展函中可以简要介绍会展宣传推广的手段、办法、范围和渠道，以及计划扩大影响的具体措施等。

6. 申请参展方式

招展函中要给出申请参展方式信息,以提示目标参展商,如果他们计划参展,他们该怎样办理参展手续。招展函中一般应重点列明办展单位的联系电话、地址、传真、网址和 E-mail 等,供目标参展商使用。参展的操作细节可以放在参展商手册中具体介绍。

7. 各种美化图案

为美观和实用所需,招展函中还会有一些图片和其他图案,如展馆图、展馆周边地区交通图、往届会展现场图片等。这些图片既可以对会展相关情况作更具体、更形象的说明,也可以起到美化招展函的作用。图 7-1 所示为一份招展函示例。

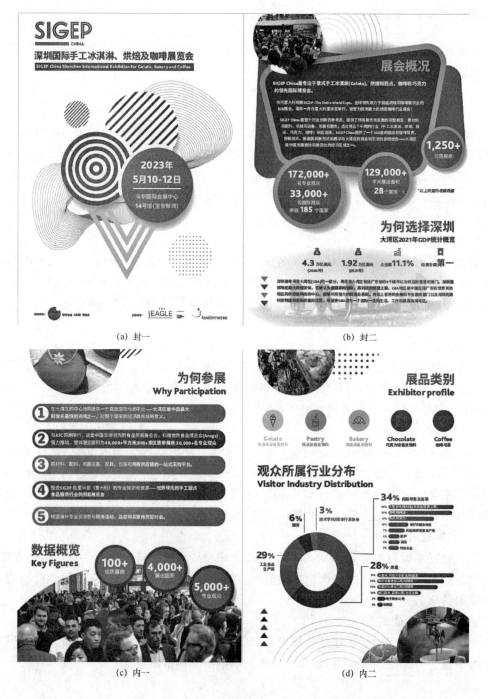

(a) 封一   (b) 封二

(c) 内一   (d) 内二

(e) 封三　　　　　　　　　　　　　　(f) 封四

图 7-1　招展函示例

（二）参展商手册

参展商手册是会展主办方以参展商参展过程中涉及的主要问题为内容汇编而成的手册，其内容比招展函更加具体丰富。一方面，参展商手册可以指引参展商参展，为其提供参展的有用信息；另一方面，参展商手册是主办方向参展商提出的管理要求和约定，以保障会展安全、有序、合规地进行。

编写参展商手册是招展工作的一项重要内容，参展商手册的内容主要包括以下几个方面。

1．前言

前言主要介绍参展商手册的编写原则及用途，强调参展商手册的重要性，提醒参展商认真阅读，遵守其中的各项规定。

2．会展基本信息

这里的会展基本信息与招展函中的会展基本信息类似，此处可以对会展进行更为详细的介绍。

3．展位申请的具体手续及流程

这一项主要包括对参展商及展品的资质要求、签订展位销售合同的程序、付款方式，以及需要参展商填写的相关表格。一些重要的会展为了保障展位分配合理公正，会对展位分配设置具体的要求，甚至需要专家的评审论证，相关的事项，都应该在参展商手册中予以告知。

4．展位搭建指南

搭建展位是参展商参展的重要工作，参展商手册要对展位搭建作出细致的指引，以帮助参展商顺利完成展位搭建以及撤展拆除工作。展位搭建指南中一般需要提供展馆的基本情况,如展馆展区的平面图、场地技术参数、周边交通物流情况等。标准展位一般由主办方统一搭建,提供标准配置,参展商如有特殊需要,可以提出增加配置的需求。特装展位由参展商自行搭建,参展商手册中需要说清楚搭建时间要求、搭建材料要求、消防安全规定、质量标准要求、展览结束后的拆除要求等。

5. 会展管理规定

为保障会展有序开展,主办方会对参展商作出相关的管理规定,这些规定主办方一般会在参展商手册中予以告知。这些规定主要包括证件办理规定,展品的登记审核规定,展品知识产权保护规定,会展现场的安保、消防、卫生、用水用电规定等。

6. 会展周边服务信息

为方便外地参展商参展,主办方一般还需要协助提供会展周边服务,如对住宿、交通、餐饮、旅游、入境手续等信息进行介绍。大型会展的主办方一般会与酒店、旅行社等预先签订协议,为参展商和观众提供比较适合的酒店住宿、商务考察、旅游观光选择,价格往往比市场价要优惠。

(三) 展位销售合同

展位销售意向达成之后,主办方应及时同参展商签订展位销售合同,从法律上明确双方的权利义务。展位销售合同的主体是主办方与参展商,合同的主要内容是主办方为参展商提供展位,就性质而言,展位销售合同实质是出租展位的租赁合同。

自2021年1月1日起施行的《中华人民共和国民法典》对合同有明确的法律规定,取代了原有的《中华人民共和国合同法》,是签订展位销售合同的主要法律依据。

《中华人民共和国民法典》第四百七十条规定,合同的内容由当事人约定,一般包括下列条款:(一)当事人的姓名或者名称和住所;(二)标的;(三)数量;(四)质量;(五)价款或者报酬;(六)履行期限、地点和方式;(七)违约责任;(八)解决争议的方法。当事人可以参照各类合同的示范文本订立合同。

知识链接:展位销售合同(范本)

展位销售合同(范本)

甲方:

乙方:

为进一步维护参展秩序,维护企业及会展组织者双方的共同权益,本着公平、互惠的原则,签订此次销售合同,具体内容如下:

一、展位确认

按照甲方向乙方提交的_____所述,经双方共同确认,甲方购买乙方展位,现予书面确认:

甲方参展展位面积为:室内净场地_____平方米,位置:_____,

原价:_____,实际费用:_____(含装修)。

二、会议演讲

经双方确认,甲方购买会议演讲时段(注:30 分钟为一时段),现予书面确认:

甲方购买____个演讲时段,时间:_____年____月____日____时____分至____时____分,演讲人:_____,演讲主题为:_____,原价:_____,实际费用:_____。

三、其他项目广告

1. 经双方确认,甲方购买会展主背板 LOGO(或/和)广告牌_____个,原价:_____,实际费用:_____。

2. 经双方确认,甲方确认购买室外广告充气拱门/正门充气球/户外广告旗____个,原价:_____,实际费用:_____。

3. 经双方确认,甲方购买会展的会刊广告____个,规格为:会刊封底/封底内页/封面内页/会刊内页,原价:_____,实际费用:_____。

4. 经双方确认,甲方购买会展独家手提袋赞助/独家胸卡挂带赞助/会展独家门票赞助/会展独家纪念品赞助,赞助原价:_____,实际费用:_____。

四、展示确认

1. 经双方确认,甲方参加_____会展活动集中展示,展示样品为_____,样品型号:_____,展示费用原价:_____,实际费用:_____,总计费用:_____。展示样品由甲方提供,展示样品应于_____年____月____日前提供给乙方,并由乙方统一管理,乙方承诺于会展结束后 15 个工作日内将展示样品归还甲方,如出现丢失或损坏情况由乙方予以赔偿。

2. 经双方确认,甲方参加_____会展中的展示及模特秀,每次模特秀展示为 5 分钟,甲方确认购买模特秀展示____次,展示费用原价:_____,实际费用:_____,总计费用:_____。此次模特秀展示样品为_____,样品型号:_____,展示费用:_____,实际费用:_____,总计费用:_____。展示样品由甲方提供,展示样品应于_____年____月____日前提供给乙方,并由乙方统一管理,乙方承诺于会展结束后 15 个工作日内将展示样品归还甲方,如出现丢失或损坏情况由乙方予以赔偿。

五、关于付款

1. 付款方式:甲方应在双方正式签立本合同后 15 日内向乙方支付上述全额参展费用(或全额费用的 30%作为定金);如缴纳定金,则甲方应于_____年____月____日前将剩余款项一次性付至乙方。甲方可通过电汇的方式支付上述费用,乙方账户信息如下:

户名:_____

账号:_____

开户行:_____

2. 甲方在支付定金后,若逾期未补缴余款,乙方有权将甲方的展位及广告另行分配,甲方所支付的定金则用于补偿乙方的损失,不予退回。

六、乙方责任

1. 乙方负责向甲方提供此次会展的相关广告服务项目;

2. 乙方将在甲方支付上述费用后五日内根据实际到账金额向甲方开具有效的报销凭证;

3. 乙方将于_____年____月____日前向甲方提供《参展商手册》。

4. 乙方将向甲方提供免费会刊登载服务及此次会展网站宣传。

七、甲方责任

1. 甲方应按要求及时向乙方提供会展所需的各种广告及参展资料，保证所提供的全部资料真实、有效，并同意乙方将资料载入乙方数据库内，供乙方制作会刊、对外宣传及会展推广之用；

2. 甲方须在双方共同签立本合同之日起 15 日内，按本合同要求向乙方支付全额参展费用（或订金）；如缴纳定金，剩余款项则应于_____年____月____日前一次性付至乙方指定账户；

3. 甲方应自觉遵守主办方的各项要求，按会展的有关要求进行布撤展，维护会展现场的良好秩序；

4. 甲方应严格在所属展位区域内进行布展，不得随意占用公共通道及其他展位展示展品，自觉保护好各自展位内设施。

八、声明与保证

双方互相向对方声明、陈述和保证如下：

1. 其有资格从事本合同项下之合作，而该合作符合其经营范围之规定；

2. 其授权代表已获得充分授权，可代表其签署本合同；

3. 其有能力履行其于本合同项下之义务，并且该履行义务的行为不违反任何对其有约束力的法律文件的限制。

九、争议解决与适用法律

1. 如双方就本合同内容或执行发生任何争议，双方应进行友好协商；协商不成时，任何一方可向乙方所在地法院起诉解决。

2. 本合同的订立、执行和解释及争议的解决均应适用中国法律。

十、其他

1. 本合同正本一式两份，双方各执一份，每份正本具有同等法律效力。

2. 本合同未尽事宜由双方另行协商解决。

甲方（盖章）：　　　　　　　　　　　乙方（盖章）：

授权代表（签字）：　　　　　　　　　授权代表（签字）：

　　　　　　年　月　日　　　　　　　　　　　　年　月　日

扫码看微课

招展的基本方式

五、招展的基本方式

招展的目的是寻找参展商并销售展位。展位主要面向企业，招展的基本方式有以下几种。

（一）同类会展招展

同类会展招展是招展的重要方式，其招展的效率也比较高。同类会展是指与本会展主题类似、档次相近、展品范围一致的会展。会展的相似度越高，参展商的重叠度也就越高。主办方可派出营销人员到同类会展学习交流，开展招展活动。

同类会展招展需要考虑会展之间的竞争关系。同类会展大致可以分为三类：同城同类会展、不同城市的同类会展、不同国家的同类会展。一般而言，距离越近的同类会展，参展商重叠度越高，竞争关系也越明显。到竞争较为激烈的同类会展招展，应注意打造自身的特色和差异度。

同类会展招展工作一般包括这样几项内容：① 设立展位，宣传推广会展，与潜在参展商交流接洽；② 拜访参展商展位，收集潜在参展商的相关信息；③ 收集同类会展的商业信息，如会刊、参展商名录、会展报告等。

（二）连届会展招展

连届会展招展是指在本届会展上进行下一届会展招展。如果对本届会展的效果满意，参展商一般愿意提前预订下一届会展的展位，甚至预订多届会展的展位。由于会展的举行一般都是周期性的，除首届会展之外，第二届及之后的会展均可以面向上一届的参展商进行招展，这也大大提高了招展的工作效率。

连届会展招展的要点包括：① 提前策划好下一届会展的内容，确定会展时间、地点、主题、特色等；② 做好本届会展参展商调研工作，收集参展商意见；③ 对部分参展效果不佳，不符合会展主题的参展商进行调整，预留一定数量的展位给新的参展商。

（三）机构合作招展

机构合作招展是指主办方与相关机构建立业务合作关系，协同开展招展工作，这可以大大提高招展的工作效率。合作招展机构一般包括行业的政府主管部门、行业的权威协会、具有广泛影响力的行业媒体、主办单位的分支机构、办展机构等，国际性会展还可以联系外交部门寻求商务协助。

为提升合作机构对招展工作的参与度，主办方往往将其列为"合作单位""支持单位"等，一些重要的合作机构还有可能直接成为主办单位之一。由政府主办或者政府参与度较高的会展，如广交会、进博会等，可以借助行政力量推进招展工作，大大提升招展工作效率。

（四）企业拜访招展

企业拜访招展是指主办方利用会展间歇期组织招展人员到企业进行登门拜访，开展面对面的交流沟通，了解参展商的需求，商讨具体参展事项。企业拜访招展的成本比较高，在实际操作中一般只针对重要的参展商开展。一方面，拜访体现了主办方对参展商的高度重视，可以强化双方的合作关系；另一方面，拜访有助于对方及时了解会展工作的动态变化，提前作出调整，从而实现更好的参展效果。

（五）电话招展

电话招展是电话销售的一种，是比较传统的招展方式。虽然电话的功能在一定程度上正在逐渐被网络替代，但电话依然有一定的作用。电话招展是指招展人员通过电话向潜在参展商介绍会展、解答疑问、提供销售服务。电话招展对招展人员的要求较高，招展人员须熟悉产品、了解业务、表达力强、反应敏捷，这样才能做好电话招展工作。主办方应该提前编制电话招展的话术，并组织招展人员进行相应的培训和练习，这样才能取得较为满意的招展效果。

（六）网络招展

网络招展是指基于网络开展招展工作。网络招展具有不受时间、地点限制，交互性强，呈现形式丰富多样等特点，明显优于传统招展方式，是未来招展方式发展的主要方向。网络招展目前主要包括利用网络媒体登载广告、利用电子邮箱进行邮件招展和利用网站进行全方位网络营销三种基本形式。

其中，利用网络进行全方位的网络营销已经不仅仅局限于招展，还包括网上调查、网上形象塑造、网上产品展示、网络促销、网络分销、网络公关、网络客户服务等。现代企业往往以网络为平台在产品售前、售中、售后各环节展开全程市场营销活动，充分发挥网络的优势，最大限度地满足客户需求，以达到开拓市场、树立形象、促进销售和增加收益的目的。

广交会的招展形式

行业观察：广交会的招展形式

广交会属于政府主导型会展，招展形式具有政府主导型会展的特色。广交会遵守"宏观指导、地方组团、行业协调、专业办展"的16字方针。广交会设48个交易团，各类企业应按其所在行政区域或系统参加交易团，并作为交易团成员参加广交会。6个进出口商会及外商投资企业协会发挥行业服务协调作用，负责相关展区的协调管理工作。

广交会的展位分为品牌展位和一般性展位两种，主办方会按照评审标准对参展商进行评审打分，得分高的参展商可获得广交会展位的优先选购资格。

一般性展位由地方交易团、国资委管理企业参展团单位负责安排。凡符合广交会参展资格标准的企业可在规定时间通过广交会参展易捷通在线填报参展申请表，打印盖章后连同评审材料（如上年度出口额、研发创新和自主知识产权、国际通行认证、境外商标注册、品牌荣誉等）一并提交给所在行政区域或系统交易团参展组团单位，参展申请正式生效。

（资料来源：第130届广交会参展商手册）

任务二　观众邀约与门票销售

会展主办方在招展的同时开展招商工作，即进行观众邀约及门票销售。对于会展而言，参展商与观众好像是硬币的两面，缺一不可。一般来说，专业性会展的专业观众往往受邀免费参展；而娱乐性、观赏性、学习性较强的会展，可能会向观众销售门票，这样可以控制观众人数，同时增加会展的收入。

通常观点认为招商只针对专业观众，本书编者认为招商适合各类会展，招商工作应包括对所有观众的邀约。

一、观众邀约的方法

《中国展览经济发展报告2023》数据显示，2023年，中国共举办经贸类展会3923项，展会总面积为1.41亿平方米。然而，大部分展会，尤其是B2B专业展会，观众几乎都是免费参加的。

本书前文已分析过，即使会展的观众不购买门票，也依然是会展的间接消费者。会展邀约观众的数量和质量决定了参展商的参展效果,影响参展商对会展的评价,是参展商是否继续参加下一届会展的决策依据之一。观众邀约的方法主要有以下几种。

(一) 机构合作邀约

同招展工作一样,开展观众邀约工作也要积极同各类机构开展合作,这样可以提高观众邀约的效率。

(二) 发动参展商邀约

一般来说,参展商本身都有一定的客户资源,他们可以邀约自己的客户使其成为会展观众,到会展现场交流洽谈。主办方应积极发动参展商邀约观众,为参展商提供广泛的市场营销材料,帮助他们更轻松地开展观众邀约工作。例如,设计能够加入参展商网站的广告标语;设计独有的会展签名,通过邮件群发给客户。主办方还可以通过追踪代码来追踪观众的来源,了解参展商的邀约效果,从而对邀约效果较好的参展商给予相应的奖励。

(三) 制订特邀观众方案

为了邀约到有价值的、重要的观众来参加会展,主办方可以考虑制订特邀观众方案。特邀观众方案的主要内容是由主办方承担特邀观众的全部或者大部分参展费用,包括交通费、食宿费用等,作为回报,特邀观众必须每天参加一系列预先安排的活动。这种观众邀约模式最先在20世纪80年代的国际性会展中采用,在邀请专业买家方面,被证明取得了巨大的成功。现在,这种方法已经成为很多国际会展邀约专业买家的固定方法之一。

(四) 保持与观众的联系和互动

如果在会展开始前一两个月才邀约观众,一般都效果不佳。大规模并且比较成功的会展一般在上一届会展刚结束时就开始宣传下一届会展了。主办方在会展结束后,应积极宣传报道会展的效果,将参展人数、成交金额、社会反响等通过各种方式反馈给公众,为下一届会展的招展招商进行预热。

在会展的间隔期,主办方也要注意通过更新会展公众号内容、网页新闻等,不断提供有价值的行业信息、会展信息等,继续保持与观众的联系和互动。对于国际性会展的专业观众邀约来说,一般应至少提前8个月开始联系,确保专业观众将会展列入自己的日程安排。

(五) 加强广告宣传投放

观众邀约的数量大、任务重,除了已经掌握的重点观众之外,主办方还必须加强广告宣传,扩大影响面,让更多潜在观众知晓会展,激发他们的参展欲望。

(六) 增加会展的娱乐性

会展中的娱乐环节可以吸引观众,有助于邀约观众。增加会展娱乐性的常用方式有邀约明星、名人到场,增加抽奖、节目演出、竞赛环节,等等。

二、门票的营销方式

门票销售收入是主办方收入的来源之一。娱乐性、观赏性较高的会展(如航展、车展、动漫展、艺术展等），观众参与积极性较高，主办方可以通过销售门票增加会展收入。对于商业性的会议而言，门票销售是其主要收入来源，因此，销售门票是会议营销人员的重要工作。销售会展门票常用的营销方式主要有以下几种。

扫码看微课
会展门票的营销方式

（一）早鸟票营销

"早鸟票"是早鸟折扣票的简称，寓意取自"早起的鸟儿有虫吃"。这种来自国外航空公司的促销方式如今已被广泛应用于会展门票销售中。观众越早预订，可以获得越高的折扣。会议活动的门票销售可提前半年到一年。数量有限，时间有限，早鸟票反馈给人们的信息就是"短缺""稀少"，从而为门票销售营造抢购的氛围。早鸟票并不是简单地以低价达成销售，其目的主要是聚集人气、引发关注、打开局面。

（二）门票分级营销

不同消费者的消费水平不一样，会展门票销售也要满足不同消费者的不同消费需求，主办方可拟定出不同门票价格，通过扩展门票价格区间，扩大目标用户范围。对高端消费者，可以制定VIP套票，不只包含入场门票，还可以有附加的服务，比如赠送纪念品、设定专属座位等；依据上班族的消费情况可设置普通票、观摩票；对学生、老人等特殊人群，可以设定更加优惠的门票价格。门票分级营销有助于观众根据自身的实际消费能力购买所需票种。

（三）团购门票营销

主办方可通过设定团购票价格，吸引公司、社会团体等组团报名参展。团购人数越多，门票销售的压力就越小。

（四）老观众营销

主办方可以为多次购票的观众设定优惠门票价格，对多次参加会展的观众形成激励，这有利于增加这部分粉丝观众的黏性。

任务三　代理商招展招商

一、代理商的含义及类型

（一）代理商的含义

主办方除了自行招展招商之外，还可以借助外部力量建立销售渠道，寻找适合的代理商进行招展招商。销售渠道是市场营销的重要概念，简单理解就是商品和服务从生产者向消费者转移过程中的具体通路和路径。销售渠道包括企业直接销售渠道和通过中间商销售的间接渠道。当企业依靠自己的力量无法完全接触到目标客户时，就需要借助中间商的间接渠道进行销售。

会展代理商本质上是会展销售渠道中的中间商，通过间接渠道完成销售任务。会展代理商通过与主办方签订合同，在授权范围内代表主办方销售展位或门票、邀约观众。代理商完成销售业绩，可以按照销售数量或金额提取一定比例的代理佣金。

除签订合同的正式代理商之外,会展项目中往往还存在不少隐形的代理商,他们往往以"合作单位""支持单位"等名义参与招展招商。政府有关部门、行业协会、媒体、外国驻华商务机构等都经常成为隐形的代理商,实质性地开展一些招商招展工作。

(二)代理商的类型

代理商的类型主要有独家代理、排他代理、一般代理和承包代理。主办方和代理商经过协商,通过签订合同确定代理的类型。

1. 独家代理

独家代理是指在规定时期内,主办方将某一地区的招展招商权赋予某家代理商独家负责,主办方与其他代理商在该地区不再开展项目的招展招商活动。代理商只有通过展览组织机构的资质审查并承诺完成一定数量的招展招商任务,才能取得独家代理的授权。

2. 排他代理

排他代理是指主办方赋予某代理商在规定地区与规定时间内招展招商权,在该地区同一时段不再安排其他代理商开展招展招商活动,但主办方不在限定的范围内,主办方在规定时间内仍可在该地区开展招展招商。

3. 一般代理

一般代理是指主办方在同一地区同时委托若干家代理商进行招展招商,并明确各代理商的招展权限,主办方也可在该地区招展招商。采用此代理方式时,主办方须明确统一的代理条件。

4. 承包代理

承包代理是指代理商与主办方事先约定买断一定数量的展位或门票,不论能否将买断的展位或门票销售掉,代理商都须将相应的费用支付给主办方。在这种代理方式中代理商承担了一定的销售风险,但可以获得更多的佣金。

二、代理商的管理

与高质量的代理商合作是会展营销渠道建设的重要工作,能够提升会展营销效果。从主办方的角度讲,主办方需要做好代理商管理工作。代理商的管理主要包括以下几个方面。

(一)代理商的选择

一般情况下,会展招展招商工作需要的代理商数量并不多,且不宜频繁更换。主办方需要综合考虑多种因素,对代理商进行精挑细选。主办方一般会选择具备以下几个条件的代理商。

1. 具有一定的营销基础

在选择代理商时,主办方首先会考察代理商是否具有一定营销基础,包括是否掌握与会展主题相关的参展商资源,是否已有销售团队及销售网络,是否有良好的社会关系(包括政府关系、媒体关系等)。通常能满足这些条件的有相关行业协会、地区商会、专业展览公司、广告公司等,一些举办过相同题材会展的机构往往是首选对象。

2. 熟悉会展运作的相关服务及专业知识

代理商在代理范围内代表主办方与客户直接接触。参展商及观众在参展过程中可能涉及方方面面的问题(如参加会展的费用、程序、展览服务疑问等),需要代理商详细地解答和解释。如果所选的代理商不熟悉会展组织运作的相关服务及专业知识,就无法给予客户满意的答复,也就不能很好地完成招展招商工作。

3. 信誉良好

良好的信誉不仅是双方合作的基础,更是招展招商工作顺利进行的前提。主办方往往会通过各种渠道深入了解代理商的代理能力,同时了解其信誉度。对于国外的代理商,主办方一般还会设法了解代理商所在国对代理商的具体政策,确保其具有代理资格。

4. 认同办展理念、认可会展产品

代理商对所代理产品的信心很重要,如果信心不足,代理商获得代理权后,一旦遇到一些困难,就会把承诺忘得一干二净,开发市场时拖拖拉拉,达不到主办方预期的效果。主办方选择代理商时,一般会客观地分析合作过程中可能出现的困难和问题,明确代理合作中代理商必须承担的责任和义务,最终选择最积极主动、最渴望合作、对会展产品最有信心的代理商进行合作。

(二) 代理商的佣金激励

代理商一般按照销售数量获得一定数量的佣金。主办方在设计佣金制度时,一方面要考虑对代理商的激励作用,另一方面要注意佣金制度对销售价格的影响,要将佣金与价格折扣区分开来,避免销售价格混乱。

独家代理、排他代理、一般代理的代理佣金比例通常为主办方实际收到的代理商销售金额的15%~20%。承包代理的佣金比例通常会高一些,可以达到25%或更高。为增强激励作用,进一步激发代理商的销售积极性,主办方在设计佣金时还会采用累进折扣制,即按照代理商实际销售数量或金额,给到代理商不同的佣金比例,销售数量或金额越高,佣金比例就越高。

部分代理商为了得到更多的代理佣金,可能会违背主办方制定的价格标准,擅自降低销售价格,引起价格混乱。销售价格混乱会引起高价购入的消费者的不满,破坏会展的整体形象。主办方应保持对代理商的严格监管,定期对代理商的销售行为进行检查,若发现不执行价格标准的代理商,应严肃处理,甚至取消合作,终止其代理资格。

(三) 代理商的风险管理

主办方委托代理商招展招商,除了存在价格失控风险之外,还存在产品分配风险、资金管理风险、恶性竞争风险等。因此,主办方需要加强管理,提前防范化解可能的风险。

1. 价格失控风险

如前文所述,部分代理商为获得更多的代理佣金,可能擅自降低销售价格,导致价格混乱。

为避免价格失控风险,主办方应注意随时了解代理商的销售价格,对不执行价格标准的代理商进行监督警示,甚至可以取消其代理资格。

2. 产品分配风险

受到场地、时间的限制,展位的位置、门票的座位等都存在一定的差异性,会展产品无法完全标准化。现实中往往出现好位置的产品多个客户争抢,差位置的产品无人问津的情况。代理商为了争取客户,也需要争取更好的产品资源。因此,主办方必须平衡分配产品资源,否则可能产生纠纷,造成客户流失或其他不良后果。

为避免产品分配风险,主办方必须平衡分配会展产品,可以通过价格调节补偿产品差异,制定相对公平的展位分配制度,避免产生纠纷、流失客户。

3. 资金管理风险

由于代理商直接接触客户,在实际工作过程中,代理商往往先代收客户的款项,扣除代理佣金之后,再将剩余款项转给主办方。如果采取代理商先收款的结算方式,代理商可能拖欠款项,甚至卷款潜逃,就会形成主办方的资金管理风险。

为避免资金管理风险,代理协议应该明确规定代理商不负责收取客户的款项。主办方要告知代理商及会展客户,消费款项应直接转入主办方指定的银行账户,等销售款到账后,主办方再向代理商结算代理佣金。

4. 恶性竞争风险

采取一般代理方式时,多家代理商同时销售会展产品,必然存在竞争关系。代理商之间正常的竞争,可以更好地打造服务特色,提高服务质量,对产品销售是有益的。但是,过度的竞争或恶性竞争有可能导致代理商出现虚假承诺、降价竞争、违规操作等问题。

为防范代理商恶性竞争,主办方要注意控制好代理商的数量及质量,提前约定好销售竞争规则并予以监督,努力将代理商之间的销售竞争控制在有序的范围之内。

素养提升:警惕会展期间出现的三类骗局

广交会举办之际,广州市公安局根据真实案例,提醒各参展商须警惕以下三类骗局。

一、代订展位骗局

会展期间,广州市公安局接到企业报警,称有自称招展公司的工作人员联系他们,说可以帮他们公司代订广交会展位,双方通过传真方式签订了合同,事主向对方提供的对公银行账号转了20000元代订展位费用。一个月后,对方未能如约提供展位,事主要求退款,对方以"要向公司申请"为由拖延时间,直至联系不上对方。事主到该公司注册地址寻找,发现并无该公司。

二、代办参展证件骗局

会展期间,广州市公安局接到外地来穗参加广交会的事主报警,称因在网上搜索到"代办广交会参展证"的信息,互加微信后对方要求先交钱,事主向对方转账700元后,按约定地点见面取证,却一直未见对方,随后发现电话、微信均已被对方拉黑,无法联系。

三、高仿邮箱骗局

骗子采用高仿邮箱冒充某企业的海外客户,以业务催收空运费、清关费等为由要求变更收款银行账号,诱骗被骗企业在2周内分3次共转账60余万美元。该企业财务人员在接到3次通知汇款的邮件时均未经其他途径核实便转账,且每次邮件的收款银行账号均不同。直至对方发出第4次催收款邮件,出纳查证收款银行开户地址并非该客户所在国家,认为可疑,与客户公司电话确认,客户回复并未发出此类邮件,也未收到上述3笔业务款。后经仔细核对发现骗子发出邮件的地址与该客户邮箱地址仅相差3个字母。

广州市反诈中心提醒:

(1)广交会线上、线下展位务必通过广交会官方网站进行申请,谨防进入高仿虚假网页。中国对外贸易中心未授权任何单位以广交会名义进行展位登记或售卖。办理广交会参展证、采购证等证件,请通过官方途径办理。

（2）建议交易双方提前约定收款账户更改的通知方式,并通过电话、传真、视频等多种方式确认。涉及汇款收款信息时,务必通过电话、视频或者其他途径再三核实。

（3）建议企业加强对公司邮箱、企业通信软件等通信系统的安全性风险防范及专业化管理,定期更换密码,慎防被盗号或入侵系统；提醒工作人员不轻易打开陌生邮件,谨防误点病毒文件；企业邮箱可通过绑定手机、绑定IP等方式进行异常登录提醒。

（4）如遇电信或网络诈骗,请立即拨打110报警。

知识与技能训练

一、单项选择题

1. 招展函封面最醒目的位置应该放（　　）。
   A. 会展名称和 LOGO　　　　　　　B. 市场介绍
   C. 展位价格　　　　　　　　　　　D. 招商计划
2. 同类会展招展需要考虑会展之间的（　　）关系。
   A. 合作　　　B. 排他　　　C. 竞争　　　D. 互补
3. 目标参展商最初了解会展情况的主要信息来源是（　　）。
   A. 招展函　　B. 工作手册　　C. 邀请函　　D. 展位合同
4. 以下哪种代理形式佣金比例更高一些？（　　）
   A. 独家代理　　B. 排他代理　　C. 一般代理　　D. 承包代理
5. 在采用哪种代理方式时主办方与其他代理商在该地区不能再进行会展项目的招展招商？（　　）
   A. 独家代理　　B. 排他代理　　C. 一般代理　　D. 承包代理
6. 国际性会展专业观众的邀约应该至少提前多长时间联系？（　　）
   A. 1 个月　　B. 2 个月　　C. 3 个月　　D. 8 个月
7. 以下哪种是未来招展方式发展的主要方向？（　　）
   A. 电话招展　　　　　　　　　　　B. 网络招展
   C. 同类会展招展　　　　　　　　　D. 连届会展招展
8. 商品和服务从生产者向消费者转移的具体通路被称为（　　）。
   A. 销售地点　　B. 销售渠道　　C. 销售模式　　D. 销售代理
9. 参加广交会的各类企业应按其所在行政区域或系统参加（　　），并作为其成员参加广交会。
   A. 商会　　B. 行业协会　　C. 交易团　　D. 旅行团

二、多项选择题

1. 做招展工作须编制基本的招展文件，招展文件主要包括（　　）。
   A. 招展函　　B. 参展商手册　　C. 交通手册
   D. 展馆介绍　　E. 展位销售合同
2. 《中华人民共和国民法典》自 2021 年 1 月 1 日起施行后，同时废止的法律有（　　）。
   A.《中华人民共和国婚姻法》　　　B.《中华人民共和国继承法》
   C.《中华人民共和国民法通则》　　D.《中华人民共和国合同法》
   E.《中华人民共和国物权法》
3. 以下哪些会展通常须购票才能参观？（　　）
   A. 车展　　B. 动漫展　　C. 专业展
   D. 艺术展　　E. 书展

4. 会展管理规定通常包括（　　）。
   A. 证件办理规定
   B. 展品的登记审核要求
   C. 展品知识产权保护规定
   D. 会展现场安保、消防、卫生规定
   E. 住宿规定

5. 会展项目中往往还存在不少隐形的代理商，他们往往以怎样的名义参与招展招商工作？（　　）
   A. 主办单位　　B. 承办单位　　C. 合作单位
   D. 支持单位　　E. 媒体单位

6. 代理商招展招商容易出现的风险包括（　　）。
   A. 价格失控风险
   B. 产品分配风险
   C. 项目投资风险
   D. 资金管理风险
   E. 恶性竞争风险

三、判断题

1. 参展商手册的内容往往比招展函更加具体、丰富。　　　　　　　　　　（　　）
2. 展位销售意向达成之后，主办方应该及时与参展商签订展位销售合同。（　　）
3. 签订展位销售合同的主要法律依据是《中华人民共和国合同法》。　　（　　）
4. 在我国，目前的B2B专业会展，观众几乎都是免费参加的。　　　　　（　　）
5. 早鸟票的主要目的是增加销售量。　　　　　　　　　　　　　　　　　（　　）
6. 参展商自己不需要邀请观众。　　　　　　　　　　　　　　　　　　　（　　）
7. 承包代理的佣金比例比其他代理形式的佣金比例要低。　　　　　　　（　　）
8. 招展招商需要的代理商数量越多越好。　　　　　　　　　　　　　　　（　　）
9. 在正常情况下，代理商应该负责收取客户的款项。　　　　　　　　　（　　）

四、简答题

1. 同类会展招展工作一般包括哪些内容？
2. 会展主办方选取代理商的标准有哪些？
3. 参展商手册中主要应包括哪些内容？

五、案例分析题

2023年11月9日，第29届哈尔滨种业博览会在哈尔滨国际会展中心圆满落幕，同期还举办了哈尔滨农资博览会、哈尔滨现代农业机械设备展。本届会展吸引了1179家参展商参展参会，吸引了超10万人次的观众到场参观，超8万款新品、大单品、爆品在现场集中展示，超100家媒体跟踪报道，曝光量破300万。

组委会通过在短视频社交媒体平台以及行业媒体、地域媒体进行前期高频率宣传，同时联合百余位行业网红开展预热宣传，使本届会展在举办前就吸引了海量关注。

为期3天的会展迎来了全国各地的经销商及种植大户们，现场人潮络绎，贸易对接氛围热烈，参展品牌喜讯连连，更赢得了参展商的交口称赞。

本届会展集中展示了新产品、新成果、新技术、新理念，引领种、药、肥、农机高质量发展。

本届会展作为交流合作大平台,现场新品、爆品、大单品各具特色,专业观众不仅可以近距离了解产品性能、即刻互动,还能快速与企业咨询洽谈。

会展现场,多位不同行业、不同领域的专家带来了精彩的分享,从生物育种、大豆产业发展、新品种培育、植保绿色防控、农机化发展生态等角度出发,直击行业发展趋势及产业发展方向,切实做到促进现代农业高质量发展。

会展期间,组委会还邀请了三农最前线、抖音、搜狐、中外会展、金农网、知乎、一点资讯等媒体,以及数十位行业网红到场,对大会进行全方位、多角度的跟踪报道,让观众感受到了会展的盛况和精彩,进一步巩固了本会展在行业中的品牌地位,扩大了品牌影响力。①

案例分析:

分析第29届哈尔滨种业博览会在观众邀约方面有哪些创新。

六、实训实践题

调研近期举办的会展项目,通过招展函了解会展的关键信息。模拟进行招展招商,并进行会展产品的推荐销售。

---

① 第29届哈尔滨种业博览会(HSIE)圆满闭幕![EB/OL].(2023-11-13)[2024-08-15].https://www.sohu.com/a/735979879_121781421.

项目八　管理会展营销数据

学习目标

知识目标

- 了解管理会展营销数据的重要性；
- 了解会展数据采集的主要内容；
- 掌握常见的可视化图表类型；
- 掌握常用的数据分析思维方法。

能力目标

- 能够运用网络爬虫工具采集会展数据；
- 能够设计满意度调查问卷并实施满意度数据采集分析；
- 能够采用合适的图表对会展营销数据做可视化分析。

素养目标

- 培养网络安全意识和数据安全意识，掌握有关法律知识；
- 培养数据化思维意识，培养严谨认真的岗位态度。

思维导图

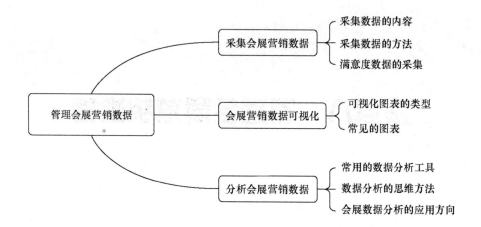

案例导入：贵州酒博会大数据服务平台建设[①]

扫码看微课

贵州酒博会案例

中国（贵州）国际酒类博览会（以下简称"贵州酒博会"）至今已举办十多届，历届展会沉积的非结构性数据曾经因为技术原因只能当作"垃圾"数据，如今通过建设贵州酒博会大数据服务平台对数据进行技术处理，会展数据释放出巨大的商业价值。

2014年，贵州省《关于加快大数据产业发展应用若干政策的意见》和《贵州省大数据产业发展应用规划纲要（2014—2020年）》出台，指出要从多方面发力，推动大数据产业成为贵州经济社会发展的新引擎。"十四五"期间，贵州省提出要建成全国领先的大数据技术创新与应用服务示范基地和产业集聚发展的"中国数谷"。

在各项政策推动下，贵州酒博会主办机构面对新业态发展和创新管理业务的需要，设计适用性应用框架，利用信息技术和机器学习技术实现计算机系统对会展大数据进行自主分析和学习，应用大数据工具，开展酒博会大数据集的按需约简、碎片集聚、精准追溯、实时对接、品类创新等科学分析活动，构建开放包容、协调统一的会展活动深度创新机制，最终形成适用、高效、开放和共享的贵州酒博会大数据服务平台。

贵州酒博会大数据服务平台集聚行业数据、官方数据、企业数据、调研数据、网络数据和传感器监测数据，构建贵州酒博会专业数据库和列数据库，通过数据应用服务总线集成平台，实现贵州酒博会数据发布、管理决策、访问控制和动态监测。

运营商、参展商、搭建商、赞助商、媒体、酒店、餐饮等会展活动主体，可通过酒博会大数据分析，识别自己提供的产品和服务是否满足消费者的需求，还可通过酒博会大数据解析区域政治、经济、社会文化和环境发展方向，进行市场预警和引导。未来，随着贵州酒博会线上线下平台的互动发展，大数据将扮演愈加重要的角色，会展利益相关者之间将实现供需的精准对接，降低中间环节消耗的成本。

[①] 唐明贵,龚雅莉.贵州酒博会大数据服务平台建设研究[J].市场论坛,2021(8):46-51+56.

思考：
1. 贵州省为什么要大力推动大数据产业建设？
2. 结合此案例分析数据管理在会展营销中有哪些应用？

党的二十大报告指出"加快发展数字经济，促进数字经济和实体经济深度融合"。数据要素正在成为最活跃、最先进的新生产要素，被称为新时代的"石油"和"黄金"。数字化成为全球经济发展的大趋势、大方向，决定了国家未来的发展潜力和国际竞争力。

企业对于海量数据的采集、挖掘和运用，将带来生产率和利润的增长。在信息化浪潮的洗礼之下，无论是会展行业，还是其他行业，数据管理都是越来越重要的任务。管理会展营销数据主要包括数据采集、数据可视化和数据分析等内容。

任务一　采集会展营销数据

一、采集数据的内容

会展是人和物的聚集活动，它包含大量的数据信息，管理会展数据，须先进行数据采集。需要采集的数据主要包括以下几项。

（一）人员身份数据

人员身份信息主要包括人员所在单位、姓名、职务、联系电话、电子邮箱、地址等，有了这些数据，在需要时就能够联系到想要找到人，进而才能开展相关工作，因此人员身份数据对会展营销工作至关重要。

（二）人员行为数据

在线下会展中，人员行为数据包括：参展次数、在展馆内停留的时长、同一单位参展人数的变化等，这些信息对于评估用户价值和场内互动情况十分有用。现有技术条件下，对这些信息的采集和分析都已高度工具化，可以通过高科技设备完成。

在线上会展中，人员行为数据包括：通过何种网络入口找到会展的？在哪些页面停留得最久？最后在哪个页面实现了转化？在哪些页面容易离开？这些信息对于改进线上营销工作至关重要，有了这些数据，一般就能了解用户喜欢什么内容，有什么样的操作习惯，等等。进而就有了提升营销效果的方向。

（三）人员评价数据

人员评价数据是指参加会展活动的人员对会展的反馈意见，其中最为重要的是参展商和观众对会展的评价，也就是我们常说的顾客满意度数据。人员评价数据对于了解会展举办效果、改进后续工作具有重要意义。本章后续内容将对人员评价数据的采集做具体的介绍。

（四）贸易需求数据

贸易需求是参展商及观众参加会展最根本的动机，是开展会展营销工作需要掌握的重要数据。参展商及观众感兴趣的产品、公司、业务,在会展中的互动数据等是贸易需求的基础数据。借助收集到的真实的贸易需求数据,会展主办方可以通过专业技术把宣传精准地投放给有需求的用户,将需求转化为购买动机,进而形成销售。

(五)会展交易数据

会展交易数据主要包括展位、广告、赞助、服务等的合同信息和付款信息等,这是客户价值最直观的体现。通过分析会展交易数据,可以挖掘出大量的成交特征和规律,可以直接推动营销效果提升,其作用不可替代。

 素养提升:滴滴公司过度采集信息受处罚

据中国网信网 2022 年 7 月 21 日消息,根据网络安全审查结论及发现的问题和线索,国家互联网信息办公室依法对滴滴全球股份有限公司(以下简称"滴滴公司")涉嫌违法行为进行立案调查。经查实,滴滴公司违反《中华人民共和国网络安全法》《中华人民共和国数据安全法》《中华人民共和国个人信息保护法》,违法违规行为事实清楚、证据确凿、情节严重、性质恶劣。国家互联网信息办公室依据《中华人民共和国网络安全法》《中华人民共和国数据安全法》《中华人民共和国个人信息保护法》《中华人民共和国行政处罚法》等法律法规,对滴滴公司处人民币 80.26 亿元罚款,对滴滴公司董事长兼 CEO 程维、总裁柳青各处人民币 100 万元罚款。①

经查明,滴滴公司共存在 16 项违法事实,归纳起来主要是八个方面。一是违法收集用户手机相册中的截图信息 1196.39 万条;二是过度收集用户剪切板信息、应用列表信息 83.23 亿条;三是过度收集乘客人脸识别信息 1.07 亿条、年龄段信息 5350.92 万条、职业信息 1633.56 万条、亲情关系信息 138.29 万条、"家"和"公司"打车地址信息 1.53 亿条;四是过度收集乘客评价代驾服务时、App 后台运行时、手机连接记录仪设备时的精准位置信息 1.67 亿条;五是过度收集司机学历信息 14.29 万条,以明文形式存储司机身份证号信息 5780.26 万条;六是在未明确告知乘客情况下分析乘客出行意图信息 539.76 亿条、常住城市信息 15.38 亿条、异地商务/异地旅游信息 3.04 亿条;七是在乘客使用顺风车服务时频繁索取无关的"电话权限";八是未准确、清晰说明用户设备信息等 19 项个人信息处理目的。②

二、采集数据的方法

数据来源不同,采集数据的方法也不同。常见的采集数据的方法主要有以下几种。

(一)用企业数据库采集数据

传统会展企业通常会使用传统的关系型数据库来存储数据。就举办单个展览项目而言,即使是规模达到几万平方米的大型展览项目,通过传统数据库以及传统的数据处理方式处理数据也能比较从容。处理会展数据的工具有很多,简单的工具就是 EXCEL,专业型的

---

① 王震. 国家网信办对滴滴处 80.26 亿元罚款 程维、柳青各罚 100 万元[EB/OL]. (2022-07-21)[2024-03-12]. http://finance.people.com.cn/n1/2022/0721/c1004-32481985.html.
② 经查明 滴滴公司共存在 16 项违法事实[EB/OL]. (2022-07-21)[2024-03-12]. http://henan.china.com.cn/m/2022-07/21/content_42043773.html.

工具有 MySQL 和 Oracle 数据库等。采集会展项目的基本数据应使用规范的关系型表格，并整合成企业的项目数据库，以为开展会展营销时进行数据分析打好基础。

（二）用工作日志采集数据

用工作日志采集数据，即收集会展企业业务平台日常产生的大量工作日志数据。采集这些数据可供离线和在线的大数据分析系统使用。高可用性、高可靠性、可扩展性是用工作日志采集的数据所具有的基本特征。

（三）用网络采集数据

用网络采集数据，即通过网络爬虫软件搜索公开的网页或网站公开接口，从网站上获取数据。用百度等传统搜索工具可以直接搜索网页信息；通过政府及相关部门网站、行业协会网站、企业网站、专业咨询公司网站等，可以收集到与会展相关的行业企业数据；用八爪鱼采集器、火车采集器、友益网络数据采集器等工具可以更高效地收集到一些专业数据。

（四）用感知设备采集数据

用感知设备采集数据，即通过传感器、摄像头和其他智能终端自动采集信号、图片或录像等数据。会展项目在用感知设备采集数据方面已经有一些很好的实践和探索。例如，通过观众"跟踪"技术优化门禁系统，特别是通过跟踪观众在会展场馆的活动轨迹和规律来分析人们对产品及企业的关注度，并调整展览的运营管理。借助感知设备，一方面，参展商和专业观众可以在现场实现对彼此位置的准确感知，提高贸易合作的效率，在展后，参展商也可以查询哪些客户到过展台，他们对哪些产品感兴趣，以实现精准营销和产品结构及功能的调整；另一方面，主办方可以利用采集的数据了解客户的喜好和他们感兴趣的产品信息，可以更好地对展览项目进行管理。

◉ 行业观察：会展中数据采集的黑科技[①]

中国国际大数据产业博览会（以下简称"数博会"）创新使用了一项"黑科技"，不仅可使观众更方便地找到参展商，还可让人流量统计更加准确。据一些企业负责人介绍，目前针对数博会设计了一款名为"智航"的 App，提供了覆盖贵阳龙洞堡机场和数博会展馆的室内定位导航服务、会议信息导览服务、日程管理提醒服务。当数博会观众打开 App 后，即可看到自身位置和馆内所有的展位所在，搜索某参展商名称后可通过导航直接到达。

正是基于高精度的室内定位，使人流量的精准统计成为可能。据介绍，主办方在每个展台铺设了数据采集设备，该设备十分小巧，直径仅 46mm，厚度仅 25mm，重量在 40g 左右。该设备被安装在隐蔽位置，不会对展台外观及展示造成影响。这个巴掌大小的设备能够在环境复杂、人流量众多的数博会展馆内实现精准位置服务，为提供展会大数据服务做了强有力支撑。此次数博会期间，它该设备会生成人群集中停留区域的热点地图，并于大屏幕中实

[①] 杨皓钧. 数博会人流量咋统计？原来有个"黑科技"[EB/OL]. (2017-05-18)[2024-03-12]. https://www.sohu.com/a/141434027_114731.

时展示。

(五) 用问卷调查采集数据

问卷调查是传统抽样调查中使用最广泛的一种信息收集方式。随着技术的提高，一些数据通过网络爬虫、感知设备等采集更加高效，不再需要通过问卷调查采集。然而，对于主观态度的数据，问卷调查依然必要，例如，下文将要介绍的满意度数据一般还采用问卷调查的方式进行采集。问卷调查可以通过纸质问卷完成，也可以通过问卷星等电子问卷平台完成。

三、满意度数据的采集

扫码看微课

会展满意度调查

消费者是企业生存的基础，这决定了企业营销活动必须以消费者为中心，不断提高消费者的满意度。会展营销的消费者比较多元，最核心的消费者是参展商和观众。会展营销需要采集的满意度数据主要就是参展商和观众对会展的满意度数据。

会展作为一项服务性工作，其质量、效果如何，满意度是一项重要的数据指标，对后续工作具有直接指导价值。主办方通过采集和分析满意度数据，可以了解会展的举办效果，发现问题，总结经验，提升办展水平，完善后续的会展营销工作。会展满意度调查，需要建立一套科学的评估模型及分析维度，有针对性地设计调查问卷，其数据维度应系统性强、专业性高、贴合市场需求。

满意度是一种主观态度，因此无法通过设备或软件直接采集。一般来说，会展主办方需要自行设计满意度指标，开展专门的调查，采集满意度数据。

(一) 消费者的满意度等级

心理学理论认为消费者满意度是一种心理状态，是一种自我体验。要想对这种心理状态进行界定，可以把它分为五个等级：很不满意、不满意、一般、满意和很满意。

1. 很不满意

很不满意是指消费者在消费了某种商品或服务之后感到愤慨、难以容忍，不仅企图找机会投诉，而且还可能利用一切机会进行反宣传，以发泄心中的不快。具体指征包括：愤慨、恼怒、投诉、反宣传等。

2. 不满意

不满意是指消费者在消费某种商品或服务后感到气愤、烦恼。在这种状态下，消费者对商品或服务尚可勉强忍受，希望通过一定方式得到弥补，也会进行反宣传，在适当的时候，会提醒自己的亲朋好友不要去购买同样的商品或服务。具体指征包括：气愤、烦恼、抱怨、遗憾等。

3. 一般

一般是指消费者在消费了某种商品或服务后没有明显情绪的状态，也就是对所消费的商品或服务既没有好的感觉，也没有差的感觉。具体指征包括：无明显的正面情绪，也没有明显的负面情绪。

4. 满意

满意是指消费者在消费了某种商品或服务后感到称心和愉快的状态。在这种状态下，消费者不仅对自己的选择予以肯定，因为自己的期望与现实基本相符，找不出遗憾之处，还会乐于向他人推荐所消费的商品或服务。具体指征包括：称心、愉快、肯定、赞许等。

5. 很满意

很满意是指消费者在消费了某种商品或服务之后感到激动、满足、感谢的状态。在这种状态下，消费者不仅没有任何遗憾，完全达成了自己的期望，而且可能还大大超出了自己的期望。这时消费者不仅为自己的选择感到自豪，还会利用一切机会向亲朋好友宣传、介绍、推荐所消费的商品或服务，希望他人都来消费同样的商品或服务。具体指征包括：激动、满足、感谢等。

除了直接描述消费者满意度等级之外，消费者满意度理论还认为，满意度是以消费者知觉到的商品或服务的实际状况与消费者的预期相比较来决定的。消费者的预期受过去的购买经验、亲朋好友的意见，以及营销人员和竞争者提供的信息和承诺影响。如果商品或服务的实际状况达不到预期，则消费者会感到不满意或很不满意；如果商品或服务的实际状况恰如预期，则消费者会感到满意；如果商品或服务的实际状况超过预期，则消费者会感到非常满意。

（二）设计满意度指标体系

设计满意度指标体系是采集满意度数据的核心，它在很大程度上决定了满意度数据的有效性和可靠性。满意度指标都是主观变量，不可以直接测评，可以设计层次，将其逐级展开，直到形成一系列可以直接调查的数据指标（问卷问题），这些逐级展开的数据指标就构成了采集满意度数据的指标体系。

表 8-1 是一个会展满意度指标体系示例。该指标体系包括四个层次：一级指标代表最终的会展满意度数据；二级指标包括营销专业服务、会展配套服务、会展现场接待、会展交易效果四个方面；三级指标是对二级指标每个方面的细化；四级指标是根据三级指标设计的具体问卷问题。

表 8-1　会展满意度指标体系示例

一级指标	二级指标	三级指标	四级指标
会展满意度数据	营销专业服务	参展成本	根据三级指标设计的具体问卷问题
		收费方式	
		参展流程	
	会展配套服务	交通状况	
		住宿安排	
		餐饮保障	
	会展现场接待	现场环境卫生	
		秩序和安保	
		突发事项处理	
	会展交易效果	意向性客户到场情况	
		广告宣传效果	
		现场销售和订单签订情况	

具体会展项目不同,采集满意度数据时,可设计不同的满意度调查指标体系,以获得更加有效的满意度数据。

(三) 设计满意度调查问卷

设计满意度调查问卷时要体现数据指标的采集需求,问卷设计是否合理将影响所采集数据的合理性和准确性。

设计问卷时还须兼顾被调查者的舒适度与数据的有效性,应规划好封闭性问题与开放性问题的比例。

参展商和观众的满意度调查问卷可以统一设计一份,也可以分别设计。问卷调查的方式可以采取线下人工调查,也可以通过网络线上调查。一般来说,线下调查比线上调查的质量高,但是效率低,主办方需要根据调查成本及数据质量要求选择合适的调查方式。现在人们多借助问卷星等工具进行问卷设计、发放、收集等,因为线上调查的成本低,而且更加便捷。

1. 调查问卷的基本结构

一份完整的调查问卷一般包括标题、介绍信和调查问题三部分内容。

(1) 标题

标题一般用来说明调查对象及调查内容,应该简明扼要、清楚明确,如"第四届进博会普通观众满意度调查问卷"。

(2) 介绍信

介绍信一般用来在提问之前向被调查者介绍调查的基本情况及必要性,内容一般包括调查单位及个人身份,调查的目的、意义,填写注意事项,信息采集应用范围等。介绍信的用语要注意亲切礼貌、态度真诚,要让被调查者减少顾虑,愿意配合填写问卷。

(3) 调查问题

调查问题是一份调查问卷的重点部分。为全面了解被调查者的满意度,调查问卷中的问题一般需要涵盖以下三个方面:

① 被调查者的个人信息,如性别、年龄、职业、职位等。

② 被调查者的行为信息,如通过何种方式受邀、参展时间、历史参展状况等;

③ 被调查者的主观态度,其中就包括与满意度相关的问题。

2. 调查问题的设计

调查问卷中的问题一般有封闭式问题、开放式问题和量表式问题三种。

(1) 封闭式问题

封闭式问题既要提出问题,也要给出答案选项,被调查者直接在选项中选择答案即可。设计这类问题时问题和答案选项都很重要。这类问题的具体形式包括两项选择问题、多项选择问题、排序问题等。

(2) 开放式问题

开放式问题只提出问题,不给出答案选项,被调查者可以不受限制,自由回答。这类问题往往可以收集到更丰富的回答信息。

(3) 量表式问题

量表式问题的主要用途是测评主观态度,在满意度调查问卷中用得较多,经过量表调查及后续的数量化处理,就可以得到比较准确的满意度数据分析。量表有很多种类型,最常见的是评比量表和语意差别量表。

① 评比量表

评比量表是收集满意度数据最为简单直接的问题设计方式,使用时可以参考表 8-1 介绍的满意度指标直接提出问题,答案选项也可以直接使用消费者满意度五个等级。例如,

问题:您对本次会展的营销专业服务是否满意?

具体指标	很满意	满意	一般	不满意	很不满意
参展成本					
收费方式					
参展流程					

② 语义差别量表

语义差别量表将直接提问变为对具体行为的描述,通过被调查者对具体行为的认可程度,测量其对会展的满意程度。语义差别量表的问题须设计得更加细致,且须注意用词的细微差异。语义差别量表一般有助于主办方了解被调查者更多的细节感受。例如,

问题:对本次会展,您是否认同以下描述?

具体描述	非常同意	同意	不同意	非常不同意
营销人员解答问题及时				
展位的价格非常优惠				
支付展位费非常便捷				

 知识链接:满意度调查问卷示例

2022 年珠海动漫展参展商满意度调查问卷

尊敬的参展商:

您好!作为主办单位,首先衷心感谢贵单位参加 2022 年珠海动漫展。为掌握各方对本次会展的意见建议,今后进一步提升会展服务质量,我们正在进行针对本次会展的参展商满意度调查,现诚邀您参与此次调查。调查问题不涉及商业机密,数据不作其他用途,请您根据实际情况放心填写。

再次感谢您的理解与支持!

1. 贵单位的展位号是( )。
2. 贵单位主要通过以下哪种途径了解参加本届会展的信息(可以多选)?( )
   A. 新闻　　B. 报纸、杂志　　C. 电视广告　　D. 户外广告　　E. 招商人员
   F. 网络　　G. 同类会展　　H. 宣传海报　　I. 手机短信　　J. 其他
3. 贵单位希望通过参加此次会展达到什么目标(可以多选)?( )
   A. 市场调研　　B. 销售　　C. 收集信息　　D. 开拓市场　　E. 品牌推广
   F. 招商　　G. 其他

4. 对本次会展,以下几方面您是否满意？

指标内容	很满意 (5分)	满意 (4分)	一般 (3分)	不满意 (2分)	很不满意 (1分)
会展时间安排					
会展周边服务					
会展宣传推广					
展位位置、面积					
展位价格					
展位设计效果					
会展现场活动气氛					
会展观众质量					
会展收益效果					

5. 对以下关于会展的描述,您是否认同？

陈述	认同 (2分)	一般 (1分)	不认同 (0分)
参加行业会展是企业产品营销的必要手段			
此次会展超过了公司的预期效果			
此次会展是同类会展中性价比最高的			
会展效果还有很大的提升空间			

6. 贵单位是否还会参加下一届会展？（　　）
A. 一定会　　B. 不确定　　C. 不会
7. 您是否愿意提前支付定金预订下一届会展的优质展位？
A. 是　　　　B. 否（如果选B,请回答第8题）
8. 您对预订下一届展位的主要顾虑是（　　）。
A. 对本次会展的满意度　　B. 单位的决策程序
C. 价格优惠力度　　　　　D. 有其他同类会展竞争考虑
9. 您给本届会展的意见或建议是：＿＿＿＿＿＿＿＿＿＿＿＿＿＿＿＿。

任务二　会展营销数据可视化

　　数据可视化就是利用图表清晰、形象、直观地表现或传达数据中所包含的信息。对阅读习惯的调查结果显示,人们对图形信息的接收效果要远优于数字和文本,因此,将会展营销数据先制作成为图表,再进行数据分析、汇报、展示,效果会更佳。

　　Excel、WPS表格软件提供最基本的图表制作功能,能够满足基本的图表制作需求。BI类软件内置的图表元素更加丰富,做出来的图表更加形象生动。例如,FineBI直连数据库,使用起来很简单,它采用自助分析、数据图表自动生成的模式,用户只需拖拽目标数据、相关维度,就能得到从不同维度分析的数据图表,可以说是一款适合新手的数据三维可视化工具。市场上还有很多专业的软件都能够提供制作更加多样化的可视化图表的功能。软件的升级更新速度都很快,相关工作人员需要及时了解、选择更新。

一、可视化图表的类型

按照图表的表达功能,可以将可视化图表分为以下五类。

(一) 趋势类图表

这类图表能够直观地反映事物的发展趋势,如随着时间变化数量是增多还是减少。常见的趋势类图表有柱形图、折线图、面积图。

(二) 对比类图表

这类图表能通过对比直观地反映不同事物间的差异和差距,如两个会展之间的各项指标数据比较。常见的对比类图表有双柱形图、双折线图、双条形图、双面积图、雷达图。

(三) 构成类图表

这类图表能通过面积、长短等的不同反映事物的结构和组成,从而揭示事物内部哪些是主要的、哪些是次要的。常见的构成类图表有饼图、圆环图、树状图、旭日图、瀑布图。

(四) 分布类图表

分布类图表能直观地反映事物的分布、占比情况,从而揭示事物的分布特征、不同维度间的关系等。常见的分布类图表有散点图、直方图、气泡图、词云图。

(五) 地图类图表

这类图表能通过地图反映事物的地理分布情况或用户的出行轨迹。地图类图表其实可以算是分布类图表的一种,因为它是一类很重要的可视化图表,所以单独列出。常见的地图类图表有全球地图、中国地图、各省市地图等。

二、常见的图表

常用的图表主要有柱状图、折线图、饼图、散点图、雷达图等,以下介绍一些常见具体图表。

(一) 柱状图

柱状图主要用来反映数据的大小、规模情况等,能比较直观地展示数据,便于比较数据。柱状图也可以按照时间绘制,反映事物的变化趋势;还可以按照其他维度绘制,如区域、机型、版本等,反映事物的其他相关情况。与柱状图类似的有条形图、瀑布图、直方图等。

(二) 折线图

折线图是用线将点连在一起的图表,可以反映事物的发展趋势和分布情况。与柱状图相比,折线图更适合反映增幅、增长值,而不太适合反映绝对值。

（三）饼图

饼图是将一个圆饼分为若干份,以反映事物的构成情况的一类图表。类似的图表还有圆环图、旭日图等。旭日图有多个圆环,可以直观地显示事物组成部分下一层次的构成情况,比如某个省有若干个市,每个市下面又有若干个县,每个县下面又有若干个镇,旭日图可以反映每个层次的构成情况。

（四）散点图

散点图能反映数据的相关性和分布关系。通过散点图,我们可以看出不同事物之间是如何交叉分布的,它们之间有什么关系,是正相关、负相关,还是随机分布。类似的图表还有气泡图,气泡图还可以通过气泡面积的大小表示值的大小,相对于散点图来说又多了一个维度。

（五）雷达图

雷达图主要用来反映各个维度的数据分布情况。例如,通过雷达图,我们可以看出事物哪个维度较强,哪个维度较弱。

（六）地图

地图可以形象地反映事物在地理上的分布情况以及人员迁徙情况等。地图主要包括地理分布图(如世界地图、全国地图、各省市地图等)、迁徙图等。

（七）漏斗图

漏斗图主要用来反映关键流程各个环节的转化情况,如展位销售流程(浏览广告—咨询销售人员—填写参展意向—签订合同—完成支付)各个环节的转化情况。通过分析各个环节的转化率,能够发现问题所在,找准改进方向。

（八）词云图

词云图主要用来突出事物的主要特征。例如,一个会议中参会人员关注的内容可能各不相同,可以将发言中的关键词制作成词云图,越是热点的词汇越要突出显示,这样能够让人一眼看出会议的主题特征。

行业观察：2020年深圳国际电子烟产业博览会展后报告

深圳国际电子烟产业博览会(IECIE)始于2015年,是全球电子烟产品、技术及品牌的展示及推广平台。2020年深圳国际电子烟产业博览会展后报告主要以可视化图表形式介绍了该博览会的各项情况(报告部分内容截图如图8-1所示)。

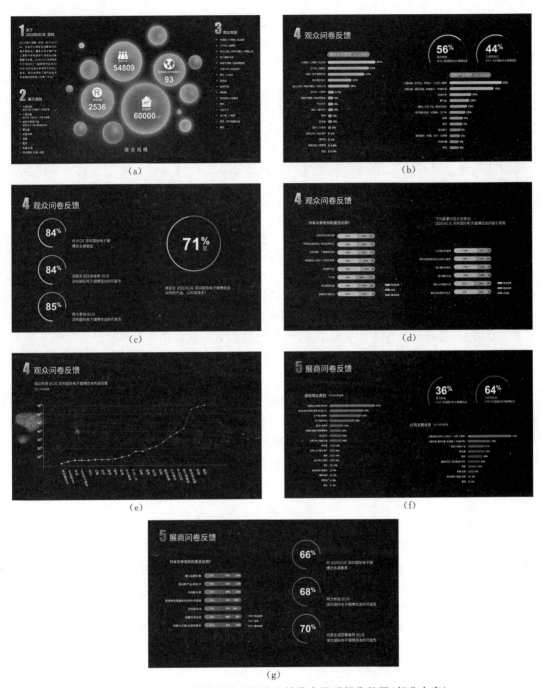

图 8-1 2020年深圳国际电子烟产业博览会展后报告数据(部分内容)

任务三 分析会展营销数据

一、常用的数据分析工具

对采集的大量数据,依靠传统人工处理方法很难完成数据分析工作,可借助某些工具软件对数据进行分析，以提高数据分析效率，并保证数据分析的准确性。常用的数据分析工具主要有以下几种。

（一）Excel

在很多人看来，Excel 只是一个简单的办公软件，但 Excel 的很多功能没有被大多数人掌握和使用。实际上，Excel 可以称得上是一款全能的数据分析工具。对于百万级以下数据的处理和分析，Excel 基本都可以完成，Excel 能够满足人们常见的数据分析需求。

就会展行业而言，一次普通会展产生的数据量并不太大，Excel 能够完成绝大多数会展数据分析工作。另外，作为一款普及度很高的工具，Excel 学习难度低，可以作为非计算机专业人员开展数据分析工作的首选工具。

Excel 的常用功能大体可分为四类：第一类是表格基础使用，也就是大家平时用得较多的单元格编辑操作、筛选排序操作和一些格式设置等；第二类是函数功能，除了基础的 SUM、COUNT 等函数以外，诸如 LEFT、RIGHT、VLOOKUP、INDEX、MATCH 等函数也经常被用到；第三类是数据透视表，这是比较常用的数据分析方式，可以对数据进行汇总、筛选等快速处理；第四类就是数据可视化，即图表的制作。Excel 中图表的种类和适用场景也非常考究，用图表的形态将数据呈现出来，可以使数据更加直观和容易理解。

（二）BI 类软件

BI 是商业智能（Business Intelligence）的英文缩写，BI 类软件具体有 FineBI、Power BI 等。这类工具就是为数据分析而生的。BI 类软件的产品设计几乎是按照数据分析的流程来进行的：先是数据处理、整理清洗，接着是数据建模，最后是数据可视化。由于功能聚焦，BI 类软件操作起来也非常简洁，依靠拖拉拽就能完成大部分的工作，没有编程基础的业务人员也能很快上手。

（三）Python

Python 在数据分析领域称得上是一款强大的工具。虽然 Python 的学习难度要高于 Excel 和 BI 类软件，但是作为专业化的数据分析工具，其运用水平及范围优于 Excel 和 BI 类软件，尤其是在统计分析和预测分析等方面，Python 更有着其他工具无可比拟的优势。虽然很多初级数据分析工作还用不上 Python，但如果想在数据分析中深入研究，取得竞争优势，则可以考虑使用 Python。

二、数据分析的思维方法

要从海量数据中发掘有用的信息，除了要有工具的协助外，还要有数据分析的思维方法，常用的数据分析思维方法主要有以下几种。

（一）对比法

对比法在数据分析中是最常用的思维方法。孤立的数据往往是没有分析意义的，只有在比较中才能清晰地看到差异和趋势。数据对比主要有横向和纵向两个角度。数据纵向对比是数据自身在时间维度上的对比，即我们通常说的趋势分析；数据横向对比是竞争产品数据之间的对比，有助于分析竞争产品之间的差距。用对比法发现趋势和差异后，一般还要进一步分析具体原因。

比如，某品牌会展 2024 年的参展商数量是 110 家，2023 年是 100 家，那么最简单的对比数据就出现了，2024 年参展商数量比 2023 年增长了 10%。这个数据说明就该品牌会展自身而言，招展情况是有进步的。如果再引入一个对比数据：同行业同类型品牌会展 2024 年参展商数量平均较 2023 年增长 30%，那么对比之下，该品牌会展主办方在思考增长原因的同时，也要思考未达到行业平均增长水平的原因和优化方案。

（二）公式法

所谓公式法，就是针对具体指标，通过公式层层分解，找到该指标的相关影响因素。公式法的核心是针对问题或目标，通过层级式解析，找到相关数据。在解析过程中，要层层紧扣，同时要时刻考虑现有数据的可用性。

例如，某会议的门票分 A、B、C 三个等级，此会议的考核指标是门票总销售额，那么，就可以用公式对门票总销售额进行拆解分析：

门票总销售额 = A 级门票销售额 + B 级门票销售额 + C 级门票销售额

单级门票销售额 = 单级门票销售量 × 门票单价

单级门票销售量 = 广告点击用户数 × 广告转化率

广告点击用户数 = 广告曝光量 × 广告点击率

由此，我们就可以找到影响门票总销售额的几个关键因素并给予重点关注，比如，要关注各级门票单价设置是否合理，是否需要优化购买通路，是否需要策划促销活动以提升广告转化率，是否需要加大广告曝光量，是否需要优化广告内容以提高广告点击率，等等。

（三）象限法

象限法是比对比法更高级、更专业的分析方法，也是数据分析工作人员比较常用的方法。象限法是把数据按两个或两个以上维度进行划分，利用坐标的形式表示数据间的相互关系和大小，并根据数据分析同步输出策略。

比如，上文公式法中提到的广告转化率和广告点击率就可以用象限法进行分析优化，如图 8-2 所示。

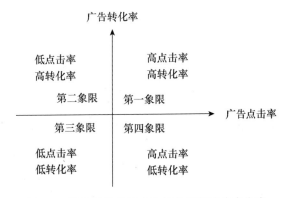

图 8-2 用象限法分析广告转化率和广告点击率

广告效果如果处于第一象限，说明目标人群锁定精准、广告内容具有吸引力，是高效广告；如果处于第二象限，说明广告锁定人群与目标人群相符，但广告内容需要优化；如果处于第三象限,放弃广告推广可能是更高效的策略;如果处于第四象限,说明广告内容吸引人,但吸引的观众与目标人群不相符,可以调整广告方向,同时也可以分析被吸引来的人是否有未被满足的共同需求,优化产品属性。

（四）二八法

"二八法"源于"二八法则"。在数据分析中,关键的20%的数据能够贡献80%的价值,这关键的20%的数据就是要深入挖掘的对象。二八法往往被用在数据指标有排行的情况下,排在前20%的数据通常就是要深挖的目标数据。

比如,在上文公式法举的例子中,如果要分析买A级门票的客户,就可以把买A级门票的客户按几个重要属性分别排行,各取前20%,然后对数据加以总结修正,其结果就可以用来指导下次会展A级门票的广告投放对象的选择工作了。

（五）漏斗法

漏斗法最常被用在与流程和转化相关的数据分析中。比如,在上文公式法举的例子中,从广告曝光到门票售出就可以绘制出一张简单的漏斗图,如图8-3所示。

漏斗法的核心思想是分解和量化,即将相邻层级的数据形象地表现出来,关注层级间的转化率,借此找出异常数据并发现问题所在。单一的漏斗分析通常并不能说明什么问题,因为不同层级之间存在不同转化率是非常正常的。因此,使用漏斗法分析数据时需要结合历史数据及行业平均数据等,这样才能得出有效的分析结果。

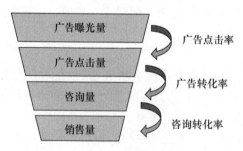

图8-3 门票销售量转化漏斗图

（六）指数法

很多时候,人们手里有数据,但不知道怎么应用这些数据,这往往是因为缺乏有效性的目标指数。目标指数就是根据应用目标,用一定方法将数据加工成的指数。生成目标指数的方法主要有线性加权法和反比例法等。

指数法是一种目标驱动的思维方法。其优点是目标驱动力强、直观、简洁、有效,对业务有一定的指导作用。需注意的是,一旦设立指数,不应频繁变动。指数法没有统一的标准,很多指数的生成更依赖经验。

三、会展数据分析的应用方向

大数据时代,会展行业有着十分广阔的发展前景,这就要求我们抓住时代发展的机遇,立足于会展行业的特点和现状,结合当前的新技术,开展具体性的智能化会展。从会展数据分析的角度看,未来会展数据分析主要有以下几个应用方向。

(1) 会展数据的分析与利用由过去的客户找服务转变为向客户推送服务,实现"大数据→信息→会展服务→大数据"的数据循环利用和挖掘,即在会展服务中积累大数据,然后对大数据进行综合分析和整理,挖掘有价值的信息,反馈于会展服务,再通过对数据优化结果的追踪,不断应用新的技术进行创新和优化,之后将创新和优化的结果再投入下一轮的会展服务中,如此循环发展,使会展的服务水平在不断滚动发展中实现优化。

(2) 会展数据的深化与延伸从参展人员入场开始,如采用人脸识别、VR 等技术,实现对参展人员的数据分析,包括入场的时间、参展的路线、停留的时间及订单信息等,与会展服务的数据相互对照,帮助参展商实现精准营销,为企业的决策提供可靠的数据依据。

(3) 利用会展数据提升用户体验。从入场的自动签到,到停车位的选择;从参展路线的引导,到社交媒体的分享;从展品信息的搜集,到定制服务的提供,大数据的作用是要实现人与人的互动和人与物的互动,最终让用户获得更好的服务体验,并在此基础上愿意分享自己的信息,从而实现数据收集、分析和应用的不断深入和循环上升。

(4) 有了大数据的依托,可以实现所有上下游供应商的资源整合与匹配,强化参展商与场地提供商、展台搭建商、音响视频灯光设备租赁商、篷房展具租赁商、礼仪模特公司、摄影摄像公司、翻译服务、法律服务,甚至礼品、鲜花店等不同类型供应商之间的沟通与协作,提高沟通效率,降低沟通成本,使行业资源实现"一手式"精确匹配。

知识与技能训练

一、单项选择题

1. BI 类软件是指（　　）。
   A. 人工智能软件　　B. 机械自动软件　　C. 商业智能软件　　D. 数据智能软件
2. 参展商满意度数据属于（　　）。
   A. 人员信息数据　　B. 人员行为数据　　C. 人员评价数据　　D. 会展服务数据
3. 在深入进行数据分析时，更有专业优势的软件是（　　）。
   A. Excel　　B. WPS　　C. FineBI　　D. Python
4. 数据分析中最常用的方法是（　　）。
   A. 比较法　　B. 公式法　　C. 指数法　　D. 象限法
5. 在消费者满意度等级中，引起投诉属于哪个等级？（　　）
   A. 满意　　B. 一般　　C. 不满意　　D. 很不满意
6. 指数法是一种（　　）驱动的思维方法。
   A. 结果　　B. 任务　　C. 目标　　D. 领导
7. 以下哪种方法最常被用在与流程和转化相关的数据分析中？（　　）
   A. 比较法　　B. 漏斗法　　C. 指数法　　D. 象限法
8. 以下哪种图能反映数据的相关性和分布关系？（　　）
   A. 柱状图　　B. 圆形图　　C. 雷达图　　D. 散点图
9. 消费者满意度理论认为，满意度是以消费者知觉到的商品或服务的实际状况与消费者的（　　）相比较来决定的。
   A. 预期　　B. 成本　　C. 心情　　D. 时间

二、多项选择题

1. 滴滴公司过度采集数据违反了（　　）。
   A.《中华人民共和国网络安全法》　　B.《中华人民共和国数据安全法》
   C.《中华人民共和国个人信息保护法》　　D.《中华人民共和国治安管理处罚法》
   E.《中华人民共和国民法典》
2. 调查问卷中的问题一般需要包含以下哪几个方面？（　　）
   A. 个人信息　　B. 公司信息　　C. 行为信息
   D. 主观态度　　E. 行业信息
3. 调查问卷中的问题形式主要有哪几种？（　　）
   A. 封闭式问题　　B. 开放式问题　　C. 判断式问题
   D. 量表式问题　　E. 图形式问题
4. 以下哪些图形可以用来展示数据的变化趋势？（　　）
   A. 柱状图　　B. 圆形图　　C. 折线图
   D. 散点图　　E. 雷达图

5. 选择 Excel 软件进行数据分析的主要原因有（　　）。
   A. 功能全面　　　　　　　　　　B. 数据量不大
   C. 专业性高　　　　　　　　　　D. 软件学习难度低
   E. 操作简单

三、判断题

1. 参展商和观众的满意度调查问卷必须内容一致。　　　　　　　　　　（　　）
2. 根据二八法则，排在前 80% 的数据通常就是需要深挖的目标数据。　（　　）
3. 语义量表的问题需要设计得更加细致，要注意用词的细微差异。　　（　　）
4. 指数法对业务有一定的指导作用，一旦设立指数，不应频繁变动。　（　　）
5. 语义差别量表是测量满意度数据最为简单直接的问题设计。　　　　（　　）
6. 使用 BI 类软件需要学习专业的编程语言，操作复杂。　　　　　　　（　　）
7. 单一的漏斗分析通常并不能说明什么问题。　　　　　　　　　　　　（　　）

四、简答题

1. 心理学理论将消费者满意度分成了哪五个等级？具体指征分别是什么？
2. 数据对比分析中横向对比与纵向对比分别指什么？
3. 会展营销需要采集的数据内容有哪些？

五、案例分析题

第四届进博会，企业商业展共有来自 127 个国家和地区的 2900 多家企业参展，展览面积达到 36.6 万平方米，再创历史新高，展示新产品、新技术、新服务 422 项，按一年计意向成交金额 707.2 亿美元。

来自 106 个国家和国际组织的 133 位部级以上嘉宾通过线上方式出席开幕式。新闻宣传营造强大声势，3000 多名记者报名采访。全年进博会相关新闻报道等信息总量超过 254 万条。

虹桥论坛议题广泛、影响力强、成果丰富。中国加入世贸组织二十周年高层论坛成功举办，12 场分论坛发出响亮"虹桥声音"。150 余位政府官员、驻华使节、国内外知名学者、世界 500 强及行业龙头企业高管参与讨论发言，2000 多位各界嘉宾参会。

国家展首次在线上举办，为 58 个国家和 3 个国际组织提供数字展厅，经初步统计，累计访问量超过 5800 万次。

企业商业展成为世界高精特新产品的"大秀场"。世界 500 强及行业龙头企业数量达 281 家，其中近 40 家为首次亮相的新朋友，更有 120 多家是连续四届参展的老朋友。食品及农产品展区参展企业国别更多，102 个国家的 1200 多家企业带来的美食在展区亮相。汽车展区汇集全球 10 大汽车集团。技术装备展区所设专区总面积超过 3 万平方米。消费品展区展览面积超过 9 万平方米，全球 10 大化妆品品牌、世界 3 大时尚高端消费品巨头首次集体亮相。医疗器械及医药保健展区首发新产品、新技术数量达 135 项，继续位居 6 大展区之首。

现场活动放大会展平台作用，共举办政策解读、对接签约、投资促进等 6 大类 95 场配套现场活动。线上线下共有来自55个国家的640家参展商和766家采购商参加贸易投资对接会,达成合作意向273项,同时举办17场投资推介会和80场集中签约活动。62家国际知名企业在新品发布专区发布123项新品和服务。中央广播电视总台新闻特别节目进行直播,各平台线上观众近3300万人次。本届进博会共展示非遗项目261项,其中世界级7项,国家级142项。104个"中华老字号"品牌在会上亮相,河北、浙江、西藏等地组织62场文化公益演出,营造出热烈的文化交流氛围。①

案例分析:

案例中第四届进博会有哪些亮点数据,结合本章学习内容进行网络数据收集。你还能收集到进博会哪些重要数据,请采用可视化图表进行展示分析。

六、实训实践题

自行设计一份会展满意度调查问卷,到某一会展现场针对参展商和观众进行满意度调查,并对收集到的数据进行分析。

---

① "数"看进博:第四届进博会发布2021年年度成绩单[EB/OL].(2022-01-01)[2024-03-12].https://baijiahao.baidu.com/s?id=1720729483882424700&wfr=spider&for=pc.

项目九　探索线上会展

学习目标

知识目标

- 了解线上会展的概念及主要内容；
- 了解线上会展的主要商业模式；
- 了解元宇宙的概念及特征。

能力目标

- 能够编写制作网络营销文案；
- 能够使用线上会议软件策划组织会议活动；
- 能够推荐介绍元宇宙会展产品。

素养目标

- 培养网络安全意识和数据安全意识，掌握有关法律知识；
- 培养勇于尝试、开拓创新的精神。

思维导图

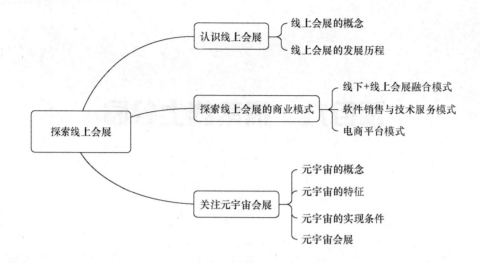

案例导入：阿里组团 800 家企业德国参展[①]

2022 年在德国慕尼黑国际体育用品博览会（ISPO）上，阿里国际站以"线上＋线下"联动的"数字化混展"形式，组团 800 余家中国运动外贸中小企业参展，高效拓展海外市场。这场数字化混展在慕尼黑引发海外买家的关注和好评，会展现场排起了长龙。

在这场数字化混展上，23 个国内运动品牌跟随阿里国际站亮相 ISPO 会展现场，同时还有 800 个运动品牌借助现场的 10 块数字化屏幕，通过数字化的方式触达 ISPO 现场的海外买家，线上线下高效联动。

这些数字化屏幕分别具有 VR Showroom、云工厂、线上会展等不同数字化采购功能和场景，展现了参展运动品牌的产品和工厂实景，不仅可以帮助海外买家获得海量中国运动品牌供给，还有助于他们更深入地了解工厂实力。

在本次参展的国内运动品牌中，菠萝的虚拟拳击和健身镜产品吸引了大量现场买家，大家排起了长队，纷纷与之互动。阿珂姆的野营套装也收获了很多海外买家的问询和体验。

数字化混展是阿里国际站全流程数字化外贸综合服务的创新尝试。它不仅帮助国内的品牌实现了数字化出海，还将为海外的制造品牌提供数字化出海解决方案。此次慕尼黑 ISPO 会展是阿里国际站 2022 年在德国的第三个城市推出的数字化混展。2022 年 9 月，阿里国际站就曾在德国柏林举办的 IFA 消费电子展、法兰克福举办的 AMF 汽摩配展上推出了数字化混展，带领中国工厂通过"线上＋线下"混合参展的方式，把"数字化出海口"切切实实开在了商家的家门口。

思考：

你如何看待"数字化混展"这种参展方式？

---

① 阿里组团 800 家企业参展 ISPO 德国慕尼黑户外用品展[EB/OL].（2022-12-05）[2024-02-12]. https://mp.weixin.qq.com/s/Qq53rHzlHwCgZXyjbLEHmg.

随着互联网的发展和数字技术的不断进步,云计算、大数据、人工智能、虚拟现实、先进制造业等的广泛应用对传统会展业产生了深刻的影响。早在 2015 年,《国务院关于进一步促进展览业改革发展的若干意见》就指出:"加快信息化进程……举办网络虚拟展览会,形成线上线下有机融合的新模式,推动云计算、大数据、物联网、移动互联等在展览业中的应用。"

任务一　认识线上会展

一、线上会展的概念

扫码看微课

线上会展的概念

线上会展,简单地说就是在互联网上举办的会展。线上会展主要借助不断发展的互联网技术等,根据合理的设计规划,将传统的会议、展览等相关的产品(服务)或部分功能,从线下迁移到网络平台,创造出新的产品形式和商业模式。线上会展与线下实体会展是相对应的概念,二者最为显著的区别就是举办的地点不同,线下实体会展借助的是实体场馆,而线上会展借助的则是强大的互联网平台。

(一)线上会展的内容

线上会展的内容会随着信息技术的升级逐步丰富,目前线上会展的主要内容包括线上会议、线上展示、线上营销、线上直播、线上洽谈等。

1. 线上会议

线上会议又称网络会议,即会议的参与方通过接入互联网在线会议平台,在虚拟的会议空间内实现不同地点多个用户之间的在线屏幕共享、演讲稿同步、文件传输、实时字幕、智能翻译,以及顺畅地沟通交流的会议形式。线上会议能有效提高会议运作效率并减少会议运营成本。

2. 线上展示

线上展示利用现代 3D、AR、MR、VR 等技术实现虚拟产品展示和沉浸式产品体验,也可以由网络主播用直播的方式展示产品。很多参展商将直播间放进了公司展厅,更有一些参展商将直播间直接搬到了工厂。线上展示的产品种类比线下会展时更丰富、更齐全,参展商可以更加直观地展示公司实力。在观看直播的过程中,采购商也可以调阅各种线上展品的详细资料。

3. 线上营销

传统意义的线下会展营销主要致力于展前的宣传推广,展中的展品展示、现场互动、营销洽谈、论坛活动,展后的跟进和数据分析等。线上会展的主要营销方式转变为针对客户的线上引流,如创建网上直播专题专栏与网页链接等吸引采购商进入网站,或凭借内容营销解锁私域流量、连接热门社交平台等外部资源完成线上引流。

4. 线上直播

在线上会展中,几乎每家参展商都会在线上平台设立不受时间和空间限制的网上直播间,客户可以与参展商随时进行互动沟通。与传统会展营销模式相比,线上直播模式的受众群体范围更广,可以同时容纳更多的客户,因此可以有效提升营销成功的概率。

5. 线上洽谈

线上会展可以通过在线直播、音视频和在线客服等形式,方便参展商与客户实时互动,也可以通过大数据分析、智能算法推荐等方便参展商与客户进行洽谈对象预筛选,还可以通过配套软硬件方便参展商与客户进行一对一会谈、多人会谈等,从而完成买卖双方线上匹配洽谈。

(二)线上会展与线下会展的关系

线上会展与线下会展不仅是地点上的"一字之差",而且存在许多实质性的差异,甚至可以说是不同的两个事物。与传统的线下会展相比,线上会展的优缺点都很明显,如表9-1所示。

表9-1 线上会展的优点和缺点

优点	缺点
(1) 参展成本低,无须人员交通、展品物流、展位制作等成本 (2) 可以全天候参展,随时随地可以参展 (3) 规模不受限制,可以全行业参与 (4) 数据生成、数据处理精准高效,可以智能筛选匹配客商 (5) 绿色、环保、安全,没有资源浪费、会展垃圾和现场安全隐患	(1) 无法形成溢出效应,如无法带动交通、住宿、餐饮等周边经济发展 (2) 线上展位、展品体验感还存在不足,难以辨别真假,难以判断企业实力 (3) 缺乏面对面交流的情感体验,无法快速建立信任关系 (4) 成交效率低于线下会展

由于线下会展能为观众营造良好的参展氛围和真实感,同时能让参展商和客户更好地开展贸易活动,因此,相比线上会展线下会展更具魅力。线上会展仍处于起步阶段,技术发展还不太成熟,应用开发也不够完善,因此目前还无法完全替代线下会展。

随着互联网、5G技术和VR技术持续快速发展,线上会展的应用前景会更加广阔。未来的线上会展既可以同线下会展融合发展,也可以向虚拟空间独立延伸。

知识链接:智慧展馆

信息时代背景下,互联网科技的快速发展使"智慧展馆"的概念逐渐深入人心。智慧展馆能够优化实体展馆的展示方式,实现实体展馆与线上数字展馆的共同职能发挥,同时也为展馆的发展提供新的运作模式,改变了实体展馆随走随看、走不到看不见的情况。

1. 什么是智慧展馆

智慧展馆是指在运用物联网技术、云计算、大数据分析等新一代科学技术的基础上打造的现代展馆。智慧展馆突破传统展馆的地域限制、空间限制和资源限制,带来更便捷、更舒适、更有趣的体验和服务,可智慧化发挥社会教育功能,提升文化传播水平,提高展馆管理效率,降低展馆维护成本。

2. 如何打造智慧展馆

智慧展馆遵循室内设计标准,对场景或物体进行真实的"三维重现",同时融合720

度自由度全景照片、遥感影像、3D模型、3D立体投影等多项虚拟现实技术和多媒体技术,实现强大互动。在智慧展馆中,三维场景还原了实际展厅中的布置,结合声音、视频等多媒体元素,可更加生动形象地将展品展现给参观者,为参观者提供全新的体验方式。

(1) 智慧展馆可将声音、视频、三维动画等融入展示内容,让整个展馆动起来、活起来,让用户产生身临其境的感觉。智慧展馆还可将展馆内容以生动互动的形式展现,增加内容的趣味性,带来不一样的互动效果。此外,智慧展馆还可供参观者以第一人称视角浏览展馆,场景可俯视仰视、远观近看、左环右顾、趋步漫游,物体可任意旋转玩赏,大大提升了用户的体验感。

(2) 智慧展馆对内能满足高效的运营管理要求,对外能实现优越的智能化客户体验,还可作为城市会客厅,最大限度发挥出会展经济带动效应。

(3) 智慧展馆可以对场馆信息进行数字化采集与分析,为展馆做好风险预警以及决策支持。例如,展馆数据监测分析系统可对展馆生态环境质量、设施设备能耗以及人流动向做好监测与分析,为管理人员提供决策依据,便于改进和完善展馆管理与服务。

二、线上会展的发展历程

线上会展自产生以来主要经历了以下三个发展阶段。

扫码看微课

线上会展的发展历程

(一) 第一阶段:互联网初期探索

20世纪末,中国启动国民经济信息化起步工程——"三金工程"的建设,开启了各行业的互联网探索。当时线上会展发展还处于基础阶段,主要形式是通过建设会展企业网页来发布会展活动信息,并对展品进行宣传,以及通过电子邮件等线上交流形式与参展商和客户进行沟通。

2001年,我国加入世界贸易组织,随着会展业逐渐成为国际性经济贸易活动的桥梁和重要场所,我国会展业不断扩大发展规模,提升品质,增强品牌效应和国际影响力。在这一阶段,我国培育出一批高水平的、具有特色和较大影响力的知名会展项目。但是我国会展业的数字化转型步伐依旧十分缓慢,没有明显提升。在大部分会展企业的观念中,会展的数字化只是简单的网页建设和线上信息沟通,大家还没有看到网上信息化平台的品牌塑造、商务服务、数据采集管理等更具价值的功能。

(二) 第二阶段:"互联网+"时代的创新突破

随着互联网进入移动互联时代,会展业在数字化方面有了创新性的进展和突破。2015年,我国首次从国家层面提出"互联网+"战略计划,积极探索互联网的创新成果与经济社会各领域深度融合,并发布了《国务院关于积极推进"互联网+"行动的指导意见》。在此战略背景下,"互联网+"成为各行各业转型与发展的主要方向,大数据、物联网、AR等新兴技术逐渐被运用到会展业中,不断改变并优化会展业的模式。会展业从前期的策展、宣传、场馆设计,到展中的场馆管理、服务,再到展后会展活动数据的整理与分析,几乎全过程都开始借助数字技术手段。

第一,AR技术成为会展业的一大热点。如微软推出的全息眼镜具备强大的增强现实功能，通过手势控制即可创造出高清全息图像。该技术在会展活动的交互式设计、展位陈设等环节得到了极大的开发与利用。

第二，物联网、智能设备等在会展活动的开展过程中被广泛应用。通过这些技术和设备，客户及会展观众可以很便捷地购买门票、接收会展信息通知、进行会展注册登记、获取会展展览路线导航服务等。

第三，会展业开始使用大数据、云计算等技术。会展活动涉及的人员数量、场地面积比一般的集会要大得多，因此主办方需要考虑会场管理、餐饮服务、交通与物流等各方面的问题。如何整合、协调分配资源成为能否成功举办会展的关键问题。大数据技术的运用使会展运营向信息化处理方式转变，不管是活动安排、会展客户信息管理，还是会展现场管理、会展相关内容调研统计等，都可以用信息化技术进行处理，极大地提升了会展的运营效率。同时，通过大数据分析，主办方还可以更加精准地定位客户与观众的需求，从而实现更加人性化的服务模式。

总体来看，在这一阶段，线上会展是以对线下会展全面数字化升级为主的创新突破，具体表现如表9-2所示。

表9-2　线上会展第二阶段的具体表现

展前	数字化招展招商：通过网络平台实时更新信息、通知，介绍会展情况
	数字化信息注册：通过运用线上注册系统可提前了解参展商和嘉宾的基本信息以及用餐、住宿等需求
	数字化宣传推广：通过网站、社交媒体等多平台进行宣传推广
展中	数字化现场签到：运用扫码签到、手机线上签到、脸部识别签到等方式，操作便捷高效且安全性高
	数字化现场互动：运用大屏聊天、现场投票、有奖竞猜等互动形式，活动形式更加多样化
	数字化现场管理：运用现代信息技术、物联网技术等进行门禁管理、展商位置管理、销售管理等，操作更加方便快捷
展后	数据管理与数据分析：运用大数据技术对客户数据进行管理与分析

（三）第三阶段：线上会展加速发展

2020—2022年，由于爆发突发公共卫生事件，线下会展几乎完全歇业停滞，却带给线上会展一次爆发式的需求，促使线上会展在助力线下会展发展的基础上，也必须尝试独立延伸发展。

自2020年以来，线上直播呈爆发式增长，线上会议、线上办公也快速发展，这些都为线上会展的发展提供了便利条件。举办线上会展不再是简单地将线下会展"平移"到网上，而是要进行全新的结构设计、流程再造以及商业模式创新。线上会展在跨时空展示、精准匹配、供采对接、精准搜索、数据采集等方面具有非常明显的优势，可将多种呈现方式和VR技术运用到全景展示中，因此可打破空间、地域和时间的限制，使参展商与客户建立起一对一、一对多和多对多的垂直联系，增进了彼此全面了解，提高了贸易效率。

2021年数字线上展、代参展、双线双展、线上会议等创新会展模式开始趋于成熟，2021年广交会、进博会、服贸会等国家级展览皆为线下与线上结合的办展模式。

素养提升：党中央、国务院部署创新会展服务模式

2020年4月13日，商务部发布《商务部办公厅关于创新展会服务模式，培育展览业发展新动能有关工作的通知》（以下简称《通知》）。

在加快推进展览业转型升级和创新发展方面，《通知》提出积极打造线上展会新平台，促进线上线下办展融合发展，培育线上展会龙头企业和品牌展会等举措。例如，推进展会业态创新，充分运用5G、VR/AR、大数据等现代信息技术手段，举办"云展览"，开展"云展示""云对接""云洽谈""云签约"，支持专业展会主办机构将线下品牌展会项目开通线上展览，探索线上线下同步互动、有机融合的办展新模式。

在开拓国际市场方面，《通知》强调要积极利用商务部和地方境外办展项目，在深耕传统市场的同时，加大"一带一路"共建国家及新兴市场国家开拓力度，支持企业抓订单、促出口；引导企业充分利用各种技术手段，依托网络平台做好展前对接、线上推介、现场直播、远程洽谈签约等，努力保住老客户，吸引新客户；同时，鼓励自办展会与国际展会品牌对接合作，打造区域性国际展会品牌。

商务部将采取用足用好财政资金、持续推进简政放权、加强展会知识产权保护等方式，多措并举做好政策支持和保障。

任务二 探索线上会展的商业模式

由于线上会展与线下会展存在明显的差异，且线上会展尚具有巨大的市场空间及创新空间，因此各类企业纷纷参与其中。其中，具有一定经济实力的会展行业头部组织方，如米奥兰特、鸿威等，配备独立的线上展团队，专门研发和运营线上产品及服务；一批原有的会展科技企业，如31会议、远华软件等，持续丰富原有产品，逐步完善线上会展整体解决方案，既能为中小会展主办方服务，又能独立开展线上会展业务；各个互联网大厂，如腾讯、阿里巴巴、华为、网易等也纷纷成立会展业务部门，借助雄厚的技术、资金实力以及线上流量推出各自的线上会展产品。

传统线下会展的商业模式是通过销售展位、门票，提供会展周边服务等实现营利的。对独立的线上会展而言，线下会展的营利模式大多不能使用，只有探索新的商业模式，线上会展才能更快更好地发展。

一、线下＋线上会展融合模式

（一）O2O商业模式

O2O（Online to Offline）商业模式最初是指在电子商务发展过程中出现的线上线下相融合的发展模式。

O2O商业模式应用到会展行业是指主办方利用网络平台发布会展产品信息、收集和整理客户相关资料，引导参展商和观众在线上购买展位或门票，再到现场参展面对面进行交流的模式（如图9-1所示）。

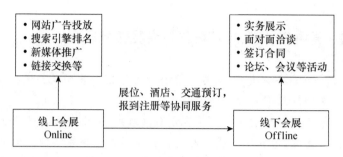

图 9-1　会展行业的 O2O 商业模式

在 O2O 商业模式中，线上会展还主要是线下会展的延展和辅助，线下会展原有的商业模式依然存在，且不可取代。线上会展主要发挥帮助线下会展扩大宣传、丰富内容、高效便捷等作用，可以说线上会展只是线下会展的组成部分。

（二）O2O2O 商业模式

O2O2O（Online to Offline to Online）是 O2O 商业模式的演变升级。在会展行业，第一个"O"是 Online，指参展观众在网络平台上搜索产品，并提前与参展商预约会面；第二个"O"是 Offline，指在会展现场参展商与客户进行面对面的沟通，会展现场提供私人会议室；第三个"O"又回到 Online，指进入线上交易环节，通过线上虚拟会展完成交易以及复购（如图 9-2 所示）。

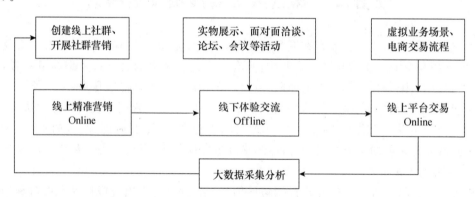

图 9-2　会展行业的 O2O2O 商业模式

在 O2O2O 商业模式中，线上会展和线下会展是相对完整独立的，依托互联网、大数据、VR 等技术，实现线上会展与线下会展双线融合，实现会展主体（主办方、参展商、观众）之间的精准匹配与对接，通过促成买卖双方的商贸合作、信息资讯交流和会议预订等，有效提高会展的经济效益和社会效益。

O2O2O 商业模式是会展企业创新数字化转型值得探索的重要方向，其难度远远超过 O2O 商业模式，要构建虚拟业务场景、设计完整的电商交易流程、实现营销方式变革，才能最终带来营收增长。阿里巴巴与亚洲博闻共同研发了集采购系统、服务、产品于一体的 O2O2O 商贸平台，2016 年首次运用在了"第十四届上海国际广告展"上，该平台将线上的贸易资源和线下的会展资源相结合，通过数据的互通帮助买卖双方提高参展效率。

❓ 案例学习：从媒体到数字会展

武汉品观传媒有限公司（以下简称"品观传媒"）是专注于化妆品产业的媒体运营公司，旗下运营《化妆品观察》《中国化妆品》两大化妆品行业财经类杂志，这个身份帮助该公司获得了化妆品产业中广泛而优质的合作资源。

2020年，品观传媒创办了"CiE美妆创新展"，这个展览是化妆品行业首个数字化展览，也是首个连通线上线下的资源展。广州、上海、成都以及许多其他城市都有美博会，数量很多，竞争激烈。品观传媒瞄准了新的机会，用数字化改变美妆产业，首届展览就以精准、高效的特点赢得了全产业链参展商和采购商的高度评价，一炮打响。

作为行业首个聚焦创新资源的展会，历经4年的发展，2024年3月第四届"CiE美妆创新展"成功举办。此次展会规模宏大，开设了9个展馆，展区占地面积约9000平方米，吸引了超过1000家优质参展商参展，其中包括众多美妆行业的领军企业和创新品牌。据统计，本次展会吸引了超过40000名美妆行业人士前来参观和交流。

目前，品观传媒的品牌会展已经包括：中国化妆品大会、中国化妆品新青年论坛、中国化妆品年会、CiE美妆创新展、品观找货巡展（线上展）等，但它却不是一家典型的会展主办企业。会展也是一个媒体属性的产品，品观传媒基于对行业新闻信息的洞察和整理，把行业资源信息挖掘出来，然后通过线下会展促进上下游的成交，让买卖双方感觉更精准和高效。品观传媒通过运营提供产业服务信息的品观网，发布行业文章的公众号，汇集新闻、找货、知识三大板块的"CiE美妆创新展"App等，演变为"传媒＋知识＋整合营销＋品牌会议＋品牌展览"的线下＋线上产品矩阵。

思考：

品观传媒在从事数字会展业务方面，比传统的会展企业有哪些优势？

二、软件销售与技术服务模式

软件销售与技术服务是科技企业最基本的商业模式。线上会展发展初期，有不少科技企业专门开发并销售线下会展需要的各类软件，软件的功能主要是辅助线下会展提升效率。而对于线上会展而言，软件及技术的地位越来越突出，线上会展的大部分成本也用于购买软件及技术，软件销售与技术服务也就成为商业模式。

由于传统线下会展企业的互联网技术基础薄弱，因此它们往往主动寻求互联网大企业为自己提供技术服务，共享线上会展市场。2020年，腾讯成为广交会官方指定技术服务商，为广交会在线上举办提供整体技术支持、平台研发服务与云资源支撑，成功推出广交会的线上会展；阿里巴巴和上海市国际展览（集团）有限公司合作成立了云上会展有限公司，联手中粮集团打造云上"糖酒会"，阿里巴巴国际站与义乌市商务局共同举办了全球首个小商品线上会展；京东为2020年服贸会数字平台提供技术服务，举办了首届"云上药交会"。

在更容易标准化的线上会议市场，各个互联网公司更是早已瞄准视频会议、会议直播等需求，推出了不少软件产品，如腾讯会议、钉钉会议、华为云WeLink、飞书会议等。

随着互联网技术的发展和应用软件的成熟，传统的软件销售商业模式也逐步转向新兴

扫码看微课

线上会议产品

的 SaaS 模式。SaaS 是 Software—as—a—Service（软件即服务）的缩写，是指提供商为企业提供信息化建设所需要的所有网络基础设施并搭建软硬件运作平台，同时负责所有前期实施、后期维护等。用户可根据自己的实际需要，通过互联网向企业定制应用软件服务，基于网络来管理自己的业务活动，用户往往不需要购买软件，而是按照企业提供的服务支付费用。

互联网企业在产品刚研发出来时往往允许用户在互联网免费下载安装使用软件，通过免费的方式提升市场影响力和占有率，等到市场逐渐成熟，用户形成使用习惯之后再进行收费，这也是比较常见的互联网商业模式。

 行业观察：腾讯为广交会提供技术服务

2020—2022 年，腾讯已连续 3 年 5 次为广交会提供线上平台开发、云资源支持和技术护航，保障大会顺利举办。经过线上广交会的经验沉淀，腾讯整合自身优势产品和技术，在数字会展方面形成了一整套较为成熟、可快速复制和推广的解决方案，打造出会展的数字化"样板"。总体而言这个"样本"具备以下六大特色。

1. 跨时空的全球连接能力

腾讯云的基础设施可以连接全球 200 多个国家和地区千万级的买家与卖家在同一个平台互动，进行供需匹配与沟通。

2. 提升供需匹配的精准度和效率

腾讯企点通过数据智能来提升供需匹配的精准度与效率。其中，最核心的组件是 CDP，即客户数据平台。有了 CDP，数字会展平台可以让买家的搜索结果有更精准的展现，并根据买家的标签画像匹配商品与供应商。

3. 打通业务流程，提升用户的使用体验

腾讯企点的领航业务平台与 CDP 贯通，可以帮助判断数字会展业务流程中是否存在卡点，一旦发现了潜在问题，可以及时优化业务规则或设计，让业务流程跑得更顺畅，提升卖家与买家的使用体验。

4. 升级服务和整合营销能力

腾讯企点的智能客服可以将线上和线下全渠道接入，然后通过机器人技术、知识库技术等，提供 7×24 小时、有针对性、智能化的服务，全面提升参展体验。

在公私域整合营销方面，当公域流量被引导至平台私域中时，可通过一对一或一对多的社群运营来提升用户的体验，提升各个环节的转化。同时，基于私域沉淀的用户需求、用户标签和画像，可以进一步在公域中通过朋友圈广告等进行更精准触达，找到潜在客户。

5. 会员积分，活跃数字会展

腾讯数字化会展平台通过积分引导用户进行社交分享和裂变，这对于提升会展平台的活跃度有很大的价值。

6. 提升广告效果

历经 3 年的打磨，腾讯数字化会展平台不仅提升了用户的体验效果，也提升了供需的匹配效率，同时，为主办方提升广告效果提供了商业模式的无限可能。

三、电商平台模式

如果没有线下会展,独立发展线上会展就需要建立线上展馆、展位,满足参展商和观众在线上进行交易的各种需要。从这个模式来看,如果除去时间的限制,展馆、展位就相当于网店,线上会展相当于 B2B(企业对企业)的电子商务服务,线上会展完全可以采取电商平台模式发展(如图 9-3 所示)。

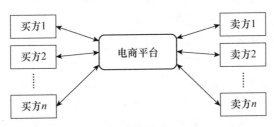

图 9-3　电商平台模式

典型的电商平台运营模式就是为买卖双方提供贸易平台和资讯收发服务,使买卖双方通过网络完成交易。电商平台为目标企业提供了传统线下贸易之外的另一种贸易形式,也可以说电商平台采用电子商务模式提供了一种长期性的线上会展。

采用电商平台模式,可以按照服务级别进行收费,针对目标企业的类型,可以为其提供商业机会、产品展示、行业资讯、交流分享服务等。

任务三　关注元宇宙会展

线上会展经过初期的发展已经逐步进入虚拟会展的发展阶段,与元宇宙概念吻合,具备了元宇宙的雏形,也可以说虚拟会展就是元宇宙会展。元宇宙概念的出现也为线上会展进一步发展提供了更加宏观的背景和更加明确的方向。当前的元宇宙,虽然远不成熟,但作为科技发展的一个重大方向,值得关注。

一、元宇宙的概念

1992 年,美国作家尼尔·斯蒂芬森的科幻小说《雪崩》出版。小说中这样描述元宇宙:戴上耳机和目镜,找到连接终端,我们就能够以虚拟分身的方式进入到由计算机模拟出来并与真实世界相互平行的虚拟空间。2021 年,《雪崩》提出的"元宇宙"概念重新受到产业界、学术界、媒体及公众的广泛关注和研究。

二、元宇宙的特征

尽管目前人们对于元宇宙的最终形态还没有一个定论及详尽的描述,但人们公认元宇宙具有如下几个特征:

(1) 具有与现实世界的同步性与高拟真度;

(2) 开源开放与创新创造;

(3) 永续发展;
(4) 拥有完整成熟的经济系统;
(5) 虚拟身份与现实身份相融合。

行业观察：首个基于元宇宙场景的"远华杯"会展大赛[①]

2022年12月17日，中国会展教育与科技发展论坛暨"远华杯"第十一届全国大学生会展创意大赛在展览通元宇宙智慧会展平台银河会展中心成功举办。本次大赛由中国会展经济研究会指导，四川省会议展览业协会、重庆市会展行业协会、武汉市会展行业协会联合支持，来自全国十余个地区的近100所院校代表队参赛。大赛由中国会展经济研究会学术指导委员会副主任陈泽炎主持，直播当天吸引了近万人同时在线观看。

本届大赛创新性地运用"元宇宙+大赛"模式，一站式实现了"虚拟场景""虚拟角色""虚拟交互"三大元宇宙核心要素，通过打造逼真的元宇宙虚拟会场、创造个性化数字人虚拟形象、提供多种趣味实时交互功能，让参赛师生获得更有沉浸感、科技感、仪式感的体验，也在跨越时空的互动交流等方面让本届大赛"元"气满满。

据悉，所有参会嘉宾都能够以虚拟数字人形象随时随地登录会场参加会议，不仅能够在元宇宙会场实现一键变装、跑动跳跃、就座、鼓掌、打招呼、共享课件等一系列动作，也可以与参赛选手进行实时对话和视频互动，从而更真实、更沉浸地体验元宇宙大会的独特魅力。

三、元宇宙的实现条件

目前来看，元宇宙的发展还处于初级阶段，要走向成熟还需要较长的时间。要实现元宇宙主要须具备以下几个条件。

（一）基础设施——高速移动互联网、物联网、移动智能终端

元宇宙是一个虚拟与现实高度融合的世界，那么必然需要高速移动互联网、物联网、移动智能终端来承载。移动互联网方面，虽然中国的5G移动互联网已在全球处于领先地位，但远未达到完全覆盖，要达到全球5G全覆盖的目标，还有很远的路要走。

物联网是世间万物相互联系的网络，如大家日常生活中看到的智能冰箱、电视、空调、扫地机器人等联网。在物联网普及的过程中，IPv6的大规模部署是先决条件，不然根本没有足够的地址来供万物互联，但IPv6在全球的规模部署才刚刚开始。

移动智能终端设备日渐丰富，智能手机高度普及，但元宇宙所需要的移动智能终端设备仅有智能手机是不够的。在元宇宙中，各种原始信息的采集都需要移动智能终端来实现。

（二）交互设备——VR、AR、MR、ER、BCI等

要实现虚拟世界与现实世界相融，交互设备必不可少，需要VR、AR、MR、ER、BCI（脑

[①] 微嗨数科打造国内首家元宇宙会展平台，助力"远华杯"举办[EB/OL]. (2022-12-21)[2024-02-12]. https://m.tech.china.com/redian/2022/1221/122022_1199459.html.

机接口)等达到足够先进水平。VR 提供沉浸式体验,它提供的是现实世界的输入和输出;AR 在 VR 的基础上可增强人们对于现实世界难以察觉的信息的显示;MR 就是将真实世界和虚拟世界混到一起;ER 是通过各种技术的综合应用,在网络空间建造与真实世界 1∶1 对应的数字镜像空间;BCI 是一种连接大脑和外部设备的实时通信系统,BCI 系统可以代替正常外围神经和肌肉组织,实现人与计算机之间或人与外部环境之间的通信。现阶段的交互设备虽然有一些积累,但其效果离进入"元宇宙"时代还有不小的差距。

(三) 内容产生——人工智能、数字孪生

元宇宙中呈现的海量内容通过虚拟人所联系的实体人产生的仅占极小的比例,更多的内容则源于人工智能。人工智能可以智能生成不重复的海量内容,实现元宇宙的自发有机生长;可以驱动虚拟数字人将元宇宙的内容有组织地呈现给用户;可以对元宇宙中人工无法完成的海量内容进行审查,保证元宇宙的安全与合法。

数字孪生是充分利用物理模型、传感器更新、运行历史数据等,集成多学科、多物理量、多尺度、多概率的仿真过程,在虚拟空间中完成映射,从而反映相对应的实体装备的全生命周期过程。在元宇宙中庞大的地理空间可以由人工智能生成现实世界所没有的地图,也可以用数字孪生的方式生成与现实世界完全一致的地图。用户在元宇宙的地图中可以实现购买或租赁土地、修建建筑物,甚至改变地形等操作。

(四) 经济关系——区块链技术

人类社会的发展缺少不了经济活动的支撑,当人类社会被映射到元宇宙时,经济系统势必也是其中重要的基础。数字创造、数字传输、数字货币、数字化资产、数字结算以及数字市场等要素将共同构建起元宇宙的经济体系。

构建元宇宙经济体系,需要防止中心化平台的垄断,而区块链正是为元宇宙提供价值传递解决方案的重要技术。利用区块链的防篡改和可追溯性可实现元宇宙中身份的确定;基于区块链技术的虚拟货币可使元宇宙中的价值归属、流通、变现成为可能;基于区块链技术去中心化的结算平台和价值传递,有助于实现元宇宙经济体系运行的高效和稳定。

四、元宇宙会展

虽然成熟的元宇宙时代距我们还比较遥远,其概念也还有争议,但自 2021 年元宇宙概念爆火后,会展企业纷纷尝试将线上会展打上元宇宙的标签,根据自己的理解,尝试通过虚拟世界对话更多客户群体。从本质上讲,元宇宙会展与线上会展、虚拟会展、数字化会展并没有明确的定义差别,但元宇宙会展还是会在一些标志性内容上突显其优势。

扫码看微课

畅想元宇宙会展

(一) 沉浸式交互体验

沉浸式交互体验是当今最流行的元宇宙概念。元宇宙会展的展示方式是三维全景模式,能够给参观者带来更加有视觉冲击力和沉浸感的体验。元宇宙会展还可以对参展商的信息进行及时更新,并与触控设备进行完美结合实现全景展现,完成信息化和在线展厅互动的完美体验。

(二) 360度高效展示产品

元宇宙会展使用3D技术,能够更加生动地展示展品,突出产品的特色,并通过技术手段将展品的材质、色彩、大小、比例、内部结构等更加真实地展现出来,能够让参观者在互动中获取更全面、更真实的展品信息。

(三) 实时沟通互动

元宇宙会展支持交易双方在任何时间进行在线图文、音频或视频交流。

(四) 直播交流,完善场景衔接

元宇宙会展通过虚拟直播和货品配送,可提升业务互动性,并大幅降低交易费用,打造有趣的会展体验。线下营销活动与在线直播同时进行,实现营销无边界。会议、培训等通过不同形式的现场活动公告、活动流程,以及线上报名、线下签到等,极大地提高工作的效率。

(五) 塑造虚拟数字人物

元宇宙会展可通过设计虚拟员工、虚拟偶像等人物形象,不断拓展新业务的场景范围,在不同的场景下让会展更加深入参展商和观众,完成和真实产业跨维度的联动,从而使会展的影响力持续扩大。

(六) 发布数字藏品

数字藏品是指使用区块链技术,对特定的作品生成的唯一数字凭证,在保护其数字版权的基础上,实现真实可信的数字化发行、购买、收藏和使用。发布数字藏品是不少企业开展元宇宙营销的活动方式。发布数字藏品一般以公开发售的形式进行,后续可以设置活动规则,如让客户参与拆盲盒、中签等各类活动,用户完成后可获得相应奖励。

 行业观察:百度希壤推出元宇宙会展服务

2022年8月19日,百度希壤在北京正式发布会展元宇宙解决方案,推出一站式的元宇宙会议、展览服务,能实现3天定制、1天办展的便捷元宇宙办展体验。比如,在元宇宙展览方面,策展方可以获得8种不同尺寸、不同风格的展览模板,模板支持包括画作、视频、动画、雕塑、装置艺术及NFT数字藏品在内的多种展览作品类型。不论是搭建200平方米的精巧展示空间,还是构建1000平方米的大型艺术展览,策展方只需要准备展品、宣传海报、导览信息等展览物料,最快1周便可按需、快速地举办自己的元宇宙展览。百度希壤提供的不同规格虚拟空间如图9-4所示。百度希壤已经为汽车、营销、文化、艺术、科技等各领域数十家品牌提供一站式元宇宙服务,未来还将在泛娱乐、金融等领域继续打造更多的元宇宙会展案例。

图 9-4　百度希壤提供的不同规格虚拟空间

知识与技能训练

一、单项选择题

1. 20 世纪末,中国启动国民经济信息化起步工程——( )。
   A. "三金"工程   B. "互联网+"工程
   C. 3G 工程   D. 一号工程
2. SaaS 模式是指以下哪种商业模式?( )
   A. 软件销售   B. 技术服务   C. 软件即服务   D. 门票销售
3. 没有线下会展,独立发展线上会展,更接近哪种商业模式?( )
   A. O2O   B. O2O2O   C. 软件销售   D. 电商平台
4. 元宇宙的概念最早来自美国作家的科幻小说( )。
   A. 《三体》   B. 《火星纪事》   C. 《沙丘》   D. 《雪崩》
5. 连接大脑和外部设备的实时通信系统叫作( )。
   A. BBC   B. ABC   C. BIB   D. BCI
6. 基于哪种技术的虚拟货币使元宇宙中的价值归属、流通、变现成为可能?( )
   A. 数字孪生   B. 3D 打印   C. 区块链   D. 物联网

二、多项选择题

1. 线上会展的主要内容包括( )。
   A. 线上会议   B. 线上展示   C. 线上营销
   D. 线上直播   E. 线上洽谈
2. 线上会展的优点主要包括( )。
   A. 参展成本低   B. 体验感强   C. 有溢出效应
   D. 绿色环保   E. 规模不受限制
3. 参与开发线上会展市场的机构主要有( )。
   A. 地方政府   B. 线下会展企业
   C. 线下会展软件企业   D. 互联网大厂
   E. 行业协会
4. 实现元宇宙需要具备的条件包括( )。
   A. 高速移动互联网   B. 脑机接口
   C. 物联网   D. 移动智能终端
   E. 区块链技术

三、判断题

1. 线上会展同线下会展是相互替代的关系。 ( )

2. 目前线上会展的成交效率低于线下会展。（　　）
3. 线上会展就是复制线下会展的真实内容。（　　）
4. 元宇宙虚拟空间与现实社会保持高度同步和互通。（　　）
5. 线上会展与线下会展的商业模式是一样的。（　　）

四、简答题

1. 相比线下会展，线上会展主要有哪些优缺点？
2. 元宇宙会展有哪些标志性内容？

五、案例分析题

2021年的国际消费类电子产品展览会（CES）于1月11—14日举行。受公共卫生事件影响，这次CES的举办地点从线下迁移至线上，成为创办50余年以来的第一届全数字化会展，参展商均在线参展。

不同于2020年的盛大展览，这次线上会展的规模有所缩水——共有1000余家参展商，在数量上仅为2020年的四分之一。虽然是线上展览，但观展依然须购买价格不菲的门票，早鸟票价格为149美元/1张，仅供在1月4日前购买，1月4日之后，观展就需要购买全价票，全价票价格为499美元/1张。

线上观展还要收门票，价格并未比往年优惠多少，且依然延续了线下会展的商业模式，这与CES主办方遭遇的经营压力有关。CES主办方曾表示，由于大量企业退展，企业的财务状况很不好，已经进行了裁员等削减开支的举措，目前只能在有限的人员支持下完成会展的线上迁移。

对于参展商来说，千里迢迢前往拉斯维加斯参展，最重要的目的是与来自全球的媒体、合作伙伴在线下进行互动，以促成长久的合作关系，而线上参展自然会使这一效果有所折损。为了尽可能地吸引参展商线上参展，CES在针对参展商的收费上大幅降价。购买CES线上展位最低只需1500美元，折合人民币不到1万元，而以往CES线下展位的展位费起步价都在30万元人民币左右。①

近年来，不少会展企业纷纷开展线上会展。由于线上会展属于创新型产品，其办展成本、办展效果等与线下会展相比有不小的差异，如何找到线上会展的营利模式，依然是留给行业的一道难题。

案例分析：结合会展发展现状分析线上会展有哪些可能的营利模式。

六、实训实践题

腾讯会议于2019年年底正式上线，是一款提供高效、稳定视频会议服务的工具，上线后迅速赢得市场和用户的认可，创造了245天用户破亿的纪录。

随着时间的推移，腾讯会议逐步推出了更多功能，如语音翻译、在线直播等，并加强了安

---

① 耿昊菁. CES 2021|史上首次线上展览：观展要花上千元、参展商不到去年一半[EB/OL]. (2021-01-10)[2024-02-12]. https://baijiahao.baidu.com/s?id=1688471611486151062&wfr=spider&for=pc.

全和隐私保护,不断提升用户体验和满意度。腾讯会议持续发展,用户规模不断扩大,功能不断完善,为众多企业和个人提供了高效、便捷的远程会议解决方案。

请调研腾讯会议软件的最新技术功能及商业模式,策划开展一次线上会议,通过多种方式提升线上会议的体验效果,并进行班级分享。

参考文献

[1] 周杰. 会展营销[M]. 重庆：重庆大学出版社,2018.

[2] 庾为. 会展营销教程[M]. 北京：首都经济贸易大学出版社,2020.

[3] 刘大可. 会展营销教程[M]. 3版. 北京：高等教育出版社,2019.

[4] 谢红芹. 会展营销[M]. 2版. 北京：北京大学出版社,2017.

[5] 王承云. 会展经济[M]. 重庆：重庆大学出版社,2018.

[6] 菲利普·科特勒. 市场营销：原理与实践[M]. 北京：中国人民大学出版社,2020.

[7] 毕思勇. 市场营销[M]. 3版. 北京：高等教育出版社,2014.

[8] 黄鹏,杨洋. 会展营销[M]. 武汉：华中科技大学出版社,2019.

[9] 华谦生. 会展营销实务[M]. 杭州：浙江大学出版社,2019.

[10] 阳翼. 大数据营销[M]. 2版. 北京：中国人民大学出版社,2021.

[11] 郭国庆. 服务营销[M]. 5版. 北京：中国人民大学出版社,2021.

[12] 林海. 新媒体营销[M]. 北京：高等教育出版社,2019.

[13] 中国国际贸易促进委员会. 中国展览经济发展报告2021[R]. 北京：中国国际贸易促进委员会,2022.

[14] 中国互联网络信息中心. 第50次中国互联网络发展状况统计报告[R]. 北京：中国互联网络信息中心,2022.

[15] 孙梅. 大数据时代传统会展业的变革与创新[J]. 中国会展,2019(01)：126-128.

[16] 方璐萍. 后疫情时代会展社群营销O2O2O模式研究[J]. 海南师范大学学报,2021,34(2)：94-103.

[17] 裴超. "元宇宙"让会展业实现数字化改造[J]. 中国会展,2022(5)：50-53.

[18] 张敏. 政府主导型展会的市场化之路[J]. 中国会展,2022(1)：82-85.

[19] 李勇军. 我国政府主导型展会的演进和模式转变[J]. 西部论坛,2017,27(6)：75-81.

［20］王福秀. 首届进博会对中国政府主导型展会的发展启示[J]. 全国流通经济，2019（9）：106-107.

［21］乔小燕. 专业观众参观展览会的决策影响因素研究[D]. 上海：华东师范大学，2012.

［22］中国国际贸易促进委员会官网：http://www.ccpit.org.

［23］中国进出口商品交易会官网：https://www.cantonfair.org.cn.

［24］中国国际航空航天博览会官网：https://www.airshow.com.cn.

［25］中国国际进口博览会官网：https://www.ciie.org.